高等职业教育轨道交通类校企合作系列教材

GAODENG ZHIYE JIAOYU GUIDAO JIAOTONG LEI XIAOQI HEZUO XILIE JIAOCAI

铁路车站联锁设备维护

主编〇张立群　张 华　朱凤文

主审〇许秀娟

西南交通大学出版社

·成 都·

图书在版编目（CIP）数据

铁路车站联锁设备维护／张立群，张华，朱凤文主编．—成都：西南交通大学出版社，2016.7（2019.10 重印）
高等职业教育轨道交通类校企合作系列教材
ISBN 978-7-5643-4533-4

Ⅰ．①铁… Ⅱ．①张… ②张… ③朱… Ⅲ．①铁路车站－铁路信号－联锁设备－维修－高等职业教育－教材
Ⅳ．①U284.3

中国版本图书馆 CIP 数据核字（2016）第 012241 号

高等职业教育轨道交通类校企合作系列教材

铁路车站联锁设备维护

主编　张立群　张华　朱凤文

责 任 编 辑	黄淑文
封 面 设 计	何东琳设计工作室
出 版 发 行	西南交通大学出版社 （四川省成都市金牛区二环路北一段 111 号 西南交通大学创新大厦 21 楼）
发行部电话	028-87600564　028-87600533
邮 政 编 码	610031
网　　　址	http://www.xnjdcbs.com
印　　　刷	四川森林印务有限责任公司
成 品 尺 寸	185 mm × 260 mm
印　　　张	16.5
字　　　数	409 千
版　　　次	2016 年 7 月第 1 版
印　　　次	2019 年 10 月第 2 次
书　　　号	ISBN 978-7-5643-4533-4
定　　　价	39.00 元

前　言

铁路信号联锁设备的主要任务是用来指挥列车或车列在站内进行作业，保证车站作业安全及作业效率。目前，我国铁路信号联锁设备主要使用电气集中联锁和计算机联锁两大类，无论哪类联锁设备，都是对信号机、道岔和进路实现控制与监督，并满足三者之间相互制约关系。用电气方式实现的对道岔、信号机和进路的联锁关系，称为电气集中联锁；以计算机为核心实现的对道岔、信号机和进路的联锁关系，称为计算机联锁。计算机联锁是随着计算机技术在铁路信号领域的广泛应用，在电气集中联锁的基础上发展而来的。它具有信息量大、可靠性高、与其他信号系统相互兼容、智能化等电气集中联锁不具备的特点，是车站联锁设备的发展方向。

本教材是按照职业教育的以能力培养为目标，为适应"教、学、做"一体化的项目教学模式而编写的。根据本课程的特点和人才培养目标，本教材分为六个项目，分别为联锁、联锁系统操作方法、电气集中联锁设备维护、道岔控制设备维护、信号点灯设备维护和计算机联锁设备维护。

本教材由辽宁铁道职业技术学院张立群担任第一主编，沈阳铁路局长春电务段许秀娟担任主审。参加编写的还有辽宁铁道职业技术学院的张华和朱凤文。其中项目一、项目三由张立群编写，项目二、项目四、项目五由张华编写，项目六由朱凤文编写。

因编者水平有限，资料不全，并且第一次尝试编写项目教学使用的教材，有不妥之处，请读者提出宝贵意见。

编　者
2016 年 5 月

目　录

项目一　联　锁

【知能目标】

（1）熟练掌握进路、道岔、信号机之间的联锁关系，建立联锁概念；
（2）能够正确识读联锁图表并能够编制联锁表；
（3）掌握联锁设备类型与功能，在信号平面布置图中能够认识联锁设备；
（4）能够对照联锁图表进行联锁试验；
（5）树立"安全第一"的责任意识，培养遵章守纪的工作作风。

【知能链接】

一、联锁的基本概念

（一）联锁道岔的有关概念

在车站信号平面布置图中，采用单线条来表示铁路线路，即一条线代表两根钢轨；对道岔也是示意表示，没有显示道岔实际结构。这里主要介绍与联锁有关的道岔的相关概念。

1. 道岔的位置

道岔的位置是指道岔的尖轨与基本轨密贴后道岔所开通的线路状态。道岔有两个位置，尖轨与弯股线路密贴时道岔开通的是直向位置；当道岔密贴后，尖轨与直股线路相开通的是侧向位置。但为了便于完成与道岔有关的设计和检查，规定了道岔的定位和反位。

道岔的定位是指道岔经常所处的位置。考虑到车站作业安全需要并根据车站线路的布置情况来规定道岔的定位，在信号平面布置图中道岔表示的位置即为定位。道岔反位是指与定位位置相反的位置。如果道岔以直向开通为定位，则侧向开通即为反位。

无论道岔在定位还是在反位，尖轨和基本轨之间都必须满足道岔的密贴标准。检查道岔密贴时，应在对应第一连接杆处，用 4 mm 厚、20 mm 宽的检查锤或钢板夹在尖轨与基本轨之间，这时道岔不应该锁闭。

如果道岔既未开通直向线路也未开通侧向线路，也就是既不在定位也不在反位，或者不满足密贴标准，则称道岔为四开状态。因此，现实中道岔不仅有定位和反位两个位置，还有第三个非正常的位置，即"四开"位置。

道岔的定位规定如下：

（1）单线车站正线进站道岔，为由车站两端向不同线路开通的位置。如图 1-1 所示，1

号道岔以开通 3 股道（侧向开通）为定位，2 号和 4 号道岔以开通Ⅱ股道（直向开通）为定位。

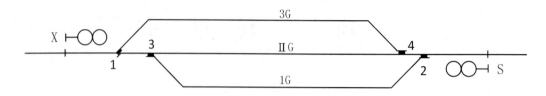

图 1-1　单线区段车站道岔定位的示意

（2）双线车站正线进站道岔，为各该正线开通的位置；如图 1-2 举例站场的道岔均以开通直股为定位。

（3）区间内正线道岔及站内正线上其他道岔（引向安全线、避难线的除外），为正线开通的位置。

（4）引向安全线、避难线的道岔，为安全线、避难线开通的位置。

（5）到发线上的中岔，为到发线开通的位置。

（6）其他由车站负责管理的道岔，由车站规定。

车站道岔的定位，应在《铁路行车工作细则》内记明。

集中操纵的道岔及不办理接发列车的非集中操纵的道岔可不保持定位（到发线上的中岔和引向安全线、避难线的道岔除外）。

2. 对向道岔与顺向道岔

道岔的尖轨尖端叫作岔尖，列车迎着岔尖运行时，这组道岔称为对向道岔。对向道岔决定列车的去向，如果位置不对，将使列车进入异线，可能造成列车冲突，后果非常危险。列车顺着岔尖运行时，这组道岔称为顺向道岔。顺向道岔如果位置不对，将会造成道岔挤岔，甚至会造成列车颠覆的危险。

3. 单动道岔与双动道岔

在实际的站场中，有些道岔的动作和位置与其他道岔不发生关联，即根据作业的需要可以单独的开通定位或反位，这样的道岔被称为单动道岔。如图 1-2 举例站场中的 21、27、14、22 号道岔均为单动道岔。

有许多道岔的动作和位置与其他道岔发生关联，如图 1-2 举例站场中的 1 号道岔和 3 号道岔就有关联，两组道岔中经过其中一组道岔反位走车时，必然也经过另一组道岔的反位。经其中一组道岔定位走车时，虽然不经过另一道岔的定位，但也无法经过另一组道岔反位走车；而另一组道岔如果在定位，则可进行平行作业。所以对两道岔的位置要求一致，称这样的两组道岔为双动道岔。

对于非集中操纵的一组双动道岔的两对尖轨有的是靠同一道岔握柄扳动，这样两道岔是同时动作的。集中操纵的双动道岔是由转辙机带动道岔转换，两道岔并不都是同时动作，因此，双动道岔只是要求两道岔位置必须一致。

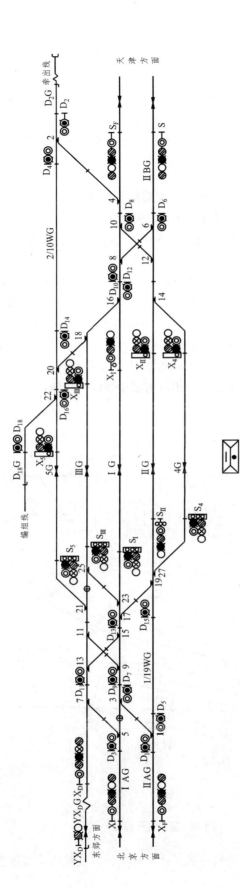

图 1-2 车站信号设备平面布置图

对双动道岔实行联动控制，既能简化操作、节省设备，也有利于保证站内作业安全。

一般通过一组双动道岔能够将上下两条线路连接起来，道岔开通侧向时，车列可以从一条线路运行到另一条线路，因此，双动道岔也称渡线道岔。一组渡线道岔称为单渡线，两组渡线道岔称为双渡线，而将两组渡线道岔交叉铺设则称为交叉渡线，图1-2举例站场中，9/11和13/15、6/8和10/12都是交叉渡线，交叉渡线可以减少车站咽喉区的占地面积。

4. 复式交分道岔与三动、四动道岔

许多车站由于咽喉区受占地面积的限制，又要能够跨越线路，因此采用复式交分道岔，用一组道岔实现两组道岔的功能。如图1-3所示，图1-3（a）为1、3两组单动道岔，能够实现A—B、A—D、C—B、C—D之间的通行，图1-3（b）是一组复式交分道岔，同样能实现图1-3（a）两组道岔的功能。

图1-3（b）是单线条复式交分道岔示意图，图1-3（c）是实际的双轨条复式交分道岔结构图。复式交分道岔的结构很复杂，两边的1号和7号道岔分别是四根尖轨。四根尖轨中，相近两根尖轨分别由一根连接杆连在一起，再用一根连接杆把两组尖轨连接起来。由一台转辙机牵引连接靠近的一组尖轨的连接杆，通过两组之间的连接杆也将另外两根尖轨连接起来，这样一台转辙机带动四根尖轨同时动作。中间的3号和5号道岔分别是两根可动心轨，分别由一台转辙机牵引，所以对应一组复式交分道岔需要设置四台转辙机。

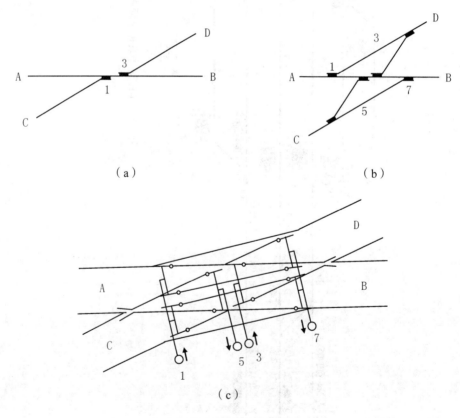

（a） （b）

（c）

图1-3 复式交分道岔

复式交分道岔开通方向对应的各转辙机及连接杆的伸出或拉入位置如表1-1所示。

表 1-1

开通方向	道岔位置			
	1	3	5	7
A—B	↑	↑	↓	↓
A—D	↓	—	—	↓
C—B	↑	—	—	↑
C—D	↓	↓	↑	↑

从表中可以看出，1 号与 3 号、5 号与 7 号在开通 A—B 或 C—D 时动作方向是一致的，在开通 A—D 或 C—B 时与 3 号和 5 号的动作无关，这样，可以把 1 号与 3 号、5 号与 7 号分别作为一组联动道岔处理，称其为假双动。即一组复式交分道岔相当于由两组假双动道岔组成。

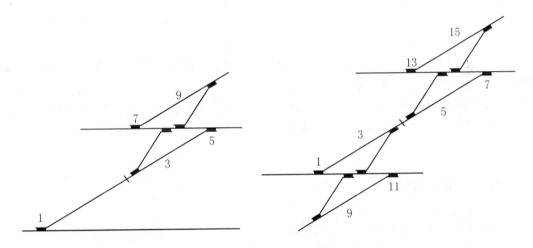

图 1-4 三动、四动道岔

图 1-4（a）是由一组单开道岔和一组复式交分道岔构成的渡线道岔，由于 1 号与 5 号道岔有联动关系，而 3 号与 5 号道岔又是假双动关系，则 1、3、5 三组道岔构成了联动关系，称为三动道岔；图 1-4（b）是由两组复式交分道岔构成的渡线道岔，由于 1 号、7 号道岔有联动关系，而 1 号与 3 号、5 号与 7 号道岔分别是假双动关系，则 1、3、5、7 四组道岔构成了联动关系，称为四动道岔。

5. 道岔及股道的编号

1）股道编号

对一个车站进行股道编号应遵循以下几点原则：

① 与区间线路经道岔直向位置接通的股道称为正线，用罗马数字表示，经道岔侧向位置接通的股道称为侧线，用阿拉伯数字表示。

② 单线区段车站的股道编号从信号楼开始由小到大顺序编号。

③ 复线区段车站的股道编号从正线开始向两边分别顺序编号，下行线一侧为单号，如图 1-2 所示举例站场中编为 I G、III G、5G；上行线一侧为双号，如图 1-2 所示举例站场中编为 II G、4G。

④ 尽头式车站，信号楼在线路一侧时，股道从信号楼一侧开始由小到大顺序编号。信号楼在线路终端时，面向终端由左至右顺序编号。

⑤ 大型车站有多个车场时，各车场的股道按照上述要求分别编号，股道编号的第一位为车场号，后面的为股道数序号。如第Ⅰ车场的下行线一侧编号为ⅡG、I3G、I5G…，上行线一侧为双号ⅢG、I4G、I6G…

⑥ 一个车站（分场时为一个车场）的股道不准有相同的编号。

2）道岔编号

各车站的道岔按咽喉区分别编号，基本原则如下：

① 下行咽喉区为单号，上行咽喉区为双号。

② 每一咽喉区以信号楼为中心，从站外向站内按照由小到大的顺序编号。

③ 横坐标相同的道岔，纵向距信号楼近的道岔优先编号。

④ 对于联动道岔，包括双动道岔、三动道岔、四动道岔，按照联动关系连续编号。如图1-2举例站场中1/3、5/7等。复式交分道岔的假双动也用两个道岔号表示，如图1-3（c）的道岔编号为1/3、5/7；图1-4（a）的三动道岔编号为1/3/5，简称1/5道岔；图1-4（b）的四动道岔编号为1/3/5/7，简称1/7道岔。

⑤ 大型车站有多个车场时，各车场的道岔按咽喉区分别编号，道岔编号为三位数，第一位为车场顺序号，后面的为道岔编号，如单动道岔101号、双动道岔202/204号等。

⑥ 一个车站的道岔不得有相同的编号。

（二）进路的有关概念

进路是指列车或车列在站内运行的径路。

1. 进路的类型与范围

进路按作业性质分为列车进路和调车进路，列车进路又分为接车进路、发车进路和通过进路。

在集中联锁的车站，轨道区段是进路的基本组成单元，建立进路时要对轨道区段的状态进行检查。每条进路还有相应的信号机来防护，从防护该进路的信号机至进路的终点，就是一条进路的范围。每一条进路都有确定的范围，它包括若干个轨道区段，下面分别介绍各种进路及进路的范围。

1）接车进路

接车进路是指列车从区间（或车场）进入站内（或另一车场）所经过的路径。接车进路的范围是从进站信号机至同方向的出站信号机（或进路信号机），其中包含有关的道岔区段、无岔区段和到发线。如图1-2所示举例站场中的下行Ⅰ道接车进路，由下行进站信号机X至下行Ⅰ道出站信号机X_I，所含的区段有IAG、3DG、5DG、9-15DG、17-23DG和IG。

2）发车进路

发车进路是指列车由车站（或车场）驶出，进入区间（或另一车场）所经过的路径。发车进路的范围是从出站信号机至反方向的进站信号机（区间双方向运行）或站界标（区间单方向运行）或阻拦的进路信号机，包含有关的道岔区段、无岔区段，但不包括到、发线。如图 1-2 所示举例站场中的上行 I 道发车进路，由上行 I 道出站信号机 S_1 至上行发车口的站界，即 X_F 信号机处，所含区段有 19-27DG、1/19WG、1DG、IIAG。

3）正线通过进路

正线通过进路指列车经正线不停车通过车站（或车场）的进路，一条通过进路由经道岔直向位置的正线接车进路与正线发车进路组成。如下行通过进路，由下行进站信号机 X 至下行发车口 S_F 信号机，包括下行 I 道接车进路和下行 I 道发车进路。

4）调车进路

调车进路是指调车车列在站内进行调车作业时所经过的路径。调车进路的起点是防护该进路的调车信号机，但去向不同其进路的终点也不同。向咽喉区内某一信号点调车时，进路的终点为阻拦的调车信号机；向到发线调车时，进路的终点为阻拦的出站兼调车信号机或进路信号机；向牵出线、停车线等尽头线调车时，进路的终点为车挡；向设有进站信号机的接车线路口调车时，进路的终点为反方向的进站信号机；向区间单方运行的发车线路口调车时，进路的终点为站界标；向某一专用线或其他线路方向调车时，进路的终点一般为反方向的高柱调车信号机或规定的专用线或其他线路与车站的分界点。

调车进路有短调车进路和长调车进路之分。建立一条调车进路，如果只需开放一架调车信号机，则称该进路为单元调车进路或短调车进路。如果建立一条调车进路，需开放两架或两架以上同方向调车信号机，即一条调车进路由两条或两条以上的单元调车进路叠加而成，则称该进路为长调车进路。如图 1-2 所示举例站场中 D_3 至 IG 的调车进路，是由 D_{13} 至 IG、D_9 至 D_{13}、D_3 至 D_9 三段单元调车进路构成的长调车进路。长调车进路和短调车进路与路径的长短无关，而是看调车进路中同方向调车信号机是一架还是多架。

2. 基本进路和变通进路

无论列车进路还是调车进路，有时在进路的起点和终点之间有两条或两条以上不同的路径，则规定常用的一条路径为基本进路。一般选择其中一条路径最短、经过道岔最少、对其他进路平行作业影响最小的路径作为基本进路，基本进路以外的其他进路都叫作变通进路（又称迂回进路）。例如图 1-2 所示举例站场上行 II 股道发车进路有两条：一条是经 17/19 道岔定位、1/3 道岔定位的进路；另一条是经 17/19 道岔反位、1/3 号道岔反位的进路。显然第一条进路是基本进路，第二条进路是变通进路。又如，下行 III 股道接车有四条进路，但由于 7 号道岔与 13 号道岔距离太近，经 5/7 反位和 13/15 反位不易走车，所以有三条平行进路可走，三条进路的长度和经过的道岔基本相同。如何确定哪一条为基本进路呢？比较三条进路，经 23/25 反位的进路，不影响东郊方面与 5 股道之间的接车或发车作业，因此这条进路影响平行作业小，被确定为基本进路，也称进路方式 1。另外两条平行进路应以经 5/7 道岔反位的进路为优先方式，称为方式 2。因为建立该进路的同时，还可以进行 I 股道与 XF 之间的发车或接车作业，相对经 9/11 反位的进路影响平行作业较小。那么经 9/11 反位的进路就是方式 3 了。当基本进路中的道岔发生故障、轨道电路被占用或发生故障，不能开通基本进路时，可以开通变通进路，使列车或调车的作业正常进行。

二、联锁关系

（一）进路与道岔之间的联锁

1. 进路范围以内的道岔

进路范围以内的道岔是指列车或车列在进路上运行时所经过的道岔。为保证行车安全，建立一条进路时，与进路相关的道岔应锁闭在规定位置才能开放信号，如果与进路相关道岔开通位置不对，是不允许开放信号的。信号开放后，与进路相关道岔必须被锁闭在规定位置，直到进路解锁。如图 1-2 所示举例站场中，建立下行 5 道接车的基本进路时，需要 5/7、21 号道岔在反位、13/15、9/11 号道岔在定位；建立下行 Ⅰ 道接车的基本进路时，需要 5/7、1/3、9/11、13/15、17/19 23/25 号道岔在定位。道岔的定位表示，直接标明道岔号；道岔的反位表示，则在道岔号外面加"（ ）"，如 23/25 号道岔的反位，记作"（23/25）"。

2. 防护道岔和带动道岔

对于一条进路，不仅进路之内的道岔与其相关，有时进路之外的道岔也与该进路有关，建立进路时，这些道岔也要转换和锁闭，下面分别介绍。

1）防护道岔

为了保证作业安全，建立一条进路时，除了将进路范围以内道岔锁闭在规定位，有时也必须将进路之外的道岔锁闭在规定的位置，称这样的道岔为防护道岔。

建立经由交叉渡线的一组双动道岔反位进路时，应将与其交叉的另一组双动道岔防护在定位。例如图 1-2 所示举例站场中，排列 D_{11} 至 D_{13} 的调车进路，尽管 9/11 号道岔不在该进路上，但仍然要求 9/11 号道岔必须锁闭在定位，以防止 9/11 号道岔和 13/15 号道岔同时处于反位时，在交叉渡线处造成车列的侧面冲突。防护道岔用道岔号及位置外加"[ ]"表示，如 5/7 道岔定位防护，记作"[5/7]"；如果 5/7 反位防护，则记作"[（5/7）]"。

2）带动道岔

在电气集中车站，如果两道岔位于同一区段，经其中一组道岔建立进路时，即使不经过另一组道岔，该道岔也受锁闭，即同一区段的道岔同时锁闭。为了满足平行作业的需要，排列进路时，有时也需要把不在进路上的有关道岔扳动到规定位置，称这种道岔为带动道岔。除非进路调车等特殊作业外，带动道岔一般均为双动（或三、四动）道岔。

例如图 1-2 所示举例站场中，建立经过 17/19 道岔的反位进路时，虽然 23/25 号道岔不在该进路内，但考虑经 25 号道岔定位的平行作业，必须将 23/25 号道岔带动至定位。因 17 号道岔与 23 号道岔处于同一个区段，如果 23/25 号道岔在反位时建立下行 Ⅱ 道接车进路，23/25 号道岔则会被锁在反位，无法再排经 23/25 号道岔定位的进路。此时若要办理东郊方面至 Ⅲ 道的接车进路，必须等 17-23DG 解锁后才能建立，这就影响了平行作业的进行，降低了效率。如果在建立下行 Ⅱ 道接车进路时，将 23/25 号道岔带动至定位再锁闭，就能满足平行作业的要求。带动道岔用道岔号及位置外加"{ }"表示，如将 23/25 道岔带动到定位，记作"{23/25}"；

如果将 23/25 带动到反位，则记作"{（23/25）}"。

必须注意，防护道岔与带动道岔不同，虽然二者都是进路之外的道岔，但其作用不同，对其要求也不同。防护道岔是为了保证作业安全，对其必须进行联锁条件的检查，防护道岔不在防护位置，进路不能建立，信号不许开放。带动道岔是为了提高作业效率，能带动到规定位置就带，带动不到规定位置（若它还被锁闭）也可以不影响进路的建立和信号机正常开放。

（二）进路与进路之间的联锁

1．抵触进路

用道岔位置能够区分，不可能同时建立的两条进路称为抵触进路。虽然两条有重叠部分的进路，但是这两条进路经过了相同道岔的不同位置，即一条进路经过某组道岔的定位，另一条进路则经过该组道岔的反位，即使不加以防护也不会发生危险，因为两进路不可能同时建立。如图 1-2 所示举例站场中，上行Ⅱ股道发车进路（需要 27 号道岔在定位）与下行反方向 4 股道接车进路（需要 27 号道岔在反位）就互为抵触进路，因为 27 号道岔不可能同时既在定位又在反位，因此两进路不可能同时建立。

2．敌对进路

用道岔位置无法区分，但同时建立有可能发生行车危险的两条进路互为敌对进路。例如图 1-2 所示举例站场中，下行至Ⅲ股道接车进路和由Ⅲ股道向东郊方面的发车进路就是两条互为敌对的进路。为保证作业安全，建立一条进路前，应检查与该进路相敌对的进路均未建立，该进路建立后，与该进路敌对的进路必须锁闭在不能建立的状态。即在任意时刻敌对进路必须互相照查，不得同时建立。

下面分析一下敌对进路的类型。

（1）同一到发线上对向的接车进路与接车进路。如图 1-2 所示举例站场中下行Ⅰ道接车进路和上行Ⅰ道接车进路。

（2）同一到发线上对向的接车进路与调车进路。如下行Ⅰ道接车进路和 D_{12} 至 IG 的调车进路。

（3）同一咽喉区内对向重叠的接车进路与发车进路、列车进路与调车进路、调车进路与调车进路。如下行Ⅰ道接车进路和由Ⅰ道上行反方向发车进路；D_{15} 至 4G 调车进路与上行 4 道正方向发车进路；D_1 至 D_{15} 调车进路与 D_5 向 D_1 调车进路。

（4）同一咽喉区内同向重叠的列车进路与调车进路。同向重叠进路指两条方向相同、互相间有部分或全部重合的进路。如下行Ⅰ道接车进路和 D_{13} 至Ⅰ股道调车进路。

（5）非重叠的敌对进路。

进站信号机外方制动距离以内接车方向为超过 6‰下坡道，而在该下坡道方向的接车线末端未设有线路隔开设备时，该下坡道方向的接车进路与对方咽喉接车进路、非同一股道发车进路及调车进路均属于敌对进路，这是防止下坡方向接车时，若列车因惯性未能停在出站信号机前方冒进信号时发生冲突。

如图 1-5 所示，下行进站信号机外方有超过 6‰下坡道，下行 1 股道或下行Ⅱ股道接车时，上行咽喉各股道的接车及由 D_2 至各股道的调车进路都是敌对进路，下行 1 股道或 3 股道的发

车进路或向 D_2 调车进路也都是敌对进路。由于在 3 股道末端设有安全线隔开，下行 3 股道接车时，上行咽喉除了向 3 股道接车进路和调车进路外，其他进路都不是敌对进路。

（6）信号机设在侵限绝缘处禁止同时开通的敌对进路。

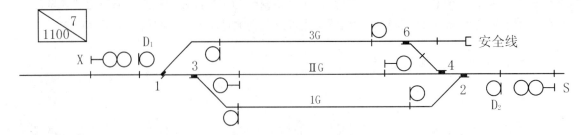

图 1-5　非重叠的敌对进路

如图 1-6 所示。由于 D_6 处轨道绝缘侵入限界，则 D_2 至 D_6 与 D_4 向 D_{10} 两调车进路互为敌对进路，D_2 至 D_6 与 D_{10} 向 D_4 两调车进路也互为敌对进路。因车辆停留在 D_6 信号机前方时，如果建立 D_4 向 D_{10} 或 D_{10} 向 D_4 调车进路，均会发生侧面冲突事故。

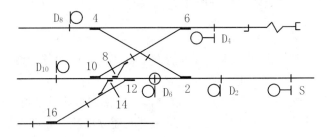

图 1-6　侵限绝缘处的敌对进路

（7）一些特殊情况的对向调车进路允许同时建立。

两个咽喉区向同一到发线上同时调车，这样的两条进路是对向重叠的，按照敌对进路的定义似乎属于敌对进路，但由于到发线较长，为了提高作业效率，允许同时建立，不作敌对进路处理。如图 1-2 所示举例站场中 D_{13} 至 IG 调车进路与 D_{12} 至 IG 调车进路。这样对调车作业较多的车站可提高作业效率。

需要注意，在咽喉区内两端同时向同一无岔区段调车则属于敌对进路。

（三）进路与信号机之间的联锁

前面介绍的进路与进路之间的联锁关系似乎比较简单直观，但在站形较复杂的集中联锁车站检查敌对进路是很复杂的。任何一条进路都有信号机防护，当建立一条进路时，如果保证该进路的敌对进路的防护信号机不开放，自然就排除了敌对进路建立的可能，因此下面介绍进路与信号机之间的联锁。

1．敌对信号

两条用道岔位置无法区分进路，但又不允许防护这两条进路的信号机同时开放，这两架信号机即为敌对信号。在了解敌对进路的概念后，实际上所谓敌对信号也可以理解为敌对进路的防护信号。

为保证作业安全，建立一条进路，如果该进路的敌对信号处于开放状态，则防护该进路的信号机不能开放，否则可能造成列车或调车车列的冲突。信号开放后，与该进路相敌对的信号必须被锁闭在关闭状态。

2. 条件敌对信号

在较复杂的站场建立一条进路时，进路之外的某一信号机，有时不允许其开放，有时又允许其开放，称这样的信号为条件敌对信号。

如图 1-7 所示站场，当建立 D_1 至 D_9 的调车进路时，如果 5/7 道岔在定位，则 D_{11} 信号机是敌对信号，如果 5/7 道岔在反位，则 D_{11} 信号机不是敌对信号，这里 D_{11} 信号机就属于该进路的条件敌对信号，区分条件就是 5/7 道岔的位置。同理，当建立 D_{11} 至 D_3 的调车进路时，D_1 信号机也是条件敌对信号，区分条件就是 1/3 道岔的位置。条件敌对信号在其信号机的名称前面用"< >"将区分条件括在其中，如"<5/7>D_{11}"，含义是如果 5/7 道岔在定位，D_{11} 是敌对信号。

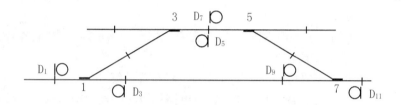

图 1-7　条件敌对信号举例

在较复杂的站场，条件敌对信号较多，但列车进路没有条件敌对信号，调车进路往往有条件敌对信号。如图 1-2 所示举例站场中，建立 D_{13} 至 IG 调车进路，如果 5/7 道岔在定位，则 X 进站信号机就是敌对信号，如果 5/7 道岔在反位，则 X 信号机就不是敌对信号，这里 X 信号机就属于条件敌对信号。

（四）进路与轨道区段之间的联锁

建立一条进路时，进路范围内是不能有车的，因此必须确认有关轨道区段空闲时才能开放信号，否则会造成列车或调车车列的冲突。同时，在信号开放的过程中，列车或车列占用进路前必须始终监督进路的空闲。

下面分析一下对轨道区段空闲检查的各种情况。

（1）建立列车进路时，必须检查进路范围内各轨道区段的空闲。

（2）建立调车进路时，只检查道岔区段的空闲。当调车进路最末区段为股道或无岔区段时，尽管这些区段在调车进路的范围内，但为了保证机车联挂或取送车辆的需要，当股道或无岔区段有车占用时允许向其排列调车进路，不检查其空闲。

（3）当有侵限绝缘（岔后绝缘节距警冲标不足 3.5 m）时，经侵限绝缘一侧的轨道区段建立进路时，要对侵限绝缘相邻的另一区段进行有条件的检查，既要保证平行作业，又要防止发生侧面冲突。如图 1-2 所示举例站场中，3 号道岔与 5 号道岔之间设有超限绝缘，当建立经由 1/3 号道岔反位的进路时，如果 5 号道岔在定位，必须检查 5DG 的空闲，如果 5 号道岔在反位，不需检查 5DG 空闲，即对 5DG 进行条件检查。同理，当建立经由 5/7 号道岔反位的进路时，也要对 3DG 进行条件检查。对侵限绝缘相邻区段的条件检查的标记与条件敌对相似，即区分条件用 "< >" 加在被检查区段的名称前面，如 "<5/7>5DG"，表示如果 5/7 道岔在定位，则应检查 5DG 的空闲。

综上所述，进路空闲、道岔位置正确、敌对进路未建立（敌对信号未开放）是建立一条进路时必须检查的基本联锁条件，只有实时准确无误地检查，才能保证站内作业安全。

三、联锁图表

（一）车站信号平面布置图

车站信号平面布置图是根据站场线路图绘制出来的表示信号设备分布情况的图纸，如图 1-2 是 6502 电气集中电路的举例站场图。

车站信号设备平面布置图是编制联锁表的主要依据，为满足编制联锁表的需要，信号设备平面布置图上一般应有以下主要内容：

（1）联锁区及非联锁区中与信号设备有关的线路布置及编号。

（2）联锁道岔、信号机、信号表示器、轨道电路区段（含侵限绝缘区段）等设备的位置、编号和名称符号。

（3）尽头线、专用线、牵出线、编组线、机车出入库线等的位置及相关无岔区段轨道电路名称。

（4）正线和到发线的接发车方向，区间线路及机车走行线的运行方向。

（5）站舍、站台、信号楼（或值班员室）以及扳道房等的位置、符号，信号楼与最近线路、股道与股道之间的距离。

（6）信号楼（或值班员室）中心公里标，联锁道岔的岔尖和信号机与信号楼（或值班员室）中心的距离，警冲标与信号楼（或值班员室）中心的距离。

（7）进站信号机外方制动距离内有超过 6‰ 下坡道时的坡度标。

图中标明了站场线路的布置和接发车方向、信号楼的位置和集中区的划分范围、信号机的名称编号和设置位置、轨道区段的划分情况。

下面就信号平面图的有关内容说明如下。

1. 信号机

1）列车信号机

图 1-2 中的举例站场是一个双线区段的车站，在下行咽喉有一单线双向运行的支线（东郊线）。站内 I 股道为双线区段下行正线，II 股道为双线区段上行正线，III 股道为东郊正线，4、5 股道为站线。

在每一接车线入口均设置了进站信号机，北京方面接车口设置了 "X"，天津方面接车口设置了 "S"，东郊接车口设置了 "X_D"。由于东郊方面没有直进直出的正线通过进路，所以 "X_D"

信号机的绿灯被封。在双线区段的发车口处设置了反方向进站信号机，北京方面发车口设置了"X_F"，天津方面发车口设置了"S_F"。为了区别于接车口的进站信号机，反方向进站信号机均设于接车方向线路的右侧。

凡是具有发车作业的股道均设置了出站兼调车信号机。下行咽喉设置了"S_I、S_{II}、S_{III}、S_4、S_5"，上行咽喉设置了"X_I、X_{II}、X_{III}、X_4、X_5"。为了满足四显示自动闭塞区间对出站信号显示的要求，出站信号机下方增设了发车进路表示器的小白灯。向自动闭塞区间正常发车时，出站信号机显示一个黄灯，表示前方只有一个闭塞分区空闲；显示一个绿灯和一个黄灯，表示前方只有两个闭塞分区空闲；显示一个绿灯，表示前方至少有三个闭塞分区空闲。在出站信号机点亮绿灯的同时点亮出站信号机正下方发车进路表示器的小白灯，表示允许反方向发车，即指示列车出发进入反方向运行的区间。由于下行咽喉发车有北京方向和东郊方向两个去向，因此上行出站信号机下方设两个小白灯。绿灯与正下方的小白灯同时点亮，即指示向北京方向发车走反方向区间；绿灯与右下方的小白灯同时点亮，即指示向东郊方向发车。

2）调车信号机

为了满足站内转线、车辆摘挂、机车换头、平面解编等调车作业的需要，在股道两端或咽喉区适当地点设置调车信号机。

（1）出站信号机均兼作调车信号机，如 S_{II}、X_{III} 等。

（2）与集中区相连的牵出线、专用线、编组线等起始地点设置的调车信号机，如 D_2、D_{18}。

（3）为了满足转线作业在咽喉区适当地点设置接车方向的调车信号机，如 D_9、D_{13} 等。在较大的车站这类调车信号机最多。

（4）为了增加平行作业、减少牵出车列的走行距离而设置的调车信号机，如 D_5、D_7 等。

实际上，有些调车信号机的作用不是唯一的，一架调车信号机有时起折返作用，有时起阻拦作用。调车信号机按其设置位置分成以下几类。

① 尽头调车信号机：在牵出线等入口处设置的调车信号机，在其前方没有道岔及本咽喉其他信号机，如 D_2 等。

② 单置调车信号机：在咽喉区的岔群中设置的单个调车信号机，如 D_{11}、D_{13} 等。

③ 并置调车信号机：在咽喉区的岔群中同一坐标的线路两侧设置的两架方向相反的调车信号机，如 D_7、D_9 等。

④ 差置调车信号机：在咽喉区的岔群中设置的两架方向相反的调车信号机中间有一个可以停放车辆的无岔区段，如 D_5、D_{15} 等。

必须注意，设于进站信号机内方的调车信号机，不属于尽头调车信号机，它与进站信号机合在一起与出站兼调车信号机相似，称为列车兼调车信号点，如 X/D_3、S/D_6 等。

3）信号机的名称与编号

每一信号机都有一个名称，即用汉语拼音表示信号机。

（1）进站信号机的名称是根据其所防护的接车进路的方向命名的，下行进站信号机为"X"；上行进站信号机为"S"；反方向进站信号机加下标"F"，如"X_F"、"S_F"。

（2）出站兼调车信号机的名称是根据其所防护的发车进路的方向命名以其所在的股道号为下标，如"X_I""S_{II}""S_5"等。

（3）调车信号机的名称用"D"表示，编号作为下标，由站外向站内顺序编号。上行咽喉区为双号，如"D_2""D_{16}"等；下行咽喉区为单号，如"D_1""D_{13}"等。

2．轨道电路区段

1）轨道电路区段的类型

电气集中车站集中控制的区域都装设轨道电路，根据站内作业需要应将线路划分为若干个轨道电路区段，下面介绍轨道电路区段的类型。

（1）道岔区段：轨道区段范围内含有道岔的区段，也称有分支的轨道电路区段。一个车站的大多数区段都是道岔区段，如 3DG、5DG、9-15DG 等。

（2）无岔区段：轨道区段范围内不含有道岔的区段统称为无岔区段。无岔区段分为股道的无岔区段，如ⅡG、4G；两差置调车信号机之间的无岔区段，如 1/19WG；进站信号机带调车信号机之间的无岔区段，如 IAG；还有尽头调车信号机前方的无岔区段，如"D_2G""$D_{18}G$"等。

2）轨道区段的命名

道岔区段以道岔号码缀上"DG"来命名。只有一组道岔的区段为"×DG"，如"1DG""5DG"等。一个轨道区段有多组道岔时，以最小号至最大号连缀来命名，如"17－23DG""19－27DG"等。

无岔区段的命名方式有多种情况：差置信号机之间的无岔区段为相邻道岔形成的分数加"WG"，如"1/19WG""2/20WG"等。进站信号机内方的无岔区段的命名是以其对准的股道号后面加"AG"（下行咽喉）或"BG"（上行咽喉）来表示，如"IAG""ⅡBG"等。调车信号机前方无岔区段的名称是用信号机的名称后面加"G"来表示，如"D_2G""$D_{18}G$"等。

（二）联锁表

联锁表是根据车站信号设备平面布置图上的线路、道岔、信号机、轨道电路区段等的设备分布状况，按规定的原则和格式编制出来的。下面结合图 1-2 所示举例站场的信号设备平面布置图介绍联锁表。

由于全站进路较多，表中只列出下行咽喉的各列车进路和调车进路。表 1-2~表 1-4 所列为举例站场下行咽喉列车进路的联锁表，表 1-5、表 1-6 为下行咽喉调车进路的联锁表。

联锁表是以进路为主体，把排列进路需顺序按压的按钮、防护该进路信号机及信号表示器的名称和显示、进路应检查并锁闭的道岔编号和位置、进路应检查其空闲的轨道电路区段名称以及所排进路的敌对信号填写在表格中。

下面对联锁表各栏目作说明。

1．方向栏

方向栏填写进路性质（接车、发车、通过、转场、调车或延续进路）和运行方向。

2．进路号码栏

进路号码栏按全站列车进路和调车进路顺序编号，亦可按咽喉区、场分别编号。通过进路由正线接、发车进路组成，不另编号，仅将接、发车进路号码以分数形式填写。例如，正线接车进路号码为 6，正线发车进路为 92，通过进路的号码就写作"6/92"。

表1-2 举例站场联锁表1（北京方面接车）

方向	进路	进路方式	信号机 名称	信号机 显示	信号机 表示器	确定运行方向道岔	排列进路按下按钮	道岔	致对信号	轨道电路区段	迎面进路 列车	迎面进路 调车	超限检查及其他联锁	进路号码
向天津方面	I道通过		X/X_I	L/L 或 LU 或 U			XTA、S_FLA	5/7、1/3、9/11、13/15、17/19、23/25、16、{18/20}、6/8、10/12、2/4	D_3、D_7、D_9、D_13、S_1、D_12、D_10、D_8、S_F	I AG、5DG、3DG、9-15DG、I G、16-18DG、8-10DG、4DG	I G	I G	BS	6/92
北京方向 列车进路（正方向接车）	至5G	1	X	UU		(5/7)	XLA、S_5LA	(5/7)、13/15、9/11、(21)	D_3、D_11、S_5	I AG、5DG、7DG、<1/3>3DG、11-13DG、21DG、<23/25>25DG、5G	5G	5G		1
	至5G	2	X	UU		5/7	XLA、D_7A 或 D_9A、S_5LA	5/7、1/3、9/11、(21)	D_3、D_7、D_9、S_5	I AG、5DG、3DG、9-15DG、11-13DG、21DG、<23/25>25DG、5G	5G	5G		2
	至ⅢG	1	X	UU		5/7、9/11	XLA、S_ⅢLA	5/7、1/3、9/11、13/15	D_3、D_7、D_9	I AG、5DG、3DG、9-15DG、17-23DG、ⅢG	ⅢG	ⅢG		3
	至ⅢG	2	X	UU		(5/7)	XLA、D_11A 或 BA、S_ⅢLA	(5/7)、13/15、(9/11)、23/25	D_3、D_11、S_Ⅲ	I AG、5DG、<1/3>3DG、7DG、11-13DG、25DG、ⅢG	ⅢG	ⅢG		4
	至ⅢG	3	X	UU		5/7、(9/11)	XLA、D_7A 或 D_9A、BA、S_ⅢLA	5/7、1/3、(9/11)、[13/15]、21、23/25	D_3、D_7、D_9、S_Ⅲ、D_13	I AG、5DG、3DG、9-15DG、11-13DG、21DG、25DG、ⅢG	ⅢG	ⅢG		5
	至IG		X	U			XLA、S_1LA	5/7、1/3、9/11、13/15、17/19、23/25	D_3、D_7、D_9、D_13、S_1	I AG、5DG、3DG、9-15DG、17-23DG、I G	I G	I G		6
	至ⅡG		X	UU			XLA、S_ⅡLA	5/7、1/3、9/11、13/15、(17/19)、27	D_3、D_7、D_9、D_13、S_Ⅱ	I AG、5DG、3DG、9-15DG、17-23DG、19-27DG、ⅡG	ⅡG	ⅡG		7
	至4G		X	UU			XLA、S_4LA	5/7、1/3、9/11、13/15、{23/25}、(27)	D_3、D_7、D_9、D_13、S_4	I AG、5DG、3DG、9-15DG、17-23DG、19-27DG、4G	4G	4G		8

续表

方向	进路	进路方式	排列进路按下按钮	确定运行方向道岔	信号机名称	信号机显示	信号机表示器	道岔	敌对信号	轨道电路区段	迎面进路 列车	迎面进路 调车	超限检查及其他联锁	进路号码
反方向接车 北京方面 列车进路	至 5G		X_FLA、S_5LA		X_F	UU		(1/3)、(9/11)、[13/15]、(21)	D_1、D_7、D_9、S_5	ⅡAG、1DG、3DG、<5/7>5DG、9-15DG、11-13DG、21DG、<23/25>25DG、5G	5G	5G		9
	至 ⅢG	1	X_FLA、$S_{Ⅲ}$LA	9/11	XF	UU		(1/3)、9/11,13/15,17/19、(23/25)	D_1、D_7、D_9、$S_{Ⅲ}$、D_{13}	ⅡAG、1DG、3DG、<5/7>5DG、9-15DG、17-23DG、25DG、<21>21DG、ⅢG	ⅢG	ⅢG		10
	至 ⅢG	2	X_FLA、BA、$S_{Ⅲ}$LA	(9/11)	XF	UU		(1/3)、(9/11)、[13/15]、21、23/25	D_1、D_7、D_9、$S_{Ⅲ}$	ⅡAG、1DG、3DG、<5/7>5DG、9-15DG、11-13DG、21DG、25DG、ⅢG	ⅢG	ⅢG		11
	至 ⅠG	1	X_FLA、$S_Ⅰ$LA	1/3	XF	UU		(1/3)、9/11,13/15,17/19、23/25	D_1、D_7、D_9、$S_Ⅰ$、D_{13}	ⅡAG、1DG、3DG、<5/7>5DG、9-15DG、17-23DG、ⅠG	ⅠG	ⅠG		12
	至 ⅡG	1	X_FLA、$S_Ⅱ$LA	1/3	XF	U		1/3、17/19、27	D_1、D_5、D_{15}、$S_Ⅱ$	ⅡAG、1DG、3DG、1/19WG、19-27DG、ⅡG	ⅡG	ⅡG		13
	至 ⅡG	2	X_FLA、D_{13}A 或 D_7A 或 D_9A、$S_Ⅱ$LA	(1/3)	XF	UU		(1/3)、9/11、13/15、(17/19)、{23/25}、27	D_1、D_7、D_9、$S_Ⅱ$、D_{13}	ⅡAG、1DG、3DG、<5/7>5DG、9-15DG、17-23DG、19-27DG、ⅡG	ⅡG	ⅡG		14
	至 4G	1	X_FLA、S_4LA	1/3	XF	UU		1/3、17/19、(27)	D_1、D_5、D_{15}、S_4	ⅡAG、1DG、3DG、1/19WG、19-27DG、4G	4G	4G		15
	至 4G	2	X_FLA、D_{13}A 或 D_7A 或 D_9A、S_4LA	(1/3)	XF	UU		(1/3)、9/11、13/15、(17/19)、{23/25}、(27)	D_1、D_7、D_9、S_4、D_{13}	ⅡAG、1DG、3DG、<5/7>5DG、9-15DG、17-23DG、19-27DG、4G	4G	4G		16

表 1-3　举例站场联锁表 2（东郊方面接车、发车）

方向	进路	进路方式	排列进路按下按钮	确定运行方向道岔	信号机-名称	信号机-显示	信号机-表示器	道岔	敌对信号	轨道电路区段	迎面进路-列车	迎面进路-调车	超限检查及其他联锁	进路号码
东郊方面 列车进路	由 5G		S₅LA、X_DLA		S_5	L	右-B	(21)、9/11、13/15、5/7	S_5D、D_{11}、X_D	21DG、<23/25>25DG、11-13DG、7DG			BS	33
发车	由 ⅢG 1		SⅢLA、X_DLA	23/25	$S_Ⅲ$	L	右-B	23/25、21、9/11、13/15、5/7	$S_ⅢD$、D_{11}、X_D	25DG、21DG、11-13DG、7DG			BS	34
	由 ⅢG 2		SⅢLA、D₁₃A、X_DLA	(23/25)	$S_Ⅲ$	L	右-B	(23/25)、17/19、(13/15)、[9/11]、5/7	$S_ⅢD$、X_D D_{11}	25DG、<21>21DG、17-23DG、9-15DG、11-13DG、7DG			BS	35
	由 ⅠG		S₁LA、X_DLA		$S_Ⅰ$	L	右-B	23/25、17/19、(13/15)、[9/11]、5/7	$S_ⅠD$、X_D D_{11}	17-23DG、9-15DG、11-13DG、7DG			BS	36
	由 ⅡG		SⅡLA、X_DLA		$S_Ⅱ$	L	右-B	27、(17/19)、{23/25}、(13/15)、[9/11]、5/7	$S_ⅡD$、X_D D_{11}	19-27DG、17-23DG、9-15DG、11-13DG、7DG			BS	37
	由 4G		S₄LA、X_DLA		S_4	L	右-B	(27)、(17/19)、{23/25}、(13/15)、[9/11]、5/7	S_4D、D_{13}、D_{11} X_D	19-27DG、17-23DG、9-15DG、11-13DG、7DG			BS	38
	至 5G		X_DLA、S₅LA		X_D	UU		5/7、13/15、9/11、(21)	D_{11}、S_5	7DG、11-13DG、21DG、<23/25>25DG、5G	5G	5G		39
接车	至 ⅢG 1		X_DLA、SⅢLA	13/15	X_D	U		5/7、13/15、9/11、21、23/25	D_{11}、$S_Ⅲ$	7DG、11-13DG、21DG、25DG、ⅢG	ⅢG	ⅢG		40
	至 ⅢG 2		X_DLA、D₁₃A、SⅢLA	(13/15)	X_D	UU		5/7、(13/15)、[9/11]、17/19、(23/25)	D_{11}、D_{13}、$S_Ⅲ$	7DG、11-13DG、9-15DG、17-23DG、25DG、<21>21DG、ⅢG	ⅢG	ⅢG		41
	至 ⅠG		X_DLA、S₁LA		X_D	UU		5/7、(13/15)、[9/11]、17/19、23/25	D_{11}、D_{13}、$S_Ⅰ$	7DG、11-13DG、9-15DG、17-23DG、ⅠG	ⅠG	ⅠG		42
	至 ⅡG		X_DLA、SⅡLA		X_D	UU		5/7、(13/15)、[9/11]、(17/19)、{23/25}、27	D_{11}、D_{13}、$S_Ⅱ$	7DG、11-13DG、9-15DG、19-27DG、ⅡG	ⅡG	ⅡG		43
	至 4G		X_DLA、S₄LA		X_D	UU		5/7、(13/15)、[9/11]、(17/19)、(23/25)、(27)	D_{11}、D_{13}、S_4	7DG、11-13DG、9-15DG、19-27DG、4G	4G	4G		44

表 1-4　举例站场联锁表 3（北京方面发车）

方向	列车进路	进路方式	排列进路按下按钮	确定运行方向道岔	信号机 名称	信号机 显示	信号机 表示器	道岔	敌对信号	轨道电路区段	迎面进路 列车	迎面进路 调车	超限检查及其他联锁	进路号码
北京方面 正方向发车	由5G		S_5LA、X_FLA		S_5	L 或 LU 或 U	左-B	(21)、(9/11)、[13/15]、(1/3)	S_5D、D_9、D_7、D_1、X_F	21DG、<23/25>25DG、11-13DG、9-15DG、3DG、<5/7>5DG、1DG、ⅡAG			BS	17
	由ⅢG	1	$S_{Ⅲ}$LA、X_FLA（23/25）	(23/25)	$S_{Ⅲ}$	L 或 LU 或 U	左-B	(23/25)、17/19、13/15、9/11、(1/3)	$S_{Ⅲ}$D、D_{13}、D_9、D_7、D_1、X_F	25DG、<21>21DG、17-23DG、9-15DG、3DG、<5/7>5DG、1DG、ⅡAG			BS	18
	由ⅢG	2	$S_{Ⅲ}$LA、BA、X_FLA	23/25	$S_{Ⅲ}$	L 或 LU 或 U	左-B	23/25、21、(9/11)、[13/15]、(1/3)	$S_{Ⅲ}$D、D_9、D_7、D_1、X_F	25DG、21DG、11-13DG、9-15DG、3DG、<5/7>5DG、1DG、ⅡAG			BS	19
	由ⅠG	1	$S_Ⅰ$LA、X_FLA	17/19	$S_Ⅰ$	L 或 LU 或 U	左-B	23/25、17/19、13/15、9/11、(1/3)	$S_Ⅰ$D、D_{13}、D_7、D_1、X_F	17-23DG、9-15DG、3DG、<5/7>5DG、1DG、ⅡAG			BS	20
	由ⅡG	1	$S_Ⅱ$LA、X_FLA	17/19	$S_Ⅱ$	L 或 LU 或 U	左-B	27、17/19、1/3	$S_Ⅱ$D、D_{15}、D_1、X_F	19-27DG、1/19WG、1DG、ⅡAG			BS	21
	由ⅡG	2	$S_Ⅱ$LA、D_{13}A 或 D_9A、D_7A 或 D_9A、X_FLA	(17/19)	$S_Ⅱ$	L 或 LU 或 U	左-B	27、(17/19)、{23/25}、13/15、9/11、(1/3)	$S_Ⅱ$D、D_{13}、D_7、D_1、X_F	19-27DG、17-23DG、9-15DG、3DG、<5/7>5DG、1DG、ⅡAG			BS	22
	由4G	1	S_4LA、X_FLA	17/19	S_4	L 或 LU 或 U	左-B	(27)、17/19、1/3	S_4D、D_{15}、D_1、X_F	19-27DG、1/19WG、1DG、ⅡAG			BS	23
	由4G	2	S_4LA、D_{13}A 或 D_9A、D_7A 或 D_9A、X_FLA	(17/19)	S_4	L 或 LU 或 U	左-B	(27)、(17/19)、{23/25}、13/15、9/11、(1/3)	S_4D、D_{13}、D_7、D_1、X_F	19-27DG、17-23DG、9-15DG、3DG、<5/7>5DG、1DG、ⅡAG			BS	24

方向	进路	进路方式	排列进路按下按钮	确定运行方向道岔	信号机 名称	信号机 显示	信号机 表示器	道岔	敌对信号	轨道电路区段	迎面进路 列车	迎面进路 调车	超限检查及其他联锁	进路号码
反方向北京方面（列车进路）	由5G	1	S₅LA、XLA	9/11	S₅	L	中-B	(21)、9/11、13/15、(5/7)	S₅D、D₁₁、D₃、X	〈23/25〉25DG、21DG、11-13DG、7DG、5DG、〈1/3〉3DG、ⅠAG			BS	25
	由5G	2	S₅LA、D₇A 或 D₉A、XLA	(9/11)	S₅	L	中-B	(21)、[13/15]、(9/11)、1/3、5/7	S₅D、D₉、D₇、D₃、X	〈23/25〉25DG、21DG、9-15DG、3DG、5DG、ⅠAG			BS	26
	由ⅢG	1	SⅢLA、XLA	(23/25)	SⅢ	L	中-B	(23/25)、17/19、13/15、9/11、1/3、5/7	SⅢD、D₉、D₇、D₃、X	25DG、〈21〉21DG、17-23DG、9-15DG、3DG、5DG、ⅠAG			BS	27
	由ⅢG	2	SⅢLA、D₁₁A 或 BA、XLA	23/25、9/11	SⅢ	L	中-B	23/25、21、13/15、9/11、(5/7)	SⅢD、D₁₁、D₃、X	25DG、21DG、11-13DG、7DG、5DG、〈1/3〉3DG、ⅠAG			BS	28
	由ⅢG	3	SⅢLA、BA、D₇A 或 D₉A、XLA	23/25、(9/11)	SⅢ	L	中-B	23/25、21、[13/15]、(9/11)、1/3、5/7	SⅢD、D₉、D₇、D₃、X	25DG、21DG、11-13DG、9-15DG、3DG、5DG、ⅠAG			BS	29
	由ⅠG		SⅠLA、XLA		S₁	L	中-B	23/25、17/19、13/15、9/11、1/3、5/7	S₁D、D₁₃、D₉、D₇、D₃、X	17-23DG、9-15DG、3DG、5DG、ⅠAG			BS	30
	由ⅡG		SⅡLA、XLA		SⅡ	L	中-B	27、{23/25}、17/19、13/15、9/11、1/3、5/7	SⅡD、D₁₃、D₉、D₇、D₃、X	19-27DG、17-23DG、9-15DG、3DG、5DG、ⅠAG			BS	31
	由4G		S₄LA、XLA		S₄	L	中-B	(27)、{23/25}、(17/19)、13/15、9/11、1/3、5/7	S₄D、D₁₃、D₉、D₇、D₃、X	19-27DG、17-23DG、9-15DG、3DG、5DG、ⅠAG			BS	32
向天津方面由Ⅱ道通过			XₓTA、SLA		Xₓ/XⅡ	L/L	B	1/3、17/19、27、14、10/12、6/8	D₁、D₅、D₁₅、SⅡ、XⅡD、D₆、S	ⅡAG、1DG、1/19WG、19-27DG、ⅡG、14DG、6-12DG、ⅡBG	ⅡG	ⅡG	BS	13/98

表 1-5　举例站场联锁表 4（下行咽喉调车 1）

方向	进路	排列进路按下按钮	确定运行方向道岔	信号机 名称	显示	表示器	道岔	敌对信号	轨道电路区段	迎面进路 列车	迎面进路 调车	超限检查及其他联锁	进路号码
D_1	至 D_9	D_1A、D_7A		D_1	B		(1/3)	X_F、D_7、〈（9/11）〉S_5L、〈23/25、（9/11）〉、或〈（23/25）、13/15〉$S_{Ⅲ}L$、〈13/15〉S_1L、〈（17/19）、13/15〉$S_{Ⅲ}L$、(17/19）13/15〉S_4L	1DG、3DG、〈5/7〉5DG				45
	至 D_{15}	D_1A、D_5A		D_1	B		1/3	X_F、D_5、〈17/19〉$S_{Ⅱ}$、〈17/19〉S_4	1DG				46
D_3	至 D_9	D_3A、D_7A		D_3	B		5/7、1/3	X、D_7、〈（9/11）〉S_5L、〈23/25、（9/11）〉、或〈（23/25）、13/15〉$S_{Ⅲ}L$、〈（17/19）、13/15〉S_4L、13/15〉$S_{Ⅲ}L$、(17/19）、13/15〉S_4L	5DG、3DG				47
	至 D_{11}	D_3A、$D_{11}A$		D_3	B		(5/7)	X、〈9/11〉S_5、〈23/25、9/11〉或〈（23/25）、(13/15)〉S_1、〈（17/19）、(13/15)〉S_4、(13/15)〉$S_{Ⅲ}L$、〈（17/19）、(13/15)〉S_4	5DG、〈1/3〉3DG、7DG				48
D_5	向 D_1	D_5A、D_1A		D_5	B		1/3	X_F、D_1、〈17/19〉$S_{Ⅱ}L$、〈17/19〉S_4L	1DG				49
D_7	向 D_1	D_7A、D_1A		D_7	B		(1/3)	X_F、D_1、〈（9/11）〉S_5L、〈13/15、(23/25)〉、或〈9/11、（23/25）〉$S_{Ⅲ}L$、〈（17/19）、13/15〉S_4L、13/15〉$S_{Ⅲ}L$、〈（17/19）、13/15〉S_4L	3DG、〈5/7〉5DG、1DG				50
	向 D_3	D_7A、D_3A		D_7	B		1/3、5/7	X、D_3、〈（9/11）〉S_5L、〈23/25、（9/11）〉、〈（17/19）、13/15〉$S_{Ⅲ}L$、13/15〉S_4L	3DG、5DG				51
D_9	至 5G	D_9A、S_5DA		D_9	B		(9/11)、[13/15]、(21)	X、〈（1/3）〉X_F、S_5	9-15DG、11-13DG、21DG、〈23/25〉25DG	5G			52

调车进路由

方向	进路方向	进路方式	排列进路按下按钮	确定运行方向道岔	信号机 名称	显示	表示器	道岔	敌对信号	轨道电路区段	迎面进路 列车	迎面进路 调车	超限检查及其他联锁	进路号码
D₉	至 D₁₃		D₉A、D₁₃A		D₉	B		9/11、13/15	〈5/7〉X、〈(1/3)〉XF、〈(23/25)〉SⅢ、SⅠ、〈(17/19)〉SⅡ、〈(17/19)〉S₄	9-15DG				53
	至 ⅢG	2	D₉A、BA、(9/11) SⅢDA	(9/11)	D₉	B		(9/11)、[13/15]、21、23/25	X、〈(1/3)〉XF、SⅢ	9-15DG、11-13DG、21DG、25DG	ⅢG			54
D₁₁	至 5G		D₁₁A、S₅DA		D₁₁	B		13/15、9/11、(21)	XD、〈(5/7)〉X、S₅	11-13DG、21DG、〈23/25〉25DG	5G			55
	至 ⅢG		D₁₁A、SⅢDA		D₁₁	B		13/15、9/11、21、23/25	XD、〈(5/7)〉X、SⅢ	11-13DG、21DG、25DG	ⅢG			56
	至 D₁₃		D₁₁A、D₁₃A		D₁₁	B		(13/15)、[9/11]	XD、X、SⅢ、SⅠ、〈(17/19)〉SⅡ、〈(17/19)〉S₄	11-13DG、9-15DG				57
D₁₃	至 ⅢG		D₁₃A、SⅢDA		D₁₃	B		17/19、(23/25)	〈(13/15)〉XD、〈5/7、9/11〉X、〈(1/3)、9/11〉XF、SⅢ	17-23DG、25DG、〈21〉21DG	ⅢG			58
	至 ⅠG		D₁₃A、SⅠDA		D₁₃	B		17/19、23/25	〈(13/15)〉XD、〈5/7、9/11〉X、〈(1/3)、9/11〉XF、SⅠ	17-23DG	ⅠG			59
	至 ⅡG		D₁₃A、SⅡDA		D₁₃	B		(17/19)、{23/25}、27	〈(13/15)〉XD、〈5/7、9/11〉X、〈(1/3)、9/11〉XF、SⅡ	17-23DG、19-27DG	ⅡG			60
	至 4G		D₁₃A、S₄DA		D₁₃	B		(17/19)、{23/25}、(27)	〈(13/15)〉XD、〈5/7、9/11〉X、〈(1/3)、9/11〉XF、S₄	17-23DG、19-27DG	4G			61
D₁₅	至 ⅡG		D₁₅A、SⅡDA		D₁₅	B		17/19、27	SⅡ、〈1/3〉XF	19-27DG	ⅡG			62
	至 4G		D₁₅A、S₄DA		D₁₅	B		17/19、(27)	S₄、〈1/3〉XF	19-27DG	4G			63

由调车进路

表 1-6 举例站场联锁表 5（下行咽喉调车 2）

方向	进路	进路方式	排列进路按下按钮	确定运行方向道岔	信号机名称	显示	表示器	道岔	敌对信号	轨道电路区段	迎面进路 列车	迎面进路 调车	超限检查及其他联锁	进路号码
S₅	至 X_D		S₅DA、X_DDZA		S₅	B		（21）、9/11、13/15、5/7	S₅L、D₁₁、X_D	21DG、<23/25>25DG、11-13DG、7DG				64
	向 D₃	2	S₅DA、D₁₁A、D₃A	9/11	S₅	B		（21）、9/11、13/15、（5/7）	S₅L、D₁₁、X	21DG、<23/25>25DG、11-13DG、7DG、5DG、<1/3>3DG				65
	至 D₇		S₅DA、D₉A		S₅	B		（21）（9/11）、[13/15]	S₅L、D₉、X、<(1/3)>>X_F	21DG、<23/25>25DG、11-13DG、9-15DG				66
S_III	至 X_D	1	S_IIIDA、X_DDZA	23/25	S_III	B		23/25、21、9/11、13/15、5/7	S_IIIL、D₁₁、X_D	25DG、21DG、11-13DG、7DG				67
	至 X_D	2	S_IIIDA、D₁₃A、X_DDZA	（23/25）	S_III	B		（23/25）、17/19、（13/15）、5/7	S_IIIL、D₁₃、D₁₁、X_D	25DG、<21>21DG、17-23DG、11-13DG、7DG				68
	至 D₇	1	S_IIIDA、D₉A	（23/25）	S_III	B		（23/25）、17/19、13/15、9/11	S_IIIL、D₁₃、D₉、<5/7>X、<(1/3)>>X_F	25DG、<21>21DG、17-23DG、9-15DG				69
	至 D₇	2	S_IIIDA、D₁₁A、D₃A	23/25	S_III	B		23/25、21、（9/11）、13/15	S_IIIL、D₉、<5/7>X、<(1/3)>>X_F	25DG、21DG、11-13DG、9-15DG				70
	向 D₃	2	S_IIIDA、X_DDZA	23/25、9/11	S_III	B		23/25、21、9/11、[13/15]	S_IIIL、D₁₁、X、D₃	25DG、21DG、11-13DG、<1/3>3DG、9-15DG				71
S_I	至 X_D		S_IDA、D₉A		S_I	B		17/19、13/15、（5/7）	S_IL、D₁₃、D₉、<5/7>X、<(1/3)>>X_F	17-23DG、9-15DG、7DG				72
	至 D₇		S_IDA、D₁₅A		S_I	B		17/19、[13/15]、[9/11]、5/7	S_IL、D₁₅、<1/3>D₁、<1/3>>X_F	17-23DG、11-13DG、9-15DG				73
S_II	至 X_D		S_IIDA、D₉A		S_II	B		27、17/19	S_IIL、D₁₃、D₉、<5/7>X、<1/3>X_F	19-27DG				74
	至 D₇		S_IIDA、D₉A		S_II	B		27、（17/19）、13/15、9/11	S_IIL、D₁₃、D₉、<5/7>X	19-27DG、17-23DG、9-15DG				75
	至 D₇		S_IIDA、X_DDZA		S_II	B		27、（17/19）、{23/25}、（13/15）、[9/11]、5/7	S_IIL、D₁₃、D₁₁、X_D	19-27DG、17-23DG、11-13DG、7DG				76
S₄	至 D₅		S₄DA、D₁₅A		S₄	B		（27）、17/19	S₄L、D₁₅、<1/3>D₁、<1/3>>X_F	19-27DG、9-15DG				77
	至 D₇		S₄DA、D₉A		S₄	B		（27）、（17/19）、13/15、9/11	S₄L、D₁₃、D₉、<5/7>X	19-27DG、17-23DG				78
	至 X_D		S₄DA、X_DDZA		S₄	B		（27）、（17/19）、{23/25}、（13/15）、[9/11]、5/7	S₄L、D₁₃、D₁₁、X_F	19-27DG、17-23DG、11-13DG、7DG				79

调车进路

3. 进路栏

进路栏逐条列出列车及调车的基本进路。在较大车站，两点之间列车进路或调车进路同时有多条路径可选择时，可依照前面介绍的"路径最短、经过道岔最少、影响平行作业最小"的原则，确定优先顺序列出各种进路方式。

列车进路中分为接车进路（包括正向和反方向）、发车进路（包括正向和反方向）、通过进路。对于接车进路，在进路栏里记作"至×股道"。对于发车进路，在进路栏里记作"由×股道"。通过进路记作"经×股道向××方向通过"。

调车进路中如由 D$_{xx}$信号机调车时，记作"由 D$_{xx}$"。调车至另一顺向调车信号机时，即咽喉区内有阻拦信号机时，记作"至 D$_{xx}$"。向尽头线、安全线、编组线、专用线、机务段等处调车时，没有阻拦信号机，分别填记由各连接线向集中区调车的调车信号机名称，记作"向D$_{xx}$"。当进站信号机内方仅能作调车终端时，应记作"至×进站信号机"。由某一调车信号机至股道调车时，记作"至×股道"。

4. 排列进路按下的按钮栏

该栏中按照排列进路时按下按钮的先后顺序，填写排列该进路时需按下的按钮名称。对于变通进路，应标明始端、变通、终端按钮的名称。其中变通按钮包括兼作变通按钮使用的DA，变通按钮也可以是多个按钮。

5. 确定运行方向道岔栏

当有两种以上方式运行时，为了区分开通的路径，在该栏内填写关键的对向道岔位置。如下行 5 道接车进路，方式 1 的对应栏内填（5/7），方式 2 的对应栏内表明 5/7。

6. 信号机及进路表示器栏

该栏内填写排列该进路时开放信号机的名称及显示，色灯信号机按显示颜色表示；进路表示器以面对信号机开通左、中、右不同的进路，分别以 A、B、C 来表示，如果进路超过三个方向，以两组进路表示器组合后的灯位分别表示不同的进路。

7. 道岔栏

该栏内顺序填写进路范围以内的所有道岔以及防护道岔和带动道岔的编号及位置状态。如填写的 1/3，表示将 1/3 号道岔锁闭在定位；（5/7），表示将 5/7 号道岔锁闭在反位；[5/7]，表示将 5/7 号道岔防护在定位；{23/25}，表示将 23/25 号道岔带动到定位。

8. 敌对信号栏

该栏内填写排列该进路的所有敌对信号的名称。

对于列车兼调车信号机，有三种写法，如果填写为 S$_4$，表示 S$_4$信号机的列车信号和调车信号均为该进路的敌对信号；如果填写 S$_4$L，表示 S$_4$信号机的列车信号为该进路的敌对信号；如果填写 S$_4$D，表示 S$_4$信号机的调车信号为该进路的敌对信号。

对于调车信号机，填写调车信号机的名称即可。如填写的是 D$_1$，表示 D$_1$信号机为所排进路的敌对信号。

有条件敌对信号填写方式为敌对信号机名称前加区分条件，如<11/13>D_{11}，表示只有经 1/3 号道岔定位时，D_{11} 信号机为该进路的敌对信号；如<（17/19）>$S_{II}L$，表示经 17/19 号道岔反位时 S_{II} 信号机的列车信号为该排进路的敌对信号。

9. 轨道电路区段栏

该栏内顺序填写排列进路时须检查空闲的各轨道电路区段名称。

进路范围以内的区段直接填写区段名称，如填写的是 5DG，表示排列进路时须检查 5DG 区段的空闲。当 5/7 号道岔在定位时排列进路，如果必须检查侵限绝缘节相邻区段空闲，在相邻区段前面再加上相应的条件；如建立经 1/3 反向的进路时，由于 3 号道岔和 5 号道岔之间为侵限绝缘，则在表格中应填写<5/7>5DG，表示当 5/7 道岔在定位时需要检查 5DG 的空闲。

10. 迎面进路栏

该栏目中填写的是去同一到发线（或场间联络线）上对向的接车进路与接车时路、接车进路与调车进路的敌对关系，是用股道区段的名称表示对另一咽喉的对向敌对进路的检查。例如，建立下行 II 道接车进路，对方咽喉至 II 道的接车进路和调车进路均为敌对进路，因此，在迎面进路的列车和调车对应栏内均填上"II G"；而建立 D_{15} 至 II G 调车进路，对方咽喉至 II 道的接车进路为敌对进路，而至 II 道的调车进路不是敌对进路，因此，只在迎面进路的列车对应栏内填上"II G"，而调车栏内不填。

11. 其他联锁栏

其他联锁栏，是指对前面各栏目没有包含的联锁条件的检查。举例站场，只有发车进路对应的栏目内标明了"BS"，表示所排发车进路应检查与邻站间的闭塞关系（含各种闭塞）。

除此之外，如果车站内有非进路调车、延续进路、场间联系等作业时，均应在该栏目内标明。

复习思考题

1. 什么是联锁？开放信号时应检查的基本联锁条件是什么？
2. 什么叫进路？进路分哪几种类型？各种进路的范围如何划分？
3. 什么是基本进路？什么是变通进路？确定基本进路的条件是什么？
4. 什么是道岔的定位与反位？确定道岔定位有哪些要求？
5. 复式交分道岔与普通道岔有何不同？什么是双动、三动、四动道岔？
6. 道岔密贴标准是什么？手摇道岔时应注意什么？道岔手摇把使用有何规定？
7. 什么是防护道岔？什么是带动道岔？二者有何不同？
8. 什么是敌对进路？哪些进路属于敌对进路？
9. 什么是敌对信号？它与敌对进路有何关系？什么是条件敌对信号？
10. 建立进路时对轨道区段的检查有何要求？有侵限绝缘时对联锁关系检查有何影响？
11. 联锁表中各栏目的含义是什么？

【操作实践】

任务一　编制联锁表

一、任务描述

通过编制联锁表，熟练掌握与理解联锁关系，建立完整的联锁概念。掌握联锁表中各栏目的填写方法及其中的含义，为以后学习联锁电路奠定扎实的基础。

二、所需资料

信号平面布置图，联锁表空白表。

三、编制步骤

（1）根据信号平面布置图，按接车进路、发车进路、调车进路的顺序，填写方向栏和进路栏（可参照联锁表举例）；接车进路和发车进路按股道顺序写，调车进路按信号机序号顺序写，防止出现遗漏现象。

（2）按每条进路，逐栏填写相应内容。

①进路方式栏：有变通进路时，该栏目内填写区分进路的对向道岔号及位置，如果没有变通进路，该栏目不填。

②信号机栏：填写防护该进路信号机名称及建立该进路的信号显示。

③道岔栏：填写进路范围内的所有道岔位置以及带动道岔和防护道岔。

④敌对信号栏：填写该进路的所有敌对信号，包括条件敌对信号。

⑤轨道电路区段栏：填写要检查的所有轨道电路区段的名称，包括侵限绝缘的条件检查，但调车进路是不填无岔区段的。

⑥迎面栏：存在迎面敌对进路时，是列车敌对进路，在列车栏里填写股道的轨道区段名；是调车敌对进路，在调车栏里填写股道的轨道区段名。

⑦其他联锁栏：只对发车进路填写 bs，表示发车进路存在与区间联系关系。

任务二　联锁关系实验

一、任务描述

进行联锁关系试验，核对联锁关系是否正确。进一步体会信号机、道岔、进路三者之间的联锁关系。

二、所需设备

6502 电气信号联锁系统一套，计算机联锁系统一套。

三、操作步骤

（1）排列基本进路：按联锁图表给定的进路，顺序排列进路并核对联锁表中进路与所排进路的一致性。

（2）排列变通进路：在站场中存在着与基本进路平行或"八字"迂回进路时，通过变通方法而办理的进路。办理变通进路时需要按压进路始、终端之间相应的变通或调车信号按钮。

正常排列进路时，每建立完一条进路后，都要检查其进路范围以内的道岔位置是否都符合要求，进路范围以内的区段是否空闲，敌对信号是否都是关闭的。

（3）道岔位置不对信号不能开放：将所办进路上的所有道岔逐个置于不符合要求的位置并单锁，试排该条进路，其信号应不能开放。

（4）道岔无表示信号关闭：办理进路并开放信号后，将与进路有关的所有道岔表示逐个断开，每次应能关闭信号。

（5）区段占用不能开放信号：模拟进路范围内的任意一个区段占用后办理进路，此时进路应不能锁闭（引导信号和调车进路的无岔区段除外）。

（6）列车信号开放后，短路列车进路内的任一轨道区段，列车信号机应立即关闭；调车信号开放后，短路调车进路内的道岔轨道区段时（进路内方第一轨道区段除外），调车信号机亦应立即关闭。试验时，必须按上述两种方法对进路内各区段逐个进行试验。

（7）调车信号白灯保留：调车信号开放后，车列由接近区段压入信号机内方时，调车信号机的白灯必须保留在开放状态（机走线和机务段出口处以及机待线上的调车信号机除外），直到车列出清接近区段（接近区段留有车辆时，检查车列出清进路内方第一个轨道区段）或退出进路内方所有区段时白灯方可关闭。

（8）带动道岔：将带动道岔置于需要带动的相反位置，进行排路试验，确认带动到规定位置；信号开放后，断开带动道岔表示，确认信号不关闭；单独操纵带动道岔，若该带动道岔与进路中其他道岔不在同一区段，应可以操纵。将带动道岔置于需要带动的相反位置并进行单独锁闭，进行排路试验，确认道岔不能带动，信号可以正常开放；信号开放后，去除带动道岔的单锁条件，确认道岔仍在原位置。

（9）防护道岔：将防护道岔锁在与所需防护的位置相反的位置，排列进路，信号不应开放；信号开放后，断开防护道岔的表示，该信号应自动关闭。

（10）信号开放后锁闭道岔：办理某条进路开放信号后，逐个单独操纵与该进路有关的道岔（包括进路上的所有道岔、不在进路上但与该进路上某组道岔同一个区段的其他道岔、防护道岔等），这些道岔均应处于锁闭状态。

（11）敌对信号：先办理某条进路后，再办理所有与其有关的敌对进路，敌对信号均应不能开放。

（12）敌对照查：向某一股道办理接车进路或调车进路，再办理另一端的迎面进路，则迎面进路不应锁闭。

项目小结

本项目围绕两个任务介绍了联锁道岔、进路、联锁关系、联锁图表、联锁设备。简要概括如下：

（1）道岔的位置有定位、反位和四开位置；列车迎着岔尖运行时，该道岔叫对向道岔；列车顺着岔尖运行时，该道岔叫顺向道岔；根据作业的需要可以单独开通定位或反位的道岔称为单动道岔；对两道岔的位置要求一致，称这样的两组道岔为双动道岔。许多车站由于咽喉区占地面积有限，道岔铺设非常困难，因此采用复式交分道岔，用一组道岔实现两组道岔的功能。

（2）进路按作业性质分为列车进路和调车进路，列车进路分为接车进路、发车进路和通过进路。接车进路是指列车从区间（或车场）进入站内（或另一车场）所经过的路径；发车进路是指列车由车站（或车场）驶出，进入区间（或另一车场）所经过的路径；通过进路是指列车经正线不停车通过车站（或车场）的进路；调车进路是指调车车列在站内进行调车作业时所经过的路径。无论列车进路还是调车进路，有时在进路的起点和终点之间有两条或两条以上不同的路径可以走，规定常用的一条路径为基本进路。一般选择其中一条路径最短、经过道岔最少、对其平行作业影响最小的路径作为基本进路。基本进路以外的其他进路都叫作变通进路。

（3）进路上的轨道区段有车占用，或道岔位置不正确，进路不能建立，有关的信号机不许开放；信号开放后，该进路上的道岔不得再转换，与此进路有关联的其他信号不能开放。把道岔位置能够区分但不可能同时建立的两条进路称为抵触进路。用道岔位置无法区分，但同时建立有可能发生危险的两条进路互为敌对进路。建立一条进路时，用道岔位置无法区分，但又不允许开放的信号即为敌对信号。建立一条进路时，进路之外的某一信号机，有时不允许其开放，即为敌对信号；有时又允许其开放，即为非敌对信号；称这样的信号为条件敌对信号。总之，进路空闲、道岔位置正确、敌对进路未建立（敌对信号未开放）是建立一条进路时必须检查的基本联锁条件，只有实时准确无误地检查，才能保证站内作业安全。

（4）联锁图表由车站信号设备平面布置图和联锁表两部分组成。联锁表是根据车站信号设备平面布置图上的线路、道岔、信号机、轨道电路区段等的设备分布状况，按规定的原则和格式编制出来的。需要特别注意的是，道岔栏中的防护道岔和带动道岔、轨道区段栏中条件轨道区段、敌对信号栏中的条件敌对，一定要认真考虑填写。

（5）联锁试验就是根据联锁表中的相关内容，来检查信号、道岔及轨道区段之间的联锁关系是否都得以实现。

项目二　联锁系统操作方法

【知能目标】

（1）熟练掌握6502继电集中联锁车站控制台和按钮盘各种按钮的用途及各种表示灯的显示意义。

（2）熟练掌握计算机联锁操作、显示设备的功能，各种按钮的用途及各种表示灯的显示意义。

（3）熟练掌握6502继电集中联锁车站各项作业的办理及信号设备操作方法。

（4）熟练掌握计算机联锁车站各项作业的办理及计算联锁设备操作方法。

（5）掌握车站各种作业及信号设备各项操作的适用条件和基本要求。

（6）能够按照铁路现场的制度要求和标准化作业程序进行各种操作。

（7）掌握车站联锁设备的联锁试验方法。

（8）培养遵章守纪、规范作业的工作作风。

【知能链接】

一、6502继电集中联锁设备的操作方法

6502继电集中联锁系统的室内设备主要有：单元控制台、人工解锁按钮盘、继电器组合架和电源屏。室外设备主要有：色灯信号机、电动转辙机和轨道电路。

单元控制台是用各种标准单元块拼凑而成的，用于控制和监督道岔、进路和信号机。人工解锁按钮盘是辅助设备，用于办理故障解锁或强制关闭信号。继电器组合架是实现联锁的控制设备。电源屏是电气集中联锁的供电设备。色灯信号机用于显示各种信号，电动转辙机用于转换道岔，轨道电路用于监督进路是否空闲。

（一）控制台盘面布置

在控制台盘面上装有站场线路的模拟图形、按钮和表示灯。图2-1是图1-2所示举例站场的单元控制台盘面局部示意图。车站值班员利用按钮集中控制全站的道岔和信号，并通过表示灯和光带监督设备状态和线路占用情况。

1. 与进路有关的按钮和表示灯

（1）进路按钮：在控制台的站场模型上，对应每一列车信号机设一个列车按钮（绿色）LA；对应每一调车信号机设一个调车按钮（白色）DA。

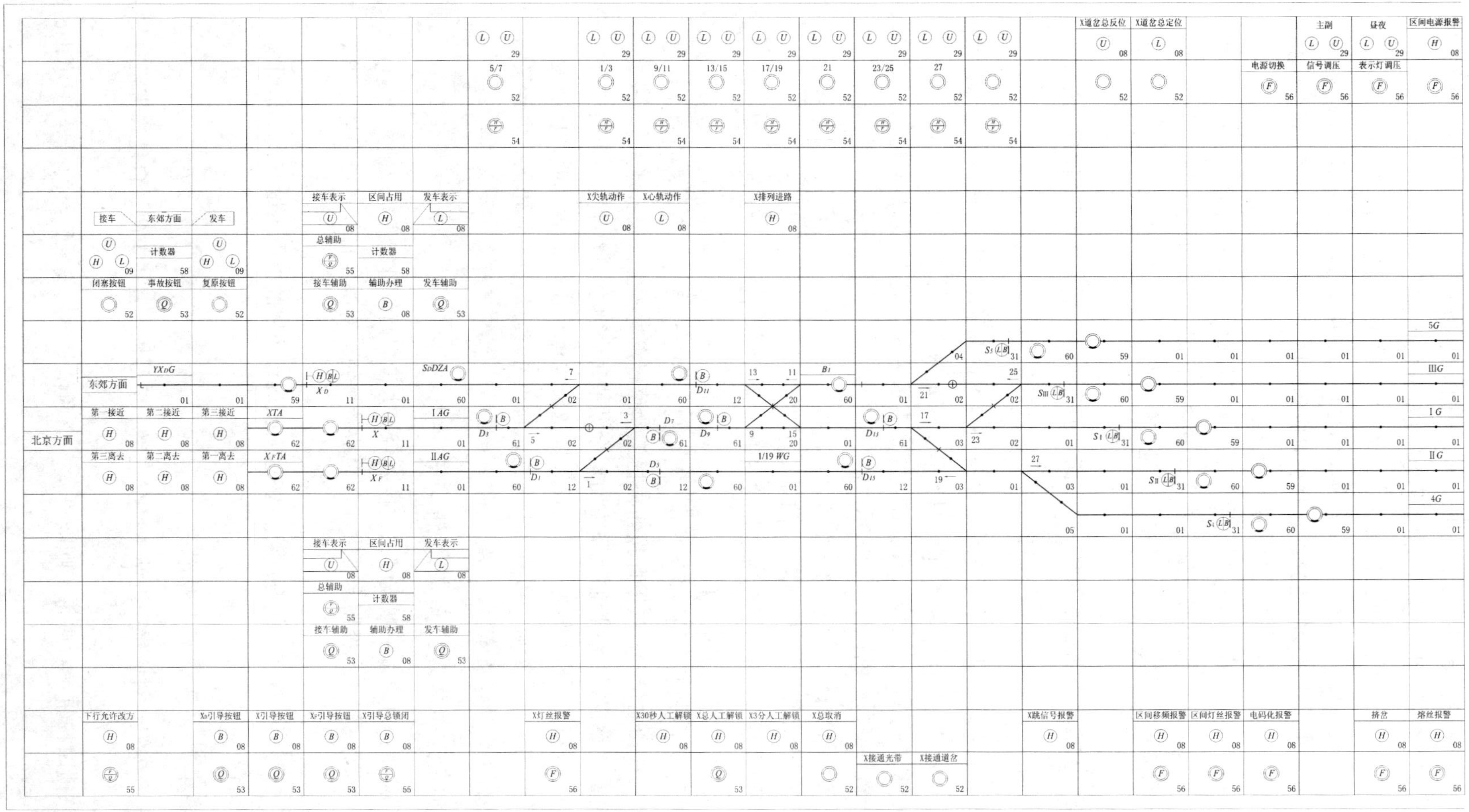

图 2-1　举例设计站场的单元控制台盘面图

注：所有进路按钮均为两位自复式带灯按钮。

（2）终端按钮：无论作始端或终端按钮，列车与调车按钮均分开使用。出站兼调车信号机分别设置列车按钮和调车按钮。进路终端即使没有对应的信号机时，也都分别专设列车终端按钮或调车终端按钮。如在进站信号机 X_D 的内方，此处可以作为调车进路终端，所以必须设一个调车进路终端按钮 X_DDZA。下行发车处没有调车信号机，单独设置调车终端按钮 X_DZA。

（3）变通按钮：为了排列变通进路，有时在对应咽喉区适当位置需设置变通按钮 BA。如举例站场在 11 号道岔和 21 号道岔之间设有一个 BA。

（4）通过按钮：有正线通过列车作业的车站，为了简化排列通过进路的操作，在能够办理正线通过进路的进站信号机的列车按钮外方设置通过按钮。如在下行进站信号机的列车按钮外方，设有下行通过进路按钮 XTA；在上行进站信号机的列车按钮外方，设有上行通过进路按钮 STA。

（5）表示灯：对应每一咽喉区各设一个进路排列表示灯，显示排列进路的状态。

2．与道岔有关的按钮与表示灯

（1）道岔按钮：对应每组道岔（多动道岔按一组）设置了单独操纵按钮，简称道岔按钮 CA。道岔按钮采用三位带灯按钮，按下为自复式，拉出为非自复式。

（2）道岔表示灯：每一道岔按钮的上方有两个表示道岔位置的表示灯，道岔在定位绿灯亮，道岔在反位黄灯亮，道岔四开时无表示。

（3）道岔总定/反位按钮：在控制台上方，对应每一咽喉分别设置了两位自复式的道岔总定位按钮 ZDA 和道岔总反位按钮 ZFA，用于控制道岔单操。

（4）总定/反位表示灯：对应道岔总定位按钮上方设总定位表示灯（绿色），对应道岔总反位按钮上方设总反位表示灯（黄色）。

（5）接通道岔表示按钮：在控制台下方，对应每一咽喉设置一个两位非自复式接通道岔表示按钮，用于检查道岔位置。按下此按钮根据道岔位置点亮各道岔表示灯。

（6）切断挤岔电铃按钮：在控制台下方对应全站或每个独立车场设置一个两位自复式带灯的切断挤岔电铃按钮。当道岔转换受阻或发生挤岔长时间（13 s）无表示时，挤岔表示灯亮红灯，挤岔电铃鸣响。按下按钮可切断响铃电路，待道岔修复后，红灯熄灭，电铃又响，此时拉出按钮电铃停响，恢复正常。

3．总取消按钮和总人工解锁按钮与表示灯

（1）总取消按钮：对应每一咽喉区，在控制台下方设有两位自复式总取消按钮 ZQA。

（2）总人工解锁按钮：在控制台下方相邻总取消按钮设有两位自复式带铅封的总人工解锁按钮 ZRA。

（3）表示灯：对应两按钮均设有红灯。在总人工解锁按钮的上方还设有人工延时解锁表示灯（30 s、3 min）。

4．引导接车有关按钮与表示灯

（1）引导信号按钮：对应每一进站（接车进路）信号机设置一个两位自复式带铅封的引导信号按钮 YA。

（2）引导总锁闭按钮：对应每一咽喉设置一个两位非自复式带铅封的引导总锁闭按钮 YZSA。

（3）表示灯：对应两按钮分别设有白色表示灯。

5. 区段故障解锁按钮（事故按钮）

在区段人工解锁盘上，对应每一个道岔区段或有列车进路经过的差置信号机之间的无岔区段均设一个两位自复式带铅封的事故按钮，用于办理故障解锁和强制关闭信号。

6. 其他按钮

（1）接通光带表示按钮：对应每一咽喉区，在控制台下方设有一个两位自复式接通光带表示按钮。按下时点亮白光带，可检查进路开通状态。

（2）电源切换按钮：在控制台上方全站设一个两位非自复式电源切换按钮。主电源供电时，控制台上表示灯亮绿灯；副电源供电时，控制台上表示灯亮白灯。当主电源自动切换至副电源供电时，电铃鸣响，按下该按钮切断电铃；反之，由副电源恢复至主电源供电时，电铃又响，拉出该按钮电铃停响，恢复正常。

（3）信号灯电压调整按钮：在控制台上方全站分别设一个两位非自复式信号灯调压按钮和两位非自复式带灯信号灯降压按钮。白天信号灯供电电压为 220 V，控制台上表示灯亮绿灯；夜间按下信号灯调压按钮可调至 180 V，表示灯亮黄灯；特殊情况下，按下信号灯降压按钮可降至 127 V。

7. 信号复示器

（1）进站（接车进路）信号复示器：平时亮红灯，表示信号机在关闭状态；复示器亮绿灯，表示信号机显示允许灯光；复示器亮红灯和白灯，表示信号机开放引导信号。

当信号机红灯因故灭灯时，复示器闪红灯；信号机开放后，绿灯或黄灯因故灭灯时，复示器由绿灯变为红灯；当引导信号开放后，室外月白灯因故灭灯时，复示器红灯点亮白灯闪光。

（2）出站兼调车信号复示器：平时不亮灯，表示信号机在关闭状态；复示器亮绿灯，表示出站信号机开放；复示器亮白灯，表示调车信号机开放。

当信号机红灯因故灭灯时，复示器闪白灯；当信号机开放后绿灯或白灯因故灭灯时，复示器随之灭灯。

（3）调车信号复示器：平时不亮灯，表示信号机在关闭状态。当调车信号机开放时，复示器亮白灯。当信号机因故灭灯时，复示器闪白灯；当信号机开放后白灯因故灭灯时，复示器白灯熄灭。

8. 轨道光带表示灯

（1）平时光带不亮灯，表示进路没有锁闭，轨道区段空闲。

（2）进路锁闭后，对应该进路范围内白光带点亮；按下接通光带表示按钮根据道岔位置各轨道光带表示灯点亮白灯。

（3）只要轨道区段有车占用，不管是否建立进路，该区段红光带点亮；列车或车列出清轨道区段后，红光带熄灭；轨道区段故障，故障区段红光带点亮。

（4）列车或车列进入股道进路解锁后，该股道上亮两节红光带。

9. 接近或离去表示灯

在四显示自动闭塞区段，上下行正方向各进出站口设三个接近（一接近、二接近、三接近）和三个离去（一离去、二离去、三离去）表示灯。当列车进入接近区段时，接近表示灯点亮，并瞬间响铃；当列车进入离去区段时，离去表示灯点亮；当列车出清接近或离去区段后，表示灯熄灭。

（二）控制台操作方法

1. 进路的建立与正常解锁

1）基本进路

（1）排列基本进路的方法：顺序按下始端、终端进路按钮。

始端按钮：需要开放哪架信号机，对应信号机设置的进路按钮即为始端按钮。

终端按钮：对应信号机设置的进路按钮，既可作始端又可兼作同性质反方向进路的终端按钮使用；只有单置调车信号机（设在咽喉区岔群中的单个信号机）设置的调车按钮除外，由于单置调车信号机不能阻拦反方向的调车车列，因此，对应单置调车信号点的 DA 只能作同方向调车进路的终端使用，不能作反方向调车进路的终端使用。

选路时，顺序地按压两个按钮，先按的起始端按钮作用，后按的起终端按钮作用。由于同一个按钮，既可作一条进路的始端按钮，一般又可作另一条同性质反方向进路的终端按钮，因而，同一咽喉不允许同时选两条进路。

（2）控制台显示：按下进路始端按钮，该按钮表示灯闪光，进路排列表示灯亮红灯；按下进路终端按钮，该按钮表示灯闪光；当进路选出后终端按钮表示灯灭灯，始端按钮改亮稳定灯光，进路排列表示灯灭灯；进路锁闭后，进路范围内白光带点亮；信号机开放后始端按钮表示灯灭灯，信号复示器点亮绿灯（列车）或白灯（调车）。

在进路排列表示灯灭灯前，同一咽喉不得再排列其他进路，否则将造成两条进路相互干扰。

（3）排列长调车进路的方法：需要开放两架或两架以上调车信号机的进路称为长调车进路。既可以顺序按下长调车进路的始、终端按钮一次排成；也可以按单元调车进路分段排列。

（4）排列正线通过进路的方法：办理正线通过作业时，既可以分别排列正线发车进路和正线接车进路，也可以顺序按下通过按钮和发车进路的终端按钮一次排成。

（5）进路的正常解锁：列车或车列正常使用进路后，进路分段自动按正常顺序解锁，即列车或车列出清一段，解锁一段。各区段的正常解锁一般采用三点检查法，即本区段解锁，要检查前一区段的占用、出清，本区段的占用、出清和下一区段被占用。但列车进路内第一个区段的解锁一般只能实现两点检查。

当在调车转线作业的过程中调车进路未全部使用时，原牵出进路未能正常解锁的区段应在车列折返退出原进路后按中途返回方式自动解锁。

2）变通进路

（1）当两点之间有两条或两条以上路径时，选择其中一条路径最短、经过道岔最少、对平行作业影响最小的路径经常使用，称此路径为基本进路；其他路径则为变通进路。有两条及以上路径时，应按上述原则确定进路的优先选择顺序。

例如，在图 1-2 所示举例站场中，下行Ⅲ道接车有三条路径可走：第一条经由道岔 5/7、9/11、（23/25）；第二条经由道岔 5/7、（9/11）、23/25；第三条经由道岔（5/7）、13/15。根据基本进路选择原则，为了保证建立该进路时不影响东郊方面接车至 5G 或由 5G 向东郊方面的发车进路，设计时确定以第一条进路为基本进路，即方式 1；其次，为了在办理下行ⅢG 接车时可以保证不影响 IG 的调车作业，以第三条进路为方式 2；而以第二条进路的下行ⅢG 接车进路为方式 3。

上述例子由于渡线 5/7、9/11、23/25 是平行铺设的，因而又称它们为平行变通进路。有的进路虽然有两条以上路径，但各路径不平行，可以很容易地分出直行的进路是基本进路，而八字迂回的进路是变通进路。

例如，由 IIG 向北京方面发车，以 1/3、17/19 的进路为基本进路，而以（1/3）、（17/19）的进路为变通进路。

（2）排列变通进路的方法：按顺序先按下始端按钮，再按下一个或多个变通按钮，最后按下终端按钮。

变通按钮：列车进路中能起区分作用的各调车按钮均可兼作变通按钮使用；调车进路，只有单置调车按钮可兼作反方向进路的变通按钮使用，其他情况可分段排列；专设的变通按钮，排列列车或调车变通进路时均可使用。

（3）排列变通进路的显示和有关要求与排列基本进路相同。

3）排列进路举例

（1）排列列车进路。

① 列车基本进路。

例：排列 X_D—ⅢG 的下行接车基本进路，应先按 X_DLA，后按 $S_{III}LA$；排列由ⅢG 向东郊方向的上行发车基本进路时，应先按 $S_{III}LA$，后按 X_DLA。

例：排列 X—IIG 的下行接车基本进路时，应先按 XLA，后按 $S_{II}LA$；反过来，排列由 IIG 向北京方向的上行发车进路时，则要求先按 $S_{II}LA$，后按 X_FLA。

② 通过进路。

例：排列下行 IG 正线通过进路，可顺序按下 XTA、S_FLA 一次排成；也可以先顺序按下 X_1LA、S_FLA 排列正线发车进路，然后顺序按下 XLA、S_1LA 排列正线接车进路。

③ 列车变通进路。

例：排列 X—ⅢG 经由道岔 5/7 反位和 13/15 定位的列车变通进路，应顺序按压 XLA、$D_{11}A$（或 BA）、$S_{III}LA$。排列 X—ⅢG 经由道岔 5/7 定位和 9/11 反位的列车变通进路，应顺序按压 XLA、D_7A（或 D_9A）、BA、$S_{III}LA$。

例：排列 X—5G 经由道岔 5/7 定位和 9/11 反位的列车变通进路，应顺序按下 XLA、D_7A（或 D_9A）、S_5LA。这里并置调车信号点 DA 作变通按钮使用时，按压其中 D_7A，相当于按压了 D_7A 和 D_9A 两个按钮。由 XLA 和 D_7A 选出 X—D_7 基本进路段，再由 D_9A 和 S_5LA 选出 D_9—5G 基本进路段，这两段连接起来即是所要选的 X—5G 的列车变通进路。

（2）排列调车进路。

① 调车基本进路。

例：排列 D_3—D_9 的调车进路，应顺序按下 D_3A 和 D_7A。因为 D_7A 与 D_3A 能互为始、终端按钮，所以这条进路的终端按钮是 D_7A 而不是 D_9A。

例：排列 D_3—D_{11} 的调车进路，应顺序按下 D_3A 和 $D_{11}A$，因为 D_{11} 为单置调车信号点，对应的 DA 作同方向调车进路的终端使用。

例：排列 D_3—IG 的调车进路，该调车进路是由 D_3—D_9、D_9—D_{13}、D_{13}—IG 三条基本调车进路组成的长调车进路，排列进路时只需按下 D_3A 和 S_1DA 即可；也可以顺序按下 D_{13}A、S_1DA；D_3A、D_{13}A 分别排列 D_{13}—IG、D_3—D_{13} 两条基本调车进路叠加而成；或顺序按下 D_9A、S_1DA；D_3A、D_7A 分别排列 D_9—IG、D_3—D_9 两条基本调车进路叠加而成；再或者顺序按下 D_{13}A、S_1DA；D_9A、D_{13}A、D_3A、D_7A 分别排列 D_{13}—IG、D_9—D_{13}、D_3—D_9 三条基本调车进路叠加而成。

② 调车变通进路。

例：排列 S_{II} 向 D_1 经由道岔 1/3 反位和 17/19 反位的调车变通进路，可顺序按下 S_{II}DA、D_{13}A 和 D_1A；但排列 D_1—IIG 经由道岔 1/3 反位和 17/19 反位的调车变通进路时，顺序按下 D_1A、D_{13}A 和 S_{II}DA 进路却不能选出。因为选第一条进路时，D_{13}A（单置调车按钮）可兼作反方向调车进路的变通按钮使用；而选第二条进路时，D_{13}A 不能兼作同方向调车进路的变通按钮使用，因为此时不能区分它是作终端按钮还是作变通按钮用，所以这个变通进路应分段排列：可顺序按压 D_{13}A、S_{II}DA；D_1A、D_{13}DA 分别选出 D_{13}—IIG、D_1—D_{13} 两条调车进路叠加而成便是 D_1—IIG 经由道岔 1/3 反位和 17/19 反位的变通进路了；也可以顺序按压 D_9A、S_{II}DA；D_1A、D_7DA 分别选出 D_9—IIG、D_1—D_9 两条调车进路叠加而成。

2. 取消进路和人工解锁

1）取消记录与取消进路

（1）在进路未选出时，按钮表示灯闪光，进路排列表示灯亮灯期间，可按下总取消按钮取消记录。

（2）在进路始端按钮表示灯亮稳定灯光后，要取消进路，应同时按下总取消按钮和进路始端按钮。

（3）在进路处于预先锁闭（信号开放后接近区段无车）状态时，办理取消解锁，应同时按下总取消按钮和进路始端按钮，使信号关闭，进路立即解锁。

2）人工解锁

当进路处于接近锁闭（信号开放后，接近区段有车占用）状态时，办理人工解锁，应登记破铅封按下总人工解锁按钮，同时按下进路始端按钮，进路经延时后解锁。接车进路及有正线通过作业的发车进路，延时 3 min；其他发车进路和调车进路延时 30 s。在延时期间，对应的延时解锁表示灯亮红灯。

3. 区段故障解锁和强制关闭信号

（1）区段故障解锁：当发生停电恢复或漏解锁等故障使区段不能按进路方式解锁时，在确认本区段空闲的情况下，一个人破铅封按下控制台上的总人工解锁按钮，另一个人同时按下区段人工解锁按钮盘上要解锁区段的事故按钮，该区段立即解锁。

（2）强制关闭信号：当设备发生故障，以正常手续不能关闭信号时，可以一个人破铅封按下控制台上的总人工解锁按钮，另一个人同时按下进路中任一区段的事故按钮，即使该区段不能解锁，也可使信号强制关闭。

4. 道岔单独控制

（1）单操道岔：单独操纵道岔至定位（或反位）时，需同时按下该道岔按钮和总定位（或总反位）按钮。

（2）单锁与单解：需要单独锁闭道岔时，拉出道岔按钮，按钮上表示灯亮红灯，再排列进路时，该道岔不能转动。恢复道岔按钮，解除单独锁闭。

5. 重复开放信号

如果信号在开放的过程中因故关闭，当故障恢复后，若进路仍在锁闭状态，可按下进路始端按钮使信号重新开放。

6. 引导接车

1）按进路锁闭方式引导接车

① 办理时机：当轨道电路故障或进站（接车进路）信号机不能开放正常的接车信号，但进路中道岔位置正确、表示完好，需将列车接入站内时，应按进路锁闭方式办理引导接车。

② 办理方法：值班员应先按排列进路的方式将进路排通，然后取消；或用单独操纵的方式将道岔转换到规定位置（如轨道电路故障时，还应对故障区段的道岔实行单独锁闭，以防故障恢复后该区段道岔错误解锁），人为确认进路空闲后，按下引导信号按钮锁闭进路、开放引导信号。控制台上有白光带表示（故障的区段仍为红光带）。

③ 解锁时机及方法：当列车的第一轮对越过进站（接车进路）信号机后，引导信号自动关闭。列车进入股道后，进路仍不解锁，值班员应确认列车整列到达后，同时破铅封按下总人工解锁按钮和进路始端按钮，使引导接车进路一次解锁。

④ 取消方法：引导信号开放后又需关闭时，值班员可同时按下总人工解锁按钮和进路始端按钮，使引导信号关闭，引导接车进路一次解锁，白光带熄灭。

2）引导总锁闭接车

① 办理时机：当道岔实际位置正确，但因故失去表示或向非到发线接车时，应采取引导总锁闭方法办理引导接车。

② 办理方法：在开放引导信号前，值班员须首先确认道岔位置正确、进路空闲、敌对进路未建立。对于失去表示的道岔，应确认尖轨密贴且用钩锁器加锁。然后，按下引导总锁闭按钮，将全咽喉道岔锁闭，此时引导总锁闭表示灯亮白灯，但无白光带表示。再按下引导信号按钮，开放引导信号。

③ 解锁时机及方法：列车的第一轮对越过进站（接车进路）信号机后，引导信号自动关闭，值班员应确认列车整列到达后，将引导总锁闭按钮拉出，引导总锁闭表示灯熄灭，全咽喉区道岔立即解锁。

④ 取消方法：引导信号开放后又需关闭时，值班员可拉出引导总锁闭按钮，使引导信号关闭，全咽喉道岔解锁。

7. 其他操作

1）延续进路

① 办理时机：在进站信号机外方制动距离内有超过 6‰的下坡道，下坡方向的接车进路

应向对方咽喉延续，延续进路可通向安全线、牵出线、专用线或车站的进出口。

②办理方法：在排列带有延续进路的接车进路时，应顺序按下接车进路的始端、终端及所要延续进路的终端按钮；当延续进路通向发车口时，如需继续发车，只需按下延续进路的始端列车按钮，出站信号即可开放。

③解锁时机及方法：自列车头部进入股道开始经 3 min 延时后延续进路可自动解锁，如果值班员确认列车已停在股道，此时也可破封按下特设的坡道解锁按钮，延续进路可立即解锁。

④取消进路或人工解锁：必须先办理接车进路的解锁手续，接车进路解锁后，才能取消延续进路，否则延续进路不得解锁。兼延续进路的发车进路，在列车尚未停稳前，禁止用人工解锁的办法强制使发车进路解锁。

2）非进路调车作业

①办理时机：设有编组线和牵出线平面调车作业较多的车站，有时在集中区划出一段非进路调车区域，例如图 1-2 所示举例站场中 D_2—D_{18} 之间。利用牵出线进行编组线间转线调车作业时，可不用排列调车进路，而采用非进路调车。

②办理方法：办理非进路调车时，应先按下二位非自复式带灯的非进路调车按钮，按钮表示灯闪白灯。进路上道岔自动转换到开通牵出线的位置并锁闭。同时进路上的调车信号机全部开放，此时非进路调车按钮表示灯亮稳定白灯。在非进路调车作业期间，调车信号机始终开放。

③解锁时机及方法：非进路调车作业结束，值班员在确认该进路空闲后，恢复非进路调车按钮，按钮表示灯闪白灯，调车信号机立即关闭，但非进路调车的进路需延时 30 s 后才能解锁，非进路调车按钮表示灯熄灭。

3）到发线中间出岔有关作业

①向有中间出岔的到发线接车或由到发线向外发车时，中间出岔应自动转换到定位且锁闭后，进站或出站信号才能开放。

②防护中间出岔的调车信号机与接车进路按敌对关系处理。

③向到发线接车时，列车顺序占用出清中间出岔的轨道区段，中间出岔可正常解锁，列车进入到发线未压入中间出岔区段，在咽喉区道岔解锁再延时 3 min 以后中间出岔自动解锁。办理取消及人工解锁时，咽喉区道岔解锁以后中间出岔自动解锁。

④由到发线发车时，列车压入发车进路全部出清到发线，中间出岔自动解锁。列车出发到发线留有车辆或办理取消及人工解锁，中间出岔区段空闲时，发车进路第一区段解锁后，中间出岔自动解锁。

（三）注意事项

（1）排列进路时，根据进路的性质，列车与调车按钮作为始、终端要分开使用（尽管有时错误按下终端按钮进路也能排成）。

（2）在进路排列表示灯熄灭前，同一咽喉不能再办理其他进路。

（3）排列进路时，有一个按钮表示灯闪光，进路也不能锁闭，信号也不能开放。重复开放列车信号及进路已接近锁闭的调车信号时，不松开始端按钮信号不能开放。

（4）无论采用哪种方式进行引导接车，当进路内方第一区段轨道电路故障时，值班员必须一直按下引导信号按钮，直至列车进站才能松手，否则引导信号不能保持开放状态。

（5）当控制台上信号复示器闪光或开放信号机后无表示时，如确认地面信号机显示良好，可继续使用，但应通知信号工区修理。装设灯丝转换报警的车站，当信号灯主灯丝断丝、副灯丝点亮时，控制台上断丝表示灯亮红灯，同时响铃，按下切断灯丝电铃按钮，电铃停响。修复后，表示灯红灯熄灭，电铃又响，拉出按钮即恢复正常。

（6）在同一咽喉区，同时只能办理一条进路的人工延时解锁，即本咽喉一条进路正在延时解锁期间不允许办理第二条进路的人工解锁。

（7）使用总人工解锁按钮和人工解锁盘办理故障解锁时，必须认真核对故障解锁按钮的名称与解锁的区段是否一致，确认解锁区段无车占用。

（8）禁止经过正在锁闭的道岔排列储存进路。一条渡线的两组道岔，一组解锁、另一组仍在锁闭时，禁止经过解锁道岔排列改变渡线道岔位置的进路。不准由两个方向同时向同一个无岔区段调车。

（9）按进路锁闭方式引导接车时，如果采用排列进路的方式转换道岔，进路开通后，应将该进路取消再按下引导按钮。否则，道岔将受双重锁闭。

（10）道岔区段故障出现红光带时，该区段内道岔不能解锁，此时若需办理非正常行车作业必须改变道岔位置，经严格登记后，可使用手摇把转动道岔。

（11）在进路排列过程中，有道岔转换受阻时，应先将进路取消后再将道岔操回原位。清扫或维修道岔时，应得到车站值班员同意，登记后方可进行，值班员应将有关道岔单独操纵按钮拉出。

（12）因电务设备故障，须破封使用引导信号按钮、引导总锁闭按钮、总人工解锁按钮、区段故障解锁按钮和电动道岔手摇把时，应办理登记手续并及时通知信号工区加封。

二、计算机联锁设备的操作方法

计算机联锁系统控制的车站室内设备主要有联锁机柜、防雷接口柜、继电器组合架、电源屏、分线盘、行车操纵台（包括鼠标、显示器、音箱）、电务维修台（包括鼠标、键盘、显示器、打印机）等，室外设备与6502继电集中联锁的设备相同。随着计算机科学的发展，计算机联锁系统不断升级换代，操作工具不断更新，各种类型计算机联锁系统的操作方法不完全相同，但基本原则一致。下面以JD系列计算机联锁系统为例介绍计算机联锁系统的界面设置、显示及操作方法。

（一）计算机联锁系统的屏幕显示

计算机联锁系统的屏幕显示由上至下主要有道岔按钮显示部分、站场图形显示部分、菜单选取部分、信息提示框部分。

1. 道岔按钮显示部分

（1）道岔在定位时，按钮呈绿色；

（2）道岔在反位时，按钮呈黄色；

（3）道岔在转换时，按钮呈灰色；

（4）道岔挤岔时，按钮呈红色；

（5）道岔单封时，道岔按钮名呈蓝色；

（6）道岔单锁时，道岔按钮名呈红色；

2．站场图形显示部分

1）站场图形显示

（1）站场图形及绝缘节：屏幕上的站场图形与信号平面布置图的站形基本一致，用短白线标明普通绝缘节，用圆圈中带红色竖线标明超限绝缘节。

（2）线路的开通方向：经由道岔的线路以实线连接为当前的开通方向，线路的开通方向也显示了道岔的位置。

（3）线路的显示颜色：

① 轨道区段空闲且在解锁状态时显示青色；

② 轨道区段空闲且在锁闭状态时显示白色；

③ 轨道区段有车占用或发生故障时显示红色。

2）信号复示器的设置及显示

（1）信号复示器的设置：对应站场图中的每一列车或调车信号机的位置均设有信号复示器。

（2）信号复示器正常显示：无论列车或调车信号复示器显示的圆形颜色都与室外信号机的显示完全一致。

（3）信号复示器异常显示：列车信号第一灯泡主副灯丝均断丝时，复示器闪红光；第二灯泡在点灯时主副灯丝均断丝，显示器上有"2灯泡断丝"的文字提示。调车信号灯泡主副灯丝均端丝时，复示器闪蓝光。

3）站场图上的道岔显示

① 道岔的开口表示当前线路断开的一侧；

② 道岔暂时（如正在转换）失去表示时，线路断开；

③ 道岔挤岔时，对应道岔的岔心处闪红光，并有语音报警；

④ 道岔单锁时，对应道岔的岔心处出现红色圆点；

⑤ 道岔单封时，对应道岔的岔心处出现蓝色圆点。

3．菜单选取部分

屏幕下方第一行为菜单框，菜单按钮多为非自复式。用鼠标点击某一菜单框时，框中出现"√"符号表示曾被点击过，同时屏幕上显示相应的信息；再次点击该框时，"√"及相应的信息随之消失，按钮复原。

（1）汉字提示：显示或隐藏在站场图中的汉字名，如牵出线、专用线等。

（2）按钮名称：显示或隐藏在站场图中各按钮的名称。

（3）信号名称：显示或隐藏在站场图中各信号复示器的名称。

（4）道岔名称：显示或隐藏在站场图中各道岔的名称。

（5）区段名称：显示或隐藏在站场图中各轨道区段的名称。

（6）语音暂停：停止正在连续播放的重复语音信息。但不影响新发生或非重复性的语音信息播放。

（7）时钟设定：修改当前的系统日时钟。

（8）单屏：将当前的多屏显示切换为单屏显示。

（9）多屏：将当前的单屏显示切换为多屏显示。

（10）铅封记录：采用鼠标操作时，对于操作应加封的按钮采用输入"口令"代替"铅封"。按下某一应加封的按钮时，屏幕上自动弹出口令输入窗口，在该框输入口令（相当于破铅封）后，操作才能生效。"铅封记录"用来查看破封次数。点击该菜单框，屏幕上弹出破封记录窗口。从该窗口可查看对各"加铅封"按钮已操作的次数。

4. 信息提示框部分

1）操作或联锁出现异常的提示框

① 操作错误：按钮操作不符合规定或按钮配对有误。

② 操作无效：按钮操作符合规定，但因条件不满足而无法执行。

③ 进路选不出：在进路排列过程中，因条件不满足而选不出。

④ 进路不能锁闭：进路选排完毕，因进路锁闭条件不满足而无法锁闭进路。

⑤ 信号不能开放：开放信号的条件不满足。

⑥ 信号不能保持：信号开放后，因保持条件不满足而不能保持开放。

⑦ 1灯丝断丝：信号机的第1灯丝断丝（第1灯丝继电器失磁）。

⑧ 2灯丝断丝：信号机的第2灯丝断丝（第2灯泡电路断路）。

⑨ 命令不能执行：在进路或道岔锁闭期间，无法实现的操作命令。

⑩ 不能自动解锁：因某种故障使进路不能自动解锁。

2）故障报警框

当发生灯泡断丝、熔丝断丝、道岔挤岔、发码故障等情况时，故障报警框内提供汉字报警信息，且该框的底色红、蓝交替闪光。

3）延时报警框

延时报警框反映人工解锁等延时时间的变化情况。框内显示信号名、区段名和倒计时信息。

4）联机信息框

联机信息框反映上位机、联锁机、电务维修机以及上位机与联锁机之间的通信网状态。

① 上位机：对应两台上位机设有两个显示方块，左方块代表 A 机，右方块代表 B 机。方块绿色表示该机处于主控状态，方块黄色表示该机处于热备状态；方块红色表示该机处于脱机或停机状态。当方块的上半部分为红色时，表示与该机连接的第 1 通信网失效；当方块的下半部分为红色时，表示与该机连接的第 2 通信网失效。

② 联锁机：显示内容及方式与上位机相同。

③ 电务维修机：设一个显示框。绿色表示该机正常运行，红色表示该机停止状态。

5）系统日时钟框

系统日时钟框显示系统内部表达当地标准时间的时钟，它不同于驱动计算机工作的时钟。

在系统中（包括电务机），凡需要标明时间的设备状态、行车过程以及各种数据，均以系统日时钟的时间为准。该时钟与标准时间误差不能超过 1 min。系统日时钟的底色不断变化时，表明上位机正在运行。

6）电源屏供电框

电源屏供电框反映电源屏当前的供电状态。

① 主电源：表示当前是主电源供电；

② 副电源：表示当前是副电源供电。

注：如果主副电源均停电或未采集到电源供电条件该框为空白。

（二）计算机联锁系统的操作方法

1．按钮的配置

1）列车信号或进路按钮

① 列车信号按钮、列车进路终端按钮、列车变通进路按钮、通过按钮的设置及用途与6502继电集中联锁系统相同。

② 引导信号按钮：每一进站（接车进路）信号复示器的前方设置一个白色的引导信号按钮，用于引导接车。

③ 列车坡道延续进路终端按钮（简称坡道终端按钮）：当接近车站的线路有大于6‰的连续长大（列车制动距离内）下坡道时，需要为接车进路设置延续进路。在延续进路终端处设有列车或调车信号按钮时，它们可作为延续进路终端按钮使用；无信号按钮（如安全线处）时，应专设一绿色列车坡道终端按钮，供办理延续进路使用。

2）调车信号和进路按钮

调车信号按钮、调车进路终端按钮、调车变通进路的设置及用途与6502继电集中联锁系统相同。

3）功能按钮

为了减少按钮数量和简化操作，把具有相同功能的操作赋予一个按钮承担。功能按钮可按车站或咽喉配置。

① 进路总取消按钮：为取消预先锁闭的进路而设置的按钮。当防护信号机已开放，其接近区段未被列车或机车车列占用时，若要解除已锁闭的进路，则须办理进路取消手续。为此，需设总取消按钮（总取消）。它需要与进路始端按钮配合使用。

② 进路总人工解锁按钮（带铅封）：当防护信号机开放后，其接近段被列车或机车车辆所占用，这时要解除已锁闭的进路，须办理进路的人工解锁（限时解锁）手续。为此对应全站（或每一咽喉区）设一个带"铅封"的总人工解锁按钮（总人解）。所谓带铅封是一种习惯称法。操作这类按钮时，需输入口令码（相当于破封）后才能生效。它需要与进路始端按钮配合使用。

③ 轨道区段故障解锁按钮（带铅封）：当计算机联锁系统上电，交流停电恢复或列车通过进路后，因轨道电路故障而使部分乃至全部轨道电路区段未正常解锁时，为了解除上述轨道

区段的进路锁闭，设置一个带铅封的按钮。它需要与区段名配合使用。

④ 道岔总定位操纵按钮（总定位）：为了将道岔操纵到定位，对应全站（或每一咽喉区）的道岔设置一个共用的带灯的按钮。它配合道岔按钮把该道岔操至定位。

⑤ 道岔总反位操纵按钮（总反位）：为了将道岔操纵到反位，对应全站（或每一咽喉区）的道岔设置一个共用的带灯的按钮。它配合道岔按钮把该道岔操至反位。

⑥ 道岔单封按钮（单封）：同意电务人员对道岔进行维修的按钮。它需要与道岔按钮配合使用。

⑦ 道岔解封按钮：解除单封的按钮。它需要与道岔按钮配合使用。

⑧ 道岔单锁按钮：在特殊情况下（如特种列车通过道岔时）将道岔单独锁闭的按钮。它需要与道岔按钮配合使用。

⑨ 道岔单解按钮（单解）：解除道岔单锁的按钮。它需与道岔按钮配合使用。

⑩ 按钮封锁按钮（列车按钮封锁）：禁止对按钮操作的按钮。它需要与列车信号按钮配合使用。

⑪ 坡道解锁（带铅封）按钮（坡道解锁）：在接车进路的延续进路锁闭后，一般情况下自列车头部驶入股道开始，延时 3 min 后延续进路才能自动解锁。为了缩短延迟时间，车站值班人员确认列车完全进入股道并已在股道停稳后，可按压特设的带铅封的坡道解锁按钮，使延续进路提前解锁。

4）专用按钮

① 道岔按钮：对应每组道岔（共用同一控制电路）设一个带显示的按钮。道岔按钮必须与道岔功能按钮（如道岔总定位或总反位操纵按钮）配合操作才能控制道岔。

② 引导总锁闭（带铅封）按钮（X、S 引总锁）：当道岔失去表示、无法办理进路时，必须将所在咽喉中的全部道岔锁闭后才能办理引导接车。为此，对应每一咽喉设置一个带铅封带灯的按钮。

③ 清除按钮（清除）：为清除不带铅封的操作按钮信息以及"进路控制异常信息框"中的显示等，对应全站设一个清除按钮。

2. 操作说明

（1）对于不带"铅封"的按钮，通过鼠标点击该按钮，该按钮的操作立即生效。

（2）对于带"铅封"的按钮，当点击该按钮后，屏幕上立即弹出"口令保护操作，请输入口令"窗口（简称"口令窗"），要求操作者输入口令（相当于破铅封）并确认。口令的输入过程如下。

① 输入口令码：点击口令窗内的数字键，每点击一个数字键，窗口中显示一个"*"号。如果输入错误，可以点击删除键"←"，删除错误数字，重新输入。

② 操作者认为口令码无误后，点击"确认"键。

③ 点击"确认"键后，系统（上位机）自动检查口令的正确性。若口令正确，系统会自动对破封次数进行记录并使操作生效。

④ 系统若检查出口令不正确，在异常信息提示框中显示"口令检查不正确，请重新输入"的提示信息，要求操作者重新输入口令。口令不正确的按钮操作不计入破封次数。

⑤ 操作者按压"确认"键之前，想取消该次按钮操作时，可直接点击口令窗内的"取消"键。

（3）当顺序操作多个按钮而不符合配对规则时，屏幕上会弹出"操作错误"提示窗口，要求操作者点击窗口内的"确认"键消除不正确的操作信息。

3. 操作方法

1）办理列车进路和重复开放信号

（1）基本进路。

操作：进路始端信号按钮+进路终端信号按钮（对于接车进路来说，进路终端信号按钮实际上是接车股道反向出站信号复示器处的信号按钮）或专设的进路终端按钮。这里"+"号左边的按钮为先按压的按钮，其右边的为后按压的按钮（下同）。

显示：按压始端按钮后，信号机名闪烁，进路建立过程中，屏幕显示出有关道岔的动作情况。进路建立成功，进路呈白色光带，信号名呈稳定白色。信号开放后，复示器给出相应显示。信号名消失，进路建立失败，屏幕提供相应的信息。

（2）通过进路。

操作：通过进路按钮（在通过进路的始端）+正线发车进路终端信号按钮或专设的进路终端按钮。

显示：相当于同时排列接车进路和发车进路时的表示。

（3）变通进路。

操作：始端信号按钮+变通按钮（一个或一个以上）+进路终端按钮。

显示：与基本进路相同。

（4）带有延续进路的接车进路。

操作：接车进路始端按钮+接车进路终端按钮+延续进路终端按钮（延续进路终端的列车、调车信号按钮，或专设的延续进路终端按钮）。

显示：接车进路和延续进路的建立过程类似于基本进路。

（5）重复开放信号。

操作：进路始端信号按钮。

主要条件：信号因故关闭，但开放条件仍然满足。

显示：信号复示器显示开放信号。

2）办理调车进路和重复开放信号

（1）基本进路。

操作：调车进路始端信号按钮+调车进路终端信号按钮（顺向单置信号的信号按钮、并置或差置反向信号机的信号按钮、尽头线反向信号机按钮或专设的调车进路终端按钮）。

显示：类似于列车基本进路。

（2）变通进路。

操作：进路始端按钮+变通按钮（变通进路中反向单置调车信号机的信号按钮或专设的变通按钮）+进路终端按钮。

显示：类似于基本进路。

（3）长调车进路。

操作：进路始端按钮+进路的终端按钮（当长调车进路包括变通进路时，在按压始端按钮之后，需按压变通进路的变通按钮）；也可以分别办理单元调车进路组合成长调车进路。

显示：长调车进路的调车信号由远及近地开放。

（4）重复开放信号。

操作：进路始端信号按钮。

条件：信号开放的条件满足。

显示：信号开放。

3）进路或轨道区段的解锁

（1）取消进路。

操作：总取消按钮+进路始端信号按钮。

主要条件：进路处于预先锁闭状态，进路空闲，轨道电路无故障，道岔表示正确。

显示：信号关闭，进路白光带消失。

（2）人工解锁。

操作：总人解+输入口令+进路始端按钮。

条件：进路处于接近锁闭状态，进路空闲，道岔表示正确。

显示：自信号关闭后，延迟到规定的时间（屏幕上有延时提示），进路白光带消失。

（3）轨道区段故障解锁。

操作：区故解按钮+输入口令+待解锁的区段按钮。

条件：被解锁的区段不在列车或车列运行的前方而且该区段轨道电路无故障。

显示：在按压"区故解"按钮并输入口令后，该按钮呈红色，同时所有需要解锁的区段处呈红色区段名，该区段名就是区段按钮。点击区段按钮，相应区段的白光带消失。

说明：① 在连续解锁多个区段的情况下，除了解除第一个区段时需按上述操作外，解锁其他区段只需点击"区故解"和"区段名"按钮，而不需输入口令码，以便提高操作效率。

② 在解锁多个区段期间，如果误按了其他（非区段）按钮，则"区故解"操作信息失效，必须重新按压"区故解"按钮和输入口令，再进行区段解锁。

③ 在进路处于接近锁闭状态和列车未驶入进路的情况下，进路因轨道电路故障不能人工解锁，而需按区段故障解锁方式解锁。在此情况下，必须先使进路内方某一轨道区段按故障解锁方式延时解锁。该区段需延时 3 min 或 30 s 才能解锁，以后各区段解锁不用延时。在延时期间办理其他区段解锁无效。

④ 为了保证安全，系统初次上电后，全站所有轨道区段均处于锁闭状态。需按"区故解"方式使各区段解锁。

（4）长调车进路解锁。

长调车进路是由若干条单元调车进路组合而成。其进路的解锁需按单元进路分别办理。

（5）延续进路的解锁操作。

① 延续进路必须在接车进路按取消或人工解锁方式解锁后才能解锁。

操作：总取消+延续进路始端按钮。

条件：接车进路的操作方式解锁。

显示：延续进路立即解锁，白光带消失。

② 延续进路又转换成发车进路的解锁操作按发车进路的解锁条件和方式解锁。

③ 延续进路提前解锁。

操作：坡道解按钮+输入口令。

条件：列车完全进入股道，并人工确认列车已在股道上停稳。

显示：延续进路立即解锁。

4）引导进路的办理与解锁

引导接车进路的办理有三种方式：一是接车进路已锁闭后转为引导方式；二是接车进路未锁闭时，按进路锁闭方式引导接车；三是全咽喉道岔引导总锁闭接车。

（1）第一种方式：接车进路锁闭后转为引导方式。

① 开放引导信号：接车进路锁闭后，进站信号因故未能开放，开放引导信号的操作为引导按钮+输入口令。

② 解锁进路：办理解锁必须在列车未驶入进路或列车完全进入股道后。列车在进路内运行时禁止办理引导解锁。由于该进路受双重锁闭，解锁进路时必须先解除引导锁闭，再解除进路锁闭。

a. 轨道电路无故障（含进路为白光带）情况下的解锁。

列车未驶入进路时的解锁操作如下：

第一步，取消引导锁的操作：总人解+输入口令+列车信号按钮；

第二步，取消进路锁的操作：总取消+列车信号按钮。

列车到达股道后的解锁操作如下：

第一步，取消引导锁的操作：总人解+输入口令+列车信号按钮；

第二步，按"区故解"方式解除进路锁。

b. 信号机内方第一轨道电路区段（以下简称第一区段）故障情况下的解锁。

列车尚未驶入接近区段时的解锁操作如下：

第一步，取消引导锁的操作：总人解+输入口令+列车信号按钮；

第二步，按"区故解"方式解除进路锁。

列车驶入接近区段则必须在列车到达股道后才能进行解锁操作，具体步骤如下：

第一步，取消引导锁的操作：总人解+输入口令+列车信号按钮；

第二步，按"区故解"方式解除进路锁。

c. 信号机内方非第一轨道电路区段（其他区段）故障情况下的解锁。

列车尚未驶入接近区段，或先办理引导进路然后列车驶入接近区段的解锁操作具体步骤如下：

第一步，取消引导锁的操作：总人解+输入口令+列车信号按钮；

第二步，按"区故解"方式解除进路锁。

列车先驶入接近区段，而后办理引导进路的解锁操作，具体步骤如下：

第一步，取消引导锁的操作：总人解+输入口令+列车信号按钮；

第二步，按"区故解"方式解除进路锁，但在点击第一个区段名后需延时 3 min 后才能解锁，其他区段解锁不再延时。

（2）第二种方式：按进路锁闭方式引导接车。

接车进路因轨道电路故障等情况不能建立时，只要进路中道岔表示正确即可按此方式引导接车。

①办理引导接车：引导按钮+输入口令+接车股道入口处列车信号（接车进路终端）按钮。

按上述操作后，无故障区段中的道岔按引导进路的要求自动转换到规定的位置，并实现引导进路锁闭，显示白光带，引导信号开放。

②解除引导锁闭的方法：同第一种方式。

（3）第三种方式：引导总锁闭接车。

引导总锁闭的条件和要求与6502继电集中联锁相同。

①开放引导信号：引导总锁闭按钮+输入口令+引导信号按钮+输入口令。

②解除引导总锁闭：列车进入股道，按下引导总锁闭按钮即可。

无论采用哪一种方式，若进站内方第一个轨道电路区段发生故障时，信号开放后，应重复点击引导信号按钮，此时应注意延时时间提示，间隔时间不能超过14 s。直至列车驶入进站信号机内方为止。

5）道岔的单独控制

（1）道岔单操。

操作：总定位（总反位）按钮+道岔按钮。

显示：按压总定（反）位按钮后，该按钮内闪绿（黄）色。道岔转换到指定位置后，总定（反）位按钮恢复暗灰色，道岔按钮呈绿（黄）色。

（2）道岔单封。

操作：单封按钮+道岔按钮。

显示：按压单封按钮后，该按钮闪蓝色；按压道岔按钮后，线路中相应道岔处出现蓝色圆点，道岔按钮名呈蓝色，单封按钮恢复原色。

（3）道岔解除封锁。

操作：解封按钮+道岔按钮。

显示：按压解封按钮后，该按钮闪绿色；按压道岔按钮后，线路中相应道岔处蓝色圆点消失，道岔按钮名及解封按钮恢复原色。

（4）道岔单锁。

操作：单锁按钮+道岔按钮。

显示：按压单锁按钮后，该按钮闪红色；按压道岔按钮后，线路中相应道岔处出现红色圆点，道岔按钮名呈红色，单锁按钮恢复原色。

（5）道岔单解。

操作：单解按钮+道岔按钮。

显示：按压单解按钮后，该按钮闪绿色；按压道岔按钮后，线路中相应道岔处红色圆点消失，道岔按钮名及单解按钮恢复原色。

6）其他操作

（1）按钮的加封与解封。

①按钮加封。

操作：按钮封锁按钮+列车信号按钮。

显示：按下按钮加封按钮后，该按钮呈红色闪烁，按压列车信号按钮后，相应信号复示器名称呈紫色闪烁（此时与该信号复示器有关的信号按钮均受锁）。

② 按钮解封。

操作：按钮解封按钮+列车信号按钮。

显示：相应列车信号名称停止闪烁。

（2）信息清除。

① "错误操作"信息清除：当操作顺序或按钮配对不符合规定时，屏幕上出现操作错误的汉字提示同时有提示窗口，点击窗口的"确认"键，将错误操作信息清除。否则，后续任何操作均无效。

② 非"错误操作"信息的清除：当按压某一不带铅封的按钮后，认为操作不当时，应及时按压清除按钮，使其无效。当按压带铅封的按钮后，认为不当时，应及时按压口令窗内的取消键予以清除。

③ 提示信息的清除：有些特殊信息，如站场图中的设备名称、办理进路异常信息提示框中的汉字提示等，认为无保留必要时，可按压清除按钮予以清除。

（3）系统时钟的设定或调整。

① 设定或调整日时钟时间时必须输入口令。因此，在点击"时钟设定"框时，屏幕上首先出现"口令保护窗口"（简称口令窗）。

② 输入口令码并点击"确认"键后，口令窗自动地转换成"新时间值输入窗口"（简称时间窗）。窗口内出现待调整的时间——"时：分：秒"，并在时间值的右下方出现一条黑色短线——位标。

③ 调整时间值时，需按时→分→秒顺序进行。点击位标移动键"←"，将位标向左移到需要修正的时间值下方。按照标准的时间值，分别点击数字键，得到新的时间值。确认无误后，及时点击"确认"键。于是时间窗口消失，新的系统时间设定完成。

（三）注意事项

（1）在站型较复杂或有特殊线路的车站，根据需要还增加了其他一些特殊操作，如非进路调车、中间出岔等，这些操作的方法与6502继电集中联锁相似，在此不作详细介绍。

（2）现场应用的其他类型的计算机联锁设备，操作方法与上述介绍的内容大同小异，具体操作应阅读设备操作说明书。

复习思考题

1. 6502继电集中联锁控制台盘面设置了哪些按钮和表示灯？

2. 6502继电集中联锁车站和计算机联锁车站排列基本进路和变通进路的基本方法是什么？

3. 在选变通进路时哪些按钮可以作变通按钮使用？

4. 6502继电集中联锁车站和计算机联锁车站在取消进路、人工解锁进路、区段故障解锁、道岔单独控制的操纵和显示方面有何不同？

5. 引导接车在什么情况下办理？有哪几种方式？6502继电集中联锁和计算机联锁车站

分别如何办理？

6. 计算机联锁车站与 6502 电气集中车站相比增加了哪些操作？如何办理？

7. 计算机联锁车站与 6502 电气集中车站相比有哪些操作不同？如何办理？

8. 计算机联锁车站与 6502 电气集中车站相比增加了哪些显示功能？

【操作实践】

任务一　6502 继电集中联锁设备操作

一、任务描述

　　熟练掌握 6502 继电集中联锁车站控制台和人工解锁按钮盘各种按钮的用途及各种表示灯的显示意义，按照 6502 继电集中联锁设备的操作要求，熟练正确地进行控制台上各种操作和联锁试验，根据控制台表示现象正确地分析设备的工作状态。

二、所需设备及资料

　　（1）6502 继电集中联锁实训设备 2 套；

　　（2）《铁路信号实训教学指导》；

　　（3）设备说明书、操作及维修手册。

三、操作步骤

（一）排列进路

1. 进路的选法

（1）基本进路：顺序按下进路的始端按钮终端按钮。

（2）变通进路：顺序按下进路的始端按钮、变通按钮（变通进路上的 DA 或 BA）、终端按钮。

（3）长调车进路：长调车进路既可分段排列也可一次排成。

（4）通过进路：可办理接车加发车进路分段排列，也可按通过按钮和进路终端按钮一次排成。

2. 始端按钮、终端按钮及变通按钮的选择

（1）始端按钮：开放哪架信号机，相应的按钮作为始端按钮。

（2）终端按钮：一般和始端信号机显示方向相反；单置调车信号机作终端时和始端信号

机显示方向相同。

（3）变通按钮：① 列车进路：a. BA（变通按钮）；b. 和进路有关的调车按钮。

② 调车进路：a. BA（变通按钮）；b. 和始端信号机显示方向相反的单置调车信号机处的调车按钮。

（二）引导接车

1. 进路式引导接车

（1）办理时机：① 轨道电路故障，但道岔位置正确时；② 当进站信号机允许灯光不能点亮时。

（2）办理方法：确认进路空闲、进路上道岔位置正确后，破封按下 YA（进站信号机内方第一轨道区道故障时，一直按 YA）。

（3）解锁方法：同时按压 ZRA（破封）和进路始端按钮。

2. 引导总锁闭接车

（1）办理时机：① 轨道电路故障，道岔位置不正确时；② 道岔失去表示时；③ 向非接车线接车时。

（2）办理方法：确认进路空闲、进路上道岔位置正确后，破封按下 YZSA 及 YA。

（3）解锁方法：车进入后拉出 YZSA。

（三）其他操作

（1）取消进路：同时按压 ZQA 和始端 LA 或 DA（预先锁闭时用）。

（2）人工解锁：同时按压 ZRA（破封）和进路始端按钮，进路延时解锁。

（3）故障解锁：一人在控制台破封按下 ZRA，另一人在人工解锁盘破封按下故障区段的 SGA。

（4）道岔单操及挤岔报警：同时按下 ZDA、CA 单操定位，同时按下 ZFA、CA 单操反位，拉出 CA 道岔单独锁闭，道岔 13 s 无表示报警（JCD 亮红灯，JCDL 鸣响，按下 JCA 电铃停响，故障恢复又响铃，恢复 JCA 电铃停响）。

（5）接通道岔：按下 TCA 道岔表示灯亮灯，定位亮绿灯，反位亮黄灯。

（6）接通光带：按下 TGA 轨道光带点亮，松开 TGA 光带熄灭。

任务二　计算机联锁设备的操作

一、任务描述

熟练掌握计算机联锁操作、显示设备的功能、各种按钮的用途及各种表示灯的显示意义，按照《计算机联锁技术条件》要求，正确地进行各种操作，根据车站显示器的显示和提示正确地分析设备的工作状态。

二、所需设备及资料

（1）计算机联锁实训设备 2 套；
（2）《铁路信号实训教学指导》；
（3）设备说明书、操作及维修手册。

三、操作步骤

（一）排列进路

排列进路的方法与 6502 继电集中联锁基本相同。

（二）引导进路的办理与解锁

1. 接车进路锁闭后转为引导方式

① 开放引导信号：接车进路锁闭后，进站信号因故未能开放，开放引导信号的操作为引导按钮+输入口令。

② 解锁进路：办理解锁必须在列车未驶入进路或列车完全进入股道后。列车在进路内运行时禁止办理引导解锁。由于该进路受双重锁闭，解锁进路时必须先解除引导锁闭，再解除进路锁闭。

2. 按进路锁闭方式引导接车

接车进路因轨道电路故障等情况不能建立时，只要进路中道岔表示正确即可按此方式引导接车。

① 办理引导接车：引导按钮+输入口令+接车股道入口处列车信号（接车进路终端）按钮。

按上述操作后，无故障区段中的道岔按引导进路的要求自动转换到规定的位置，并实现引导进路锁闭，显示白光带，引导信号开放。

② 解除引导锁闭的方法：同第一种方式。

3. 引导总锁闭接车

引导总锁闭的条件和要求与 6502 继电集中联锁相同。

① 开放引导信号：引导总锁闭按钮+输入口令+引导信号按钮+输入口令。

② 解除引导总锁闭：列车进入股道，按下引导总锁闭按钮即可。

无论采用哪一种方式，当进站内方第一个轨道电路区段发生故障时，信号开放后，应重复点击引导信号按钮，此时应注意延时时间提示，间隔时间不能超过 14 s。直至列车驶入进站信号机内方为止。

（三）其他操作

（1）取消进路：总取消按钮+进路始端信号按钮（预先锁闭时用）。

（2）人工解锁：总人解+输入口令+进路始端按钮（接近锁闭时用），进路延时解锁。

（3）故障解锁：区故解按钮+输入口令+待解锁的区段按钮（在连续解锁多个区段的情况下，除了解除第一个区段时需按上述操作外，解锁其他区段只需点击"区故解"和"区段名"按钮，而不需输入口令码）。

（4）道岔的单独控制：

① 道岔单操：总定位（总反位）按钮+道岔按钮；

② 道岔单封：单封按钮+道岔按钮；

③ 道岔解除封锁：解封按钮+道岔按钮；

④ 道岔单锁：单锁按钮+道岔按钮；

⑤ 道岔单解：单解按钮+道岔按钮。

（5）按钮的加封与解封：

① 按钮加封：按钮封锁按钮+列车信号按钮；

② 按钮解封：按钮解封按钮+列车信号按钮。

（6）信息清除：按压清除按钮。

项目小结

本项目的主要内容是介绍车站联锁设备的显示与操作方法，简要概括如下：

（1）6502 大站继电集中联锁控制台主要由站场线路的模拟图形、按钮及表示灯组成，通过控制台各种用途的按钮可以完成对车站信号设备的操作，通过表示灯和光带监督系统的运行情况、信号设备的状态及车列所在的位置。

（2）计算机联锁系统的显示与 6502 继电集中联锁相比增加了菜单选取部分和信息提示框部分，并且其信号复示器的显示与室外信号机相同。计算机联锁设备的操作通过鼠标完成，其大部分操作均以 6502 继电集中联锁为基础。对于应破封按下的按钮，可采用输入密码的方式代替铅封。

（3）各种需要动作信号设备的操作，必须采用双按钮操作方式。

（4）通过按压控制台上或显示器上带有各种文字标志的按钮，可以完成排列进路之外的其他操作。

（5）6502 继电集中联锁设备控制台的操作主要有：排列基本进路、排列变通进路、排列通过进路、取消进路和人工解锁、区段故障解锁和强制关闭信号、道岔单操、单锁与单解、进路锁闭方式引导接车、引导总锁闭接车等。

计算机联锁系统的操作在 6502 继电联锁的基础上增加了接车进路锁闭后转引导方式接车操作，道岔单封与解封、按钮加封与解封、信息清除等操作。

项目三　6502 电气集中设备维护

【知能目标】

（1）掌握电气集中设备组成及功能；

（2）掌握 6502 电路的各项技术条件及电路实现方法；

（3）掌握 6502 电路的基本结构、基本功能、基本动作；

（4）掌握 6502 各个电路环节的作用、设置与动作；

（5）掌握 6502 电路各种常见故障的分析处理方法；

（6）通过学习 6502 电路进一步加深对联锁条件、联锁关系的理解；

（7）能够按照故障处理程序迅速准确地处理 6502 电气集中常见故障；

（8）进一步提高理论联系实际和应急处理问题的能力。

【知能链接】

一、电气集中设备简介

（一）联锁设备概述

前面介绍了联锁的相关知识，要实现上述联锁关系的核对和检查，必须有一套安全可靠的控制系统，即车站联锁控制系统，也称车站联锁设备，简称联锁设备。联锁设备的任务就是安全可靠地控制车站联锁区域内的信号、道岔和进路，并实现它们之间的相互制约。

联锁设备分为非集中联锁和集中联锁，非集中联锁是指室内和室外对车站的信号、道岔、进路采用的是分散控制，典型的联锁设备有臂板电锁器联锁和色灯电锁器联锁，随着铁路信号技术设备的发展，非集中联锁设备已基本淘汰。集中联锁就是对车站的信号、道岔、进路在室内进行集中地控制和监督，由于是采用电气设备实现控制与监督，所以称为电气集中联锁设备。目前，铁路现场广泛应用的联锁设备主要有两种：一是以继电器为核心的继电集中联锁设备，二是以计算机为核心的计算机联锁设备。这两种设备实际上都属于电气集中联锁设备，但习惯上人们把继电集中联锁称为电气集中，我国铁路车站的继电集中联锁设备的电路型号大多为 6502，即 6502 电气集中联锁设备。

6502 电气集中电路自 1965 年设计以来，经过多年的应用、改进和完善，具有操作简便、办理迅速、表示完善、安全可靠等特点，几十年来得到广泛的应用。但随着计算机联锁技术的发展，继电联锁设备将逐步被计算机联锁设备取代。

我国的计算机联锁设备是以6502电气集中联锁设备为基础研发出来的，其操作方法、室外控制对象、联锁条件的要求、控制方式均与6502电气集中大同小异，受经济和技术条件的制约，计算机联锁在近期内完全取代继电联锁尚有困难，6502电气集中还不能马上淘汰，在相当长的时间内仍将保留，运输生产一线的铁路信号工作人员在车站信号领域还应掌握必要的6502电气集中有关知识。

（二）电气集中车站的设备组成

6502电气集中系统的组成如图3-1所示。

电气集中联锁车站的信号设备分室外和室内两部分，室内与室外信号设备之间采用各种信号电缆作为控制线路。

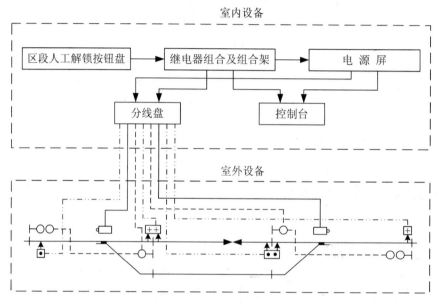

图3-1

电气集中联锁车站的室外信号设备主要有色灯信号机、电动转辙机、轨道电路和电缆线路。色灯信号机用于给出各种信号显示，目前广泛应用的设备仍是透镜式色灯信号机。电动转辙机用于转换和锁闭道岔、监督道岔位置。应用较多的转辙机型号有三类：一是内锁闭方式的 ZD_6 系列直流电动转辙机，二是 S700K 型三相交流电动转辙机，三是 ZYJ-7 型电液转辙机。第二种和第三种都是用于外锁装置的提速道岔，正线道岔大多使用钩式外锁闭方式。轨道电路用来监督线路是否完整、区段是否空闲，在非电气化牵引区段，可以采用工频交流连续式480型轨道电路，也可以采用25Hz相敏轨道电路，在电气化牵引区段必须采用25Hz相敏轨道电路。

6502电气集中联锁室内的设备主要有控制台、区段人工解锁按钮盘、继电器组合架、电源屏和分线盘。控制台用于控制和监督道岔、进路和信号机，设置在行车室，是车站的控制中心。区段人工解锁按钮盘是辅助设备，主要在更换继电器或停电后，用它使设备恢复正常状态；另外，在道岔区段因故障不能解锁时，用它办理区段故障人工解锁，或在设备发生故障时，用它实现强制关闭信号。继电器组合架用来放置各种继电器。电源屏能不间断地供给整个电气集中联锁设备用的各种交、直流电源。分线盘是室内外电缆连接的地方。

（三）电气集中联锁设备的功能

联锁系统的功能分控制功能和显示报警功能。

（1）进路控制：操纵人员通过按压相关的进路按钮，可以自动选排出符合操纵意图的进路，并实现对进路的自动锁闭，车列经过进路时，随着车列的占用出清能够实现逐段自动解锁。

（2）道岔控制：排列进路的过程中与该进路相关的道岔在顺序启动后可以同时自动转换，前一条进路选出即可排列下一条进路。进路建立的过程中道岔一直锁闭，直到进路解锁。此外对任一集中控制的道岔均可进行单独操纵、单独锁闭、单独解锁。

（3）信号控制：排列进路时随着进路的自动锁闭，防护该进路的信号会自动开放，而且受车列运行的控制信号会自动关闭。信号一旦关闭，不经人为操纵不会自动重复开放。

（4）显示及报警功能：通过控制台可以提供各种操作的提示、车列运行位置的显示、信号设备动作及状态的表示。此外，当发生挤岔、灯丝断丝、保险熔断、电源切换等故障及列车接近时，设备会自动提供报警信号，以便及时处理。

综上所述，室内外信号设备构成了车站联锁的完整控制系统，使 6502 电气集中设备具有较完善的联锁控制功能，从而保证车站的作业安全。

（四）6502 电气集中定型组合

1. 定型组合的类型

较大型的车站电气集中联锁需要大量的继电器，为了简化和加快工程设计，便于工厂化生产，缩短工期，使设备能尽快地投入运用，6502 电气集中采取了模块化设计方法，即以信号机、道岔、轨道区段等信号设备为基本设计单元，设计出定型的电路环节和模块内部接线固定不变的定型组合。

每个组合包括的继电器数量应相差不多（最多不超过 10 个），以便安装在组合架上比较匀称，并有效利用组合架的空间。根据信号机、道岔和轨道区段的电路需要，6502 电气集中共设计了 10 种定型组合。其中信号组合有 6 种，分别是列车信号主组合 LXZ、第一种列车信号辅助组合 1LXF、第二种列车信号辅助组合 2LXF、引导信号组合 YX、调车信号组合 DX、调车信号辅助组合 DXF；道岔组合有 3 种，分别是单动道岔组合 DD、双动道岔主组合 SDZ、双动道岔辅助组合 SDF；另外还有区段组合以及 Q。车站规模越大，信号机、道岔、轨道区段的数量越多，使用的组合数量也越多。不同的设备选择不同的对应组合，经过拼贴后即构成站场形状的网状控制电路，因此称这 10 种组合为参加拼贴的组合。另外还有两种为不参加拼贴的组合：方向组合 F 和电源组合 DY。所以，6502 共有 12 种定型组合。

2. 定型组合的选用和演变

1）信号组合的选用和演变

在双线单向运行区段，每架进站信号机应选用 YX 和 LXZ 两个组合，在单线双向运行区段，每架进站信号机应选用 1LXF、YX 和 LXZ 三个组合，当进站信号机内方有无岔区段并设有与进站同方向的调车信号机时（称进站内方带调车时），因为进站与调车之间没有道岔，可看作一个信号点，按进站兼调车情况处理，所以可不设调车信号组合，另外增设几个零散的继电器放在零散组合内，这样也是三个组合。

出站兼调车及发车进路信号机，当仅有一个发车方向时，每架出站兼调车信号机应选用LXZ和1LXF两个组合；若有两个发车方向时，则对每架出站兼调车信号机应选用LXZ和2LXF两个组合。

列车信号机由于运行去向的个数不同及运行方向不同，电路图的具体画法也不同，有一个运行去向时用A表示，有两个运行去向时用B表示，由右向左运行用1表示，由左向右向运行用 2 表示。定型组合经过演变后即形成了不同的组合类型图，拼贴网络图时应根据信号机的类型选择不同的组合类型图。

对于调车信号机，除了列车与调车共用的信号点（进站内方带调车或出站兼调车信号）之外，每一调车信号机应各选用一个DX组合。而每架单置调车信号机，除选用一个DX组合外，还应选用一个调车信号辅助组合DXF。由于一个DXF中只有三个继电器，放在组合架上只占半个位置，所以，两架调车信号机的DXF组合可共用一个组合位置。

调车信号组合根据调车信号机的不同设置演变类型分为：尽头（J）、并置（B）、单置（D）、差置（A）4 种，每一种又有由右向左运行和由左向右运行，用1和2来区分，因此，DX组合有8种类型图，DXF组合有2种类型图。

2）道岔组合的选用和演变

每组单动道岔选用一个DD组合，每组双动道岔应选用一个SDZ组合和半个SDF组合。

根据道岔的开通不同（左开、右开）及和道的形状（撇形、捺形）的不同，DD组合演变为1/DD、2/DD、3/DD、4/DD 四种类型。

双动道岔组合类型图中，"Ⅰ"表示八字第一笔（撇形）道岔，"Ⅱ"表示八字第二笔（捺形）道岔，"1"对应左端的道岔，"2"对应右端的道岔，因此，SDZ组合和SDF组合分别有4种组合类型图。双动道岔组合类型图拼贴时，SDZ放在岔尖一侧，而SDF是放在岔后一侧，不能颠倒。因为SDZ电路与SDF电路是固定连接的，颠倒了电路就构不成了。

需要注意的是，一组双动道岔虽有两个SDZ类型图和SDF两个类型图与之对应，但SDZ的两个方框表示一个SDZ组合内的电路由两张图纸组成。同理，SDF两张图纸也是一个组合的电路；因SDF中只有 4 个继电器，所以一个SDF也只占半个组合位置，两个SDF可以共用一个组合位置。组合连接图中的每一方框代表的是该设备控制电路的框图。

3）区段组合的选用和演变

每一道岔区段和列车进路上差置调车信号机之间的无岔区段，都要选用一个 Q 组合。对于其他的无岔区段，则不需要选用 Q 组合。

区段组合的类型图只有两种：1/Q 为无岔区段用，2/Q 为道岔区段用。

除上述组合外，每个咽喉区还设一个方向组合 F 和一个电源组合 DY。因为 F 和 DY 与信号平面布置图无关，所以也称不拼贴组合。

3. 定型组合的连接

根据信号平面布置图中信号设备的分布情况，将每一信号设备所用的组合框图连接起来，即形成了整个站场的组合连接图。根据组合连接图选出对应形式的图纸并拼贴出来，则形成

6502 网状控制电路。

在 6502 电路中，均采用站场形网状电路结构，即站场形网络，用道岔位置区分进路，这样既可使电路设计简单，也使电路结构简化、形象直观。根据电路的功能要求，6502 电路一共设计了 15 条网络线，各网络线的用途、结构和电路原理将在后面介绍。实际上，组合连接图就是网状电路的框图。

定型组合内部接线固定不变，一个信号设备的两组合之间，或两设备之间的组合有许多相互连接的连接线。组合与组合之间必须按照固定的顺序连接，不能换位，否则网状电路将无法接通。

对于道岔区段的 Q 组合应放在本区段各道岔的岔前位置，以保证经道岔的任一位置建立进路时都能检查到 Q 组合的条件。当一个道岔区段有多组道岔时，应将 Q 组合放在本区段各道岔公共的岔前位置。对于交叉渡线道岔所在的区段，由于同一区段的两道岔岔前指向相背的位置，因此在安排 Q 组合位置时，将同一区段两道岔组合框图交叉换位，然后把 Q 组合放在两道岔组合之间。如图 1-2 所示举例站场中，1/3、5/7 道岔构成交叉渡线，3 - 5DG 和 1 - 7DG 为两个道岔区段，对于 3 - 5DG 将 3 和 5 的组合框图位置互换（道岔 1 与 7 也如此），Q 组合放在 3、5 道岔组合之间的关键位置，如图 3-2 所示，这样经任一道岔的每一位置排列进路都经过此部位。

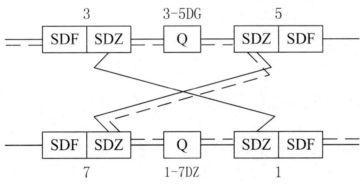

图 3-2　交叉渡线处选用的组合

随着列车运行速度的提高，在客运专线高速铁路或既有线路提速区段，正线均采用 60 kg/m 重型钢轨，正线道岔均采用提速道岔，如举例站场中 9、15、4、6、8、10、12 道岔为固定辙叉的提速道岔，1、3、5、17、19、23、27、14、16 为可动心轨的提速道岔，采用可动心轨的提速道岔消除了道岔的有害空间，保证列车经过道岔辙叉时运行平稳。提速道岔设置多个牵引点，采用钩式外锁闭装置由 S700K 型三相交流电动转辙机或 ZYJ-7 型电液转辙机牵引。

6502 电气集中的定型组合只是原始设计时设计的定型，采用提速道岔及新型轨道电路等设备后，组合的类型有新的增加，如提速道岔组合（TSD）、提速道岔辅助组合 TDF。这个组合也不参加拼贴。

4. 各定型组合及设备

每个组合中除了继电器以外，根据电路的需要还设有电阻、电容、熔断器、变压器、二极管等设备。每种定型组合中所包含的设备及设备类型见表 3-1。

表 3-1　6502 电气集中的定型组合类型

组合类型	0	1	2	3	4	5	6	7	8	9	10
F	R1, R2, RX 20-25-51±5% C1, C2: CD-200-50	LJJ JWXC-H340	LFJ JWXC-H340	DJJ JWXC-H340	DFJ JWXC-H340	ZQJ JWXC-1700	ZRJ JWXC-1700	ZDJ JWXC-1700	ZFJ JWXC-1700	GDJ JWXC-1700	GDJF JWXC-H340
YX	R: RX20-25-51±5% C: CD-100-50 RD (0.5A)	AJ JWXC-1700	XJ JWXC-1700	JJ JWXC-1700	1DJF JWXC-1700	2DJ JZXC-H18	ZXJ JWXC-1700	LXJF JWXC-H340	TXJ JWXC-1700	LUXJ JWXC-1700	LAJ JWXC-H340
1LXF		DAJ	LAJ JWXC-H340	ZJ JWXC-H340	GJJ JWXC-1700	ZCJ JWXC-1700	GJ JZXC-480	GJF JWXC-1700			
2LXF		DAJ	LAJ	ZJ JWXC-H340	GJJ JWXC-1700	ZCJ JWXC-1700	LXJF JWXC-1700	ZXJ JWXC-1700	2DJ		
LXZ	R: RX20-25-51±5% C: CD-100-50 RD (0.5A) RD (0.5A)	LKJ JWXC-H340	JXJ JWXC-1700	FKJ JWXC-H340	KJ JWXC-H340	LXJ JWXC-1700	XJJ JWXC-1700	DXJ JWXC-H340		QJ JWXC-1700	JYJ JWXC-1700
DX	RD (0.5A) RD (0.5A)	AJ	JXJ JWXC-1700	FKJ JWXC-H340	KJ JWXC-1700	ZJ JWXC-1700	XJJ JWXC-1700	XJ JWXC-H340		QJ JWXC-1700	JYJ JWXC-1700
DXF		1AJ JWXC-H340	2AJ JWXC-H340	JXJ JWXC-H340	1AJ JWXC-1700	2AJ JWXC-H340	JXJ JWXC-1700				
SDF	D1~D4: 2CP21	1DCJ JWXC-1700	2DCJ JWXC-1700	1FCJ JWXC-1700	2FCJ JWXC-1700	1DCJ JWXC-1700	2DCJ JWXC-1700	1FCJ JWXC-1700	2FCJ JWXC-1700		
SDZ	R: RX20-10 -75±5% C: CZM-L -4400 RD (3A) RD (3A) RD (5A) RD (0.5A)	BB BD-7	1DQJ JWJXC-H125/0.44	1SJ JWXC-1700	2DQJ JYJXC-135/220	AJ JWXC-1700	2SJ	DBJF JWXC-1700	DBJ JPXC-1000	FBJ JPXC-1000	FBJF JWXC-1700
DD	R: RX20-10 -75±5% C: CZM-L -4400 RD (3A) RD (3A) RD (5A) RD (0.5A)	BB BD-7	1DQJ JWJXC-H125/0.44	SJ JWXC-1700	2DQJ JYJXC-135/220	AJ JWXC-1700	DCJ JWXC-1700	FCJ JWXC-1700	DBJ JPXC-1000	FBJ JPXC-1000	
Q	R: RX20-25-51±5% C: CD-1000-50	DGJ JZXC-480	DGJF JWXC-1700	FDGJ JWXC-1700	1LJ JWXC-1700	2LJ JWXC-1700	QJJ JWXC-1700	CJ JWXC-1700	FDGJF JWXC-1700		
DY		1RJJ JWXC-1700	2RJJ JWXC-1700	1XCJ JSBXC-850	2XCJ JSBXC-850	TGJ JWJXC-480	JCJ JWXC-1700	YZSJ JWXC-1700	JCAJ 或（ZFDJ） JWXC-1700	JCJ₁ JZXC-480	JCJ₂ JSBXC-850

二、进路的选排电路

进路选排电路主要任务是根据车站值班员的操纵意图选出进路，并保证按照选路意图将有关道岔转换到规定位置，即排通进路。它主要由记录电路（包括按钮继电器 AJ、方向继电器、辅助开始继电器 FKJ 和终端继电器 ZJ 电路）、选岔电路（DCJ、FCJ、JXJ 电路）、道岔控制电路和开始继电器 KJ 电路四部分组成，道岔控制电路将在项目四中讲授，下面分别介绍其他电路。

（一）方向继电器电路

方向继电器的作用：记录进路按钮的按压顺序，确定进路的性质与方向。进路的性质分列车进路和调车进路两类，进路的运行方向分接车方和发车方两种。因此，一个咽喉区，设四个方向继电器来完成上述两项任务，分别是列车接车方向继电器 LJJ、列车发车方向继电器 LFJ、调车接车方向继电器 DJJ、调车发车方向继电器 DFJ。其电路如图 3-3 所示。

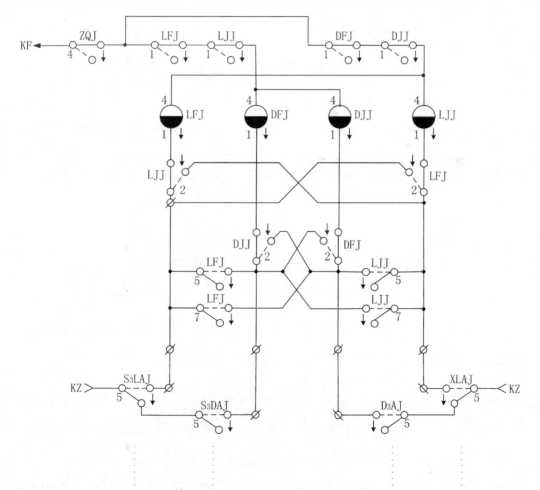

图 3-3　方向继电器电路

始端按钮完全可以确定进路的方向和性质，所以将同一咽喉区排路时按压的始端按钮（凡能作为始端用的按钮），按进路性质和运行方向分成四组，用各组中任一 AJ 前接点都能控制该组对应的方向继电器励磁，即按下始端进路按钮，其 AJ 吸起后便控制对应的方向继电器吸起。例如排列上行 II 股道发车进路，按下始端按钮 S$_{II}$LA，S$_{II}$LAJ 吸起后，SLFJ 吸起。

为保证一个咽喉区同时只能办理一条进路，四个方向继电器采取互切的方式，即一个方向继电器励磁吸起后，其他三个方向继电器不能再励磁吸起。方向继电器参与选路的全过程，因此方向继电器还需要用终端按钮及变通按钮的 AJ 前接点构成自闭电路，保证在进路还没有全部选出以前，使方向继电器保持在吸起状态。任何一个按钮继电器不落，都会使方向继电器保持在吸起状态，只有当进路全部选出后，所有的 AJ 落下，方向继电器才能复原落下。

由于按钮继电器电路及其他一些继电器电路中，都需要方向继电器接点作为控制条件，为了节省接点、简化电路、解决接点不够用的问题，设计了用方向继电器接点接向电源，构成方向电源供各电路共同使用。6502 电气集中共设计了 10 种方向电源，如图 3-4 所示。

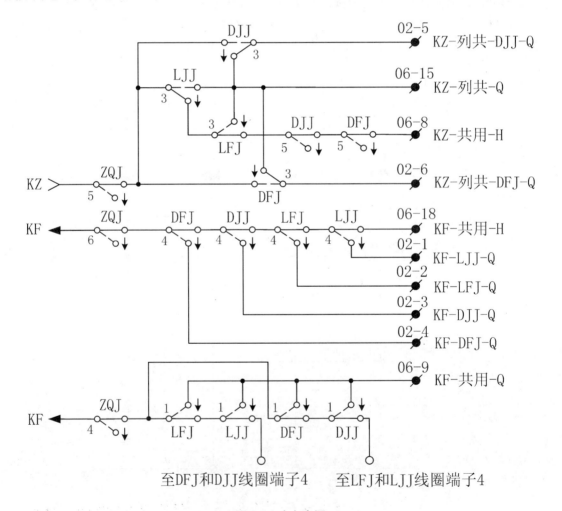

图 3-4　方向电源

例如，"KZ—共用—H"是通过四个方向继电器后接点串联的正极性电源，平时该电源是有电的，当有任意一个方向继电器吸起后，该电源就断电了；"KF—共用—Q"是通过四个方向继电器前接点并联的负极性电源，它平时没电，当有任意一个方向继电器吸起后才有电，在每一种方向电源中都串入 ZQJ 后接点。这些电源的作用将在后续电路中体现。

（二）按钮继电器 AJ 电路

AJ 用来记录按压按钮的动作。所有进路按钮（除单置信号点之外的 DA）都既可以作始端按钮也可以兼作同性质反方向进路的终端按钮，因此，可用方向继电器配合区分它是起始端按钮作用还是起终端按钮作用，所以设一个按钮继电器即可。对于单置 DA，因为在运行方向不变的情况下，有时作始端按钮使用，有时又作终端按钮使用，虽有方向继电器配合也无法区分其用作始端按钮还是终端按钮，因此，至少要设两个按钮继电器，一个记录作始端使用，一个记录作终使用。根据实际情况，由于按钮只有一组接点，所以设了三个按钮继电器，即 AJ、1AJ、2AJ。

对于一般的调车信号点，其电路如图 3-5 所示。用 DA 的按下接点作为 AJ 励磁电路的控制条件，按压按钮 DA 后，AJ 便励磁吸起。AJ 前接点闭合后，即接通自闭电路做好记录。选岔电路动作，使该信号点选出，进路选择继电器 JXJ 吸起后其后接点切断 AJ 自闭电路，使 AJ 复原，自动取消记录；信号开放后因故关闭，故障解除后办理重复开放信号时，因 JXJ 已经落下，用 FKJ 吸起切断 AJ 自闭电路；AJ 吸起后，因某种原因进路选不出来，JXJ 不吸起，不能自动取消记录时，用办理取消进路的方法使 QJ 吸起，人工取消记录。

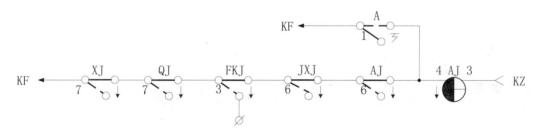

图 3-5　尽头线调车按钮继电器电路

在信号开放过程中，若误碰 DA，为防止 AJ 自闭不落，用 XJ 后节点断开 AJ 的自闭电路，使 AJ 在信号开放过程中不做记录。否则必须取消记录，不取消将影响选其他进路，而办理取消则会使 QJ 吸起，将正在开放中的信号机关闭。

对于列车与调车共用的信号点设有两个进路按钮 LA 和 DA，每个按钮设一个按钮继电器即 LAJ 和 DAJ，按下 LA，控制 LAJ 吸起，按下 DA，控制 DAJ 吸起，LAJ 和 DAJ 取消记录条件相同，自闭电路控制条件共用，其原理同上。电路图如图 3-6 所示。

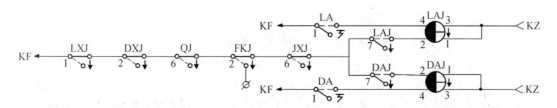

图 3-6　列、调车共用信号点按钮继电器电路

对于能够兼作列车进路变通按钮使用的一对并置和差置调车按钮，在选列车变通进路时，要求按压其中任何一个 DA 都要把另外一个 AJ 带起来，以便使两个 AJ 都励磁吸起，参与选路工作，因此用检查方向电源"KZ—列共—Q"，证明已先按下列车进路按钮，控制两 AJ 实现互带。如举例站场，用 D_7AJ 前接点接通 D_9AJ 的 1—2 线圈电路，用 D_9AJ 前接点接通 D_7AJ 的 1－2 线圈电路。如图 3-7 所示，当排列下行 5 道接车变通进路时，中间按压 D_7A 或 D_9A 均可使两个 AJ 都吸起，保证进路选出。

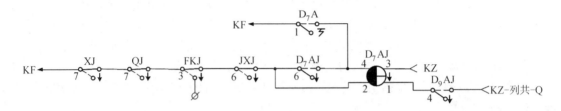

图 3-7　差、并置调车信号点按钮继电器电路

每一个单置调车信号点，选用一个 DX 组合和一个 DXF 组合，设了三个按钮继电器，AJ 设在 DX 组合内，1AJ 和 2AJ 设在 DXF 组合内。无论该信号点作始端、终端还是变通，只要按下 DA，其 1AJ 即可吸起。其电路如图 3-8 所示。

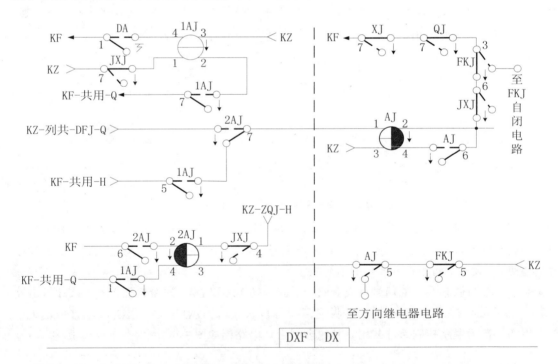

图 3-8　单置调车按钮继电器电路

以单置 DA 作起始端按钮使用时，此时方向电源"KZ—共用—H"是有电的，因此当 1AJ 励磁吸起后，AJ_{1-2} 线圈被接通，AJ 励磁吸起，而后构成自闭电路。由于方向电源"KF－共用—Q"是在 AJ 吸起后才接通的，而 AJ 吸起后切断 2AJ 的电路，所以 2AJ 不能励磁。当进路选出、DX 组合的 JXJ 励磁吸起后，使 AJ 复原，1AJ 是随着方向电源"KF—共用—Q"断

电而复原落下的（因做始端时 DXF 内的 JXJ 不吸起）。

以单置 DA 作终端按钮使用时，由于此前已按下了始端 DA，方向继电器已吸起，方向电源 "KF—共用—Q" 有电，"KZ—共用—H" 已断电，因此，2AJ 吸起，而 AJ 不能励磁。当进路选完、DXF 组合的 JXJ 励磁吸起后，使 1AJ 和 2AJ 复原落下。

以单置 DA 作为变通按钮使用时，之前已按下一按钮，方向电源 "KF—共用—Q" 和 "KZ—列共—DFJ-Q（或 KZ—列共—DJJ-Q）" 都在接通状态，因此，随着 1AJ 的吸起，先是 2AJ 励磁吸起，后是 AJ 由 1—2 线圈励磁吸起。这时 1AJ、2AJ、AJ 都能靠自闭电路保持吸起，直至进路选出，DX 组合的 JXJ 吸起使 AJ 复原，DXF 组合的 JXJ 励磁吸起，使 1AJ 和 2AJ 复原。其电路如图 3-8 所示。该电路是接车方向的单置调车信号点的 1AJ、2AJ、AJ 电路。

（三）选岔电路

为了提高车站的作业效率，6502 电路是将进路的选和排分开的，先选后排。所谓选出进路，是指按下进路的始、终端按钮以后，预先确定进路中道岔的位置，并不等道岔转换到规定位置。而排出进路，是将进路中的道岔转换到进路所要求的位置。选出进路只是继电器电路的动作，时间很短；而排列的进路需要道岔转换，需要的时间较长。因此在前一条进路选出后，即可选下一条进路，两条进路上的道岔可以同时转换。

为了满足选择进路的要求，设置了道岔定位操纵继电器 DCJ 和道岔反位操纵继电器 FCJ；对于每一组单动道岔，只设一个 DCJ、一个 FCJ 即可完成任务。而对于双动道岔，由于构成双动的两组道岔不在一个区段，为了保证两条平行进路可以同时建立，对应其中的每一组道岔应设置一个 DCJ 和一个 FCJ，即双动道岔需要设置两个 DCJ、两个 FCJ，分别是 1DCJ、2DCJ、1FCJ、2FCJ。对应左端道岔的为 1DCJ、1FCJ，对应右端的为道岔 2DCJ、2FCJ。

选岔电路除了要选出道位置，控制道岔的 DCJ 和 FCJ 外，还需要选出进路中的信号点，控制进路选择继电器 JXJ。JXJ 的一个作用是为了进路选出以后，使起记录作用的 AJ 和方向继电器及时复原，以便选下一条进路；另一作用是在选经过中间信号点的长调车进路或列车进路时，由于没有按压咽喉区中间信号点的 DA，通过 JXJ 的动作，能使中间信号点的有关电路能参与动作，即带起中间信号点。除单置调车信号点设置两个 JXJ 之外，每一信号点均设置一个 JXJ，设置在 LXZ 或 DX 组合中；单置调车信号点的两个 JXJ，一个设在 DX 组合中，一个设置在 DXF 组合中。

1. 选岔电路的基本原理

选岔电路是典型的站场形网状电路，采用并联传递式网络结构，是为了防止进路中各道岔的 DCJ 或 FCJ 同时吸起，使各道岔同时启动，而造成道岔动作电源的电流过大。

为了避免由于串电造成电路错误动作，选岔电路设计了 6 条网络线，各网络线的分工如下：1、2 线控制八字第一笔双动道岔 1FCJ 和 2FCJ；3、4 线控制八字第二笔双动道岔 1FCJ 和 2FCJ；5、6 线控制双动道岔 1DCJ、2DCJ、单动道岔的 DCJ 和 FCJ 以及各信号点的 JXJ。

1）1、2 网络线电路

当选经由八字第一笔双动道岔反位的进路时，例如，选 D_1—D_7 的进路。当先后按下

D_1A、D_7A 后，5/7 道岔的 1FCJ 经 D_1AJ 前接点得到 KZ，经 D_7AJ 前接点得到 KF，所以，1/3 道岔的 1FCJ 和 2FCJ 可由 1、2 线先后励磁并自闭；如果进路经由多组八字第一笔双动道岔反位，则各道岔的 1FCJ 和 2FCJ 由 1、2 线控制自左至右顺序励磁，且下一组道岔的 1FCJ 吸起后，将切断前面道岔的 2 线 KF 电源，以避免网络线上的继电器过多。其电路如图 3-9 所示。

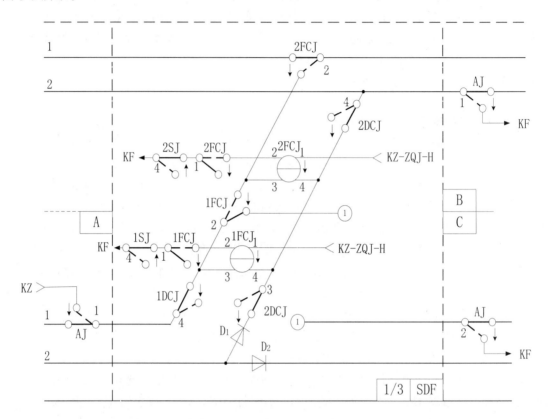

图 3-9 1、2 网络线电路

2）3、4 网络线电路

当选经由八字第二笔双动道岔反位的进路时，其电路如图 3-10 所示。例如，选 D_5—D_7 的进路，5/7 道岔的 1FCJ 和 2FCJ 可由 3、4 线控制先后吸起，原理与 1、2 线相同。

3）5、6 网络线电路

当选经由双动道岔定位或单动道岔定、反位进路时，其电路如图 3-11 所示。例如，选下行 I 股道接车进路时，按下 XLA 和 S_1LA 后，由于此进路不走双动道岔的反位，所以，1、2 网络线和 3、4 网络线均不参与选岔工作。而 5、6 网络线在两个 LAJ 吸起后立即使 X/D_3 的 JXJ 吸起，而后是 5/7 道岔的 1DCJ、1/3 道岔的 2DCJ、D_7 的 JXJ、D_9 的 JXJ、13/15 道岔的 2DCJ、9/11 道岔的 1DCJ、D_{13} 的两个 JXJ（DXF 组合和 DX 组合）、17/19 道岔的 1DCJ、23/25 道岔的 1DCJ、S_1 的 JXJ 由 5、6 线控制顺序吸起。由于交叉渡线道岔组合换位，使 13/15 道岔的 2DCJ 先吸起，而 9/11 道岔的 1DCJ 后吸起。

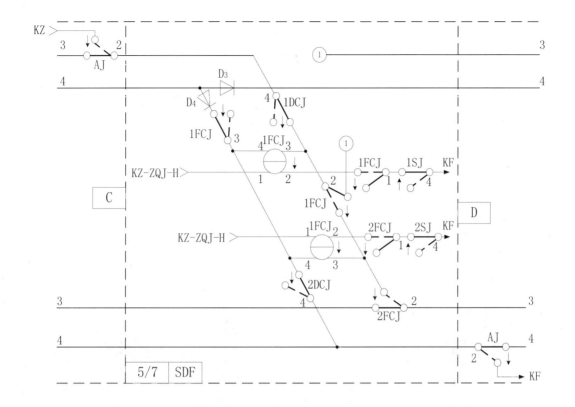

图 3-10　3、4 网络线实例

对于每一信号点，由于 JXJ 接在 5、6 线上，无论作始端、终端还是中间信号点，只要该信号点在进路范围内，其 JXJ 就参与选岔电路动作，对于中间信号点，虽然排列进路时未按下该信号点的 DA，但靠并联传递也可使其 JXJ 吸起。

对于单置信号点，作始端时，DX 组合里的 JXJ 吸起；作终端时，DXF 组合里的 JXJ 吸起；作中间信号点时，两个 JXJ 都吸起。

同一个道岔的 DCJ 和 FCJ 实行互切，即 DCJ 吸起后要切断 FCJ 的励磁电路，FCJ 吸起后要切断 DCJ 的动磁电路，为此在电路中加了一些接点，防止同一道岔 DCJ 和 FCJ 同时吸起。

在 6 线上加入的 QJJ 后接点、CJ 前接点和 DGJ 前接点三个接点的串联条件，相当于 SJ 前接点，这样进路在锁闭过程中 6 线电路被断开，禁止再选排与此有关的进路，即不允许储存进路。

DCJ 和 FCJ 吸起后自闭，当进路锁闭后，SJ 落下，用 SJ 的前接点切断 DCJ 或 FCJ 自闭电路，使 DCJ 和 FCJ 复原。对于双动道岔，用 1SJ 前接点控制 1DCJ 和 1FCJ 自闭电路，用 2SJ 前接点控制 2DCJ 和 2FCJ 自闭电路。在选路过程中，由于某种原因进路不能进行锁闭时，可以按压总取消按钮，使总取消继电器 ZQJ 吸起，条件电源"KZ—ZQJ—H"断电，使 DCJ 或 FCJ 手动复原。

2. 变通进路的选岔电路

排列变通进路时，选岔电路是如何控制变通进路的自动选出呢？变通进路有两种方式，一种是八字变通，一种是平行变通。下面分别介绍。

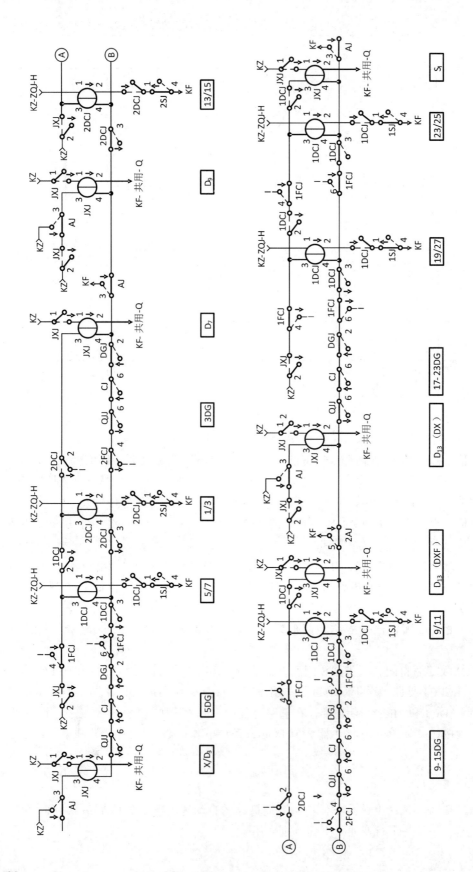

图 3-11 5、6 网络线

1）八字变通进路

图 1-2 所示举例站场中，X$_F$—ⅡG 的接车进路有两条径路：一条是经由道岔 1/3 定位和道岔 17/19 定位的进路，为基本进路的选岔电路，5、6 线选岔电路的动作与上述类似。排基本进路时，即使因电路故障进路选不出来，也不能自动改选变通进路。因为这时 1/3 道岔的 1FCJ 得不到 KF 电源，而 17/19 道岔的 1FCJ 也得不到 KZ 电源。第二条进路是经 1/3 道岔反位和 17/19 道岔反位的八字变通进路，需要按压用 D$_7$A 或 D$_9$A 作变通按钮，这样操纵后 D$_7$AJ 和 D$_9$AJ 都会吸起，两继电器吸起后，实际上就把这条八字变通进路分成了 X$_F$—D$_9$、D$_9$—ⅡG 两段，这两段选岔电路分别动作，每一段进路选出后即选出八字变通进路了。由于同一组道岔 DCJ 和 FCJ 是互切的，基本进路不会被选出。

2）平行进路的变通进路

举例站场中，下行 5 股道接车，有两条进路：第一条是经 5/7 道岔反位的进路；第二条是经 9/11 道岔反位的进路。如果第一条为基本进路（称为第一种方式），那么第二条就为变通进路（称为第二种方式）。

如图 3-12 所示，排列基本进路时，为防止 9/11 道岔的 FCJ 也跟着吸起，必须在 5 号道岔右侧断开 1 线，切断 9/11 道岔的 FCJ 的 KZ 电源，称此方法为平行进路断线法。

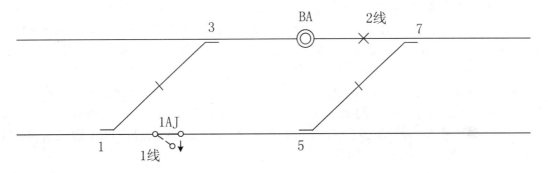

图 3-12　平行进路断线

上述进路，如果经 9/11 道岔反位为基本进路，则必须在 11 号道岔左侧 2 线断开 5/7 道岔 FCJ 的 KF 电源。

对撇形道岔来说，因为 KZ 是由第一网络线送出的，切断 1 线就是断开 KZ 电源；KF 电源是由第 2 网络线送出的，切断 2 号线就是断开 KF 电源；选择断线的位置必须注意不能影响排列变通进路，即断 KZ 电源时，必须在变通按钮的左侧断，断 KF 电源时，必须在变通按钮的右侧断。

捺形道岔的平行进路与此道理相同。因为捺形道岔的 FCJ 是用 3、4 线控制的，所以断 KZ 电源需要断 3 线，断 KF 电源需要断 4 线。

根据断线法的原理，可对选岔电路在适当位置进行断线处理，必要时还需加入有关 AJ 接点条件控制，保证在排列基本进路时不会选出变通进路，排列变通进路时不会选出基本进路。在此不详细介绍。

3．六线制选岔网络的动作规律

尽管选岔网络上接有许多继电器，但了解了各种情况的选岔电路结构以后，可以总结出选岔网络上的动作规律：

（1）选任何经由双动道岔反位的进路，选岔网络的动作总是先动作1、2线或3、4线，后动作5、6线。这是因为该进路的5、6线电路是经双动道岔的1FCJ和2FCJ的前接点接通的。如果1、2线或3、4线不动作，5、6线电路构不成，也就不能动作。

（2）每一对网络线上的继电器都是由左至右顺序动作。这是因为每一对网络线均采用并联传递式网络，由左至右传递KZ电源。

掌握了选岔网络的动作规律以后，即使不看电路图，根据信号平面图或控制台盘面图就可以知道选岔电路中继电器的动作顺序。

排列变通进路时，变通按钮继电器的接点已将选岔电路分开，每一段电路的动作均符合上述规律，而不能将整条进路看成一段。

（四）辅助开始继电器 FKJ 电路

进路选出后，记录电路都相继复原。但这时道岔还没有转完，进路还没有锁闭，信号也没有开放，即选路的最终目的还没有达到。因此，每一进路始端还需要接续记录，用辅助开始继电器FKJ接续记录进路始端；FKJ还有另外一个作用，就是信号开放后，若因故关闭，用FKJ起防止自动重复开放信号的作用。

FKJ设在LXZ组合或DX组合内，即每一列车与调车共用信号点及每一调车信号点均设置一个FKJ。这样，FKJ电路就有列车与调车共用的FKJ电路和调车专用的FKJ电路两种形式。

列车与调车共用信号点的FKJ电路如图3-13所示，以出站兼调车信号点为例，如果所排的是发车方向的调车进路，则方向电源"KF—SDFJ—Q"有电，FKJ经两组J XJ的前接点构成3—4线圈电路励磁吸起。FKJ吸起接续JXJ和方向继电器SDFJ记录进路始端，保证后续电路工作。如果排的是发车进路，则列车开始继电器LKJ先励磁，而后经由LKJ的前接点接通FKJ的3—4线圈电路使FKJ励磁吸起。

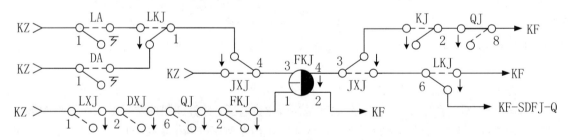

图 3-13　列车与调车共用信号点的 FKJ 电路

在方向继电器失磁落下后，FKJ由它的1—2线圈接通自闭电路，以达到在信号开放以前，保持吸起的目的。信号开放后，用DXJ或LXJ后接点切断FKJ自闭电路，使FKJ自动复原。如果FKJ吸起后，信号因故不能开放，则可按压始端按钮和总取消按钮，使QJ励磁吸起，用QJ的后接点切断FKJ自闭电路，以达到人工控制复原的目的。

信号开放后，若因故关闭，由于FKJ早已落下，即使故障恢复，FKJ也不会自动励磁吸起，因此信号不能自动重复开放。当需要重复开放信号时，可按下进路始端DA或LA，因为此时进路仍在锁闭状态，所以开始继电器KJ保持在吸起状态，这时，由LKJ接点区分经由

KJ 前接点、JXJ 后接点使 FKJ 由 3 - 4 线圈励磁吸起，而后自闭，直到信号开放为止。

在办理取消进路或人工解锁进路时，由于 QJ 两组后接点分别切断了 FKJ 的 3—4 线圈和 1—2 线圈电路，FKJ 不会错误吸起。

调车专用的 FKJ 电路比列车兼调车信号点 FKJ 电路简单，原理相似。尽头线、差置、并置调车信号机用 FKJ 电路如图 3-14 所示。

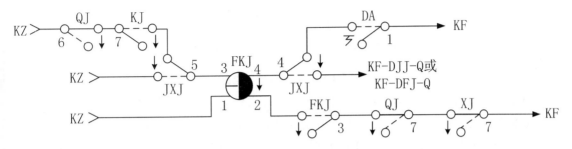

图 3-14　尽头线、差置、并置调车信号机用 FKJ 电路

单置调车信号点有些特殊：一是用的是 1AJ 前接点取代 DA 的按下闭合接点。二是通过 1AJ 前接点接入的是方向电源"KF—共用—H"，而不是普通 KF 电源。这是因为当分段排经由单置调车信号点的长调车进路时，若先排以该信号点为始端的进路、后排以该信号点为终端的进路，如果不接入上述方向电源，则当后排进路按下该 DA 时，随着 1AJ 励磁吸起，该信号点 FKJ 也会错误励磁吸起而影响 2AJ 励磁，后一段进路将无法选出。

（五）终端继电器 ZJ 电路

列车进路的终端就是网络线的末端，因此一般不用设终端继电器。调车进路则不一样，它的终端位置不确定，所以每条调车进路的终端位置都要设置一个终端继电器 ZJ 来接续记录调车进路终端，ZJ 设置在 LXF 和 DX 组合内。

ZJ 电路如图 3-15 所示。与 FKJ 相似，当进路选出后，用 ZJ 接续调车进路终端信号点的 JXJ 和方向继电器的工作，即用进路终端信号点的 JXJ 前接点和方向电源"KF—XDJJ（或 SDFJ）—Q"接通 ZJ 的励磁电路。例如举例站场，D_7ZJ 应接 D_7JXJ 的前接点，方向电源应是"KF—XDJJ—Q"；D_{15}ZJ 应接 D_{15}JXJ 的前接点，方向电源应是"KF—SDFJ—Q"。

每调车信号点的 DA 均可作始端按钮，除单置调车信号点以外的 DA 又都可以作反方向的终端按钮，因此，同一信号点的 FKJ 与 ZJ 电路所用的方向电源是相反的，即 FKJ 电路若用 KF—XDJJ—Q 方向电源，ZJ 就用 KF—SDFJ—Q 方向电源。只有单置调车信号点，它的 DA 既作始端按钮又作同方向进路的终端按钮，因此，其 FKJ 与 ZJ 电路所用方向电源是一样的，但是两继电器电路所用的 JXJ 不是同一个进路选择继电器，控制 FKJ 电路的 JXJ 是 DX 组合的，控制 ZJ 电路的 JXJ 是 DXF 组合的 JXJ，这也是单置调车信号点设置两个 JXJ 的原因。

当进路选出、方向电源断电后，ZJ 的励磁电路也被断开，为使 ZJ 保持吸起状态，道岔正在转换过程中，先靠进路中最末一个道岔的 DCJ 或 FCJ 的前接点接通 ZJ 自闭电路。当道岔转换完毕，进路锁闭后 SJ 落下，这时，DCJ 或 FCJ 也随着 SJ 落下而落下，ZJ 经该道岔 SJ 后接点构成自闭电路，一直到进路解锁，SJ 吸起自闭电路才断开，使 ZJ 复原。在进路锁闭的整个过程中，后续调车电路都可用 ZJ 的前接点确定所建进路的终端在网络的位置。

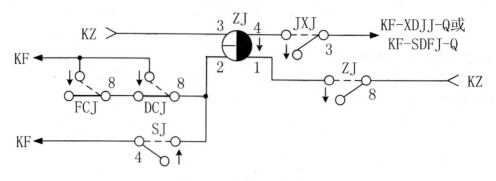

图 3-15　终端继电器电路

两个方向同时向两差置调车信号机之间的无岔区段调车属于敌对进路，所在两差置调车信号（如举例站场 D_5 与 D_{15}）点的 ZJ 的励磁电路中，KZ 一侧要用两 ZJ 后接点实行互切，使两个 ZJ 不能够同时吸起，防止由两个方向同时向无岔区段调车，即同时只准许其中的一个 ZJ 吸起。

（六）开始继电器 KJ 电路

为防止信号自动重复开放，当信号开放后，FKJ 必须及时落下。而在进路解锁之前还必须一直记录进路的始端，以保证后续电路的可靠工作。这样记录进路始端的任务还需要有继电器来接续下去。因此，用 KJ 接续 FKJ 接续记录进路的始端。此外，KJ 还有另外一个任务，就是检查进路的选排一致性。所谓进路的选排一致性是指选岔电路工作后选出的道岔位置与道转换完毕后锁闭的位置是一致的。检查进路的选排一致性的目的是为了保证进路的开通状态与值班员的排路意图相符。与 FKJ 的设置相同，每条进路的始端都要设一个开始继电器 KJ。对于列车与调车共用的信号点可共用一个 KJ，其余的调车信号点各自设一个 KJ。KJ 也设置在 LXZ 组合或 DX 组合内。

1. KJ 电路与 7 线网络

因为 KJ 要实现对进路选排一致性的检查涉及进路的所有联锁道岔，所以开始继电器电路也必须采用站场形网络，即第 7 线网络。在网络中，进路始端的电路区分条件是 FKJ 接点，调车进路终端的电路区分条件是 ZJ 接点，列车进路的终端固定是网络的末端，不需要区分。KJ 电路如图 3-16 所示。以排列 X—IG 的接车进路为例，在进路始端 LXZ 组合里经 FKJ 前接点将 KJ 的 3—4 线圈接至第 7 线网络，在进路终端（$S_1$2LXF 组合处）向 7 线网络送正极性电源。

在 7 线网络中，用进路中每组道岔的 DCJ 前接点和 DBJ 前接点（或 FCJ 前接点和 FBJ 前接点）相串联来校核进路选排的一致性。如果排列经某道岔定位的进路，DCJ 的前接点接通说明选出道岔定位，DBJ 前接点接通说明道已转换到定位，这样 7 线接通，选排一致，控制 KJ 吸起。如果排列经某道岔反位的进路，FCJ 的前接点接通说明选出道岔反位，FBJ 前接点接通说明道已转换到反位，这样 7 线接通，选排一致，控制 KJ 吸起。在每组道岔的 DBJ、FBJ 两侧接有两组 SJ 前接点证明进路在解锁状态，之所以接入两组 SJ 前接点，是因为与信号继电器的 11 线网络共用 DBJ 和 FBJ 的接点。如果在网络中，所检查的条件都符合要求，则电路被接通，开始继电器 KJ 就能励磁吸起。

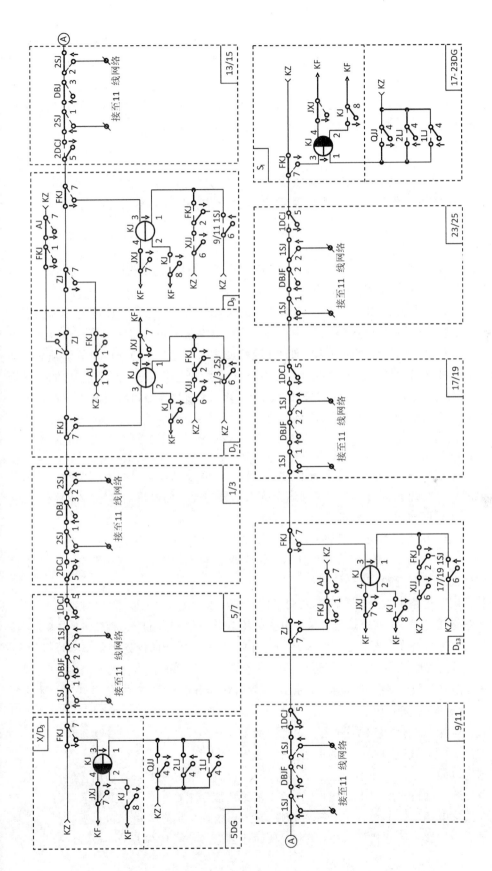

图 3-16 7 线网络及 KJ 电路

69

如排列 D_3—IG 的长调车进路，当 X/D_3FKJ、D_7ZJ、D_9FKJ、$D_{13}ZJ$、$D_{13}FKJ$ 和 S_1ZJ 励磁吸起后，分别接通了 X/D_3KJ、D_9KJ 和 $D_{13}KJ$ 的 3—4 线圈的励磁电路。X/D_3KJ 的 3—4 线圈是通过 X/D_3FKJ 前接点接到 7 线网络里，KZ 电源是通过该进路的 D_7ZJ 的前接点接通。同理，通过 D_9FKJ 的前接点和 $D_{13}ZJ$ 前接点，接通了 D_9KJ 的 3—4 线圈励磁电路；通过 $D_{13}FKJ$ 的前接点和 S_1ZJ 前接点，接通了 $D_{13}KJ$ 的 3—4 线圈励磁电路。

2. KJ 自闭电路

KJ 吸起后，信号检查继电器 XJJ 和区段检查继电器 QJJ 将相继励磁吸起，两个进路继电器 1LJ 和 2LJ 将跟着失磁落下，锁闭继电器 SJ 和道岔操纵继电器 DCJ 或 FCJ 也将相继失磁落下。

即 KJ↑→XJJ↑→QJJ↑→1LJ 和 2LJ 同时落下→SJ↓

SJ 失磁落下后，7 线被断开，切断 KJ 的励磁电路，为了使 KJ 的吸起状态一直保持到进路解锁后，KJ 由 1—2 线圈构成自闭电路。

列车与调车共用信号点的 KJ 的 1—2 线圈加入进路内方第一个道岔区段的 QJJ 前接点、1LJ 后接点和 2LI 后接点的并联电路环节，接通 KJ 的自闭电路。在进路内方第一个道岔区段的 QJJ 落下、1LJ 和 2LJ 也相继励磁吸起，使 KJ 随着进路内方第一个道岔区段的解锁而自动复原。在调车信号机专用的开始继电器自闭电路中，KJ 是经由进路内方第一个道岔的 SJ 后接点构成 1－2 圈的自闭电路。因此，在信号开放以后，用 KJ 前接点也可以反映进路在锁闭状态，进路内方第一个道岔解锁，SJ 吸起后 KJ 复原。

3. 长调车进路由远至近开放信号

在排列长调车进路时，如果离司机最近的第一架调车信号机开放，而第二架或后面的某架调车信号机因故未能开放，则会发生车列运行到未开放的调车信号机前停车，将堵塞咽喉，影响作业效率。如果两架调车信号机之间的一架调车信号机因故未开放，比如第一架和第三架调车信号机都已经开放，而第二架调车信号未开放，将容易造成误认，冒进了信号，造成挤岔或其他行车事故。为了保证行车安全且不影响作业效率，在排列长调车进路时，要求进路上的调车信号机由远至近顺序开放。

为了控制长调车进路由远至近顺序开放调车信号，在 KJ 电路中采取了两项措施：

一是在进路终端经由 ZJ 前接点接入 KZ 电源处检查远方信号点的 AJ 后接点和 FKJ 后接点。其作用是只有远方调车信号开放后，XJ 吸起，FKJ 落下，才能向近处的调车信号机的 KJ 送 KZ 电源，接通其 KJ_{3-4} 线圈的电路，近处信号机才能开放。例如，建立 D_3—ⅠG 的长调车进路，只有 D_{13} 信号开放，才能使 D_9KJ 吸起，D_9 信号才能开放；只有 D_9 信号开放，才能使 X/D_3KJ 吸起，D_3 信号才能开放。如果 D_{13} 信号未开放，则 $D_{13}FKJ$ 不落，D_9KJ 得不到 KZ 电源就不会吸起，当然 D_9 信号也不能开放。同理，如果 D_9 信号未开放，D_3 信号也不能开放。

二是在 KJ 的 3—4 线圈电路中，通过 JXJ 第七组后接点接入 KF 电源。这样，在整条长调车进路全部选出以前，因为 JXJ 不失磁落下，所以 KJ 也就不能励磁吸起，因而控制信号不能开放。只有当长调车进路全部选出、JXJ 失磁落下后，才能给 KJ 的 3—4 线圈电路的 KF 接入电源。而且在选岔电路动作的过程中，随着始端信号点 JXJ 的吸起其 FKJ 也会吸起，这样就会保证只有最后一架调车信号机的 KJ 先吸起，从而达到远端信号优先开放、近端信号后开放的目的，也就是长调车进路的信号由远及近顺序开放。

顺便指出，接入 JXJ 第七组后接点以后，在建立进路时，如不松开始端或终端按钮，必然有一个 AJ 吸起，则方向继电器将保持不落，JXJ 不落，KJ 不吸，进路也就不会锁闭，信号也不会开放。因此，在办理时，不准许长时间按压进路按钮。

（七）列车开始继电器 LKJ 电路

由于列车与调车共用信号点共用了同一个 KJ，为了能够区分开是作列车进路的始端还是调车进路的始端，增设了一个 LKJ。排调车进路时，只要求 KJ 吸起，LKJ 不必吸起；而排列车进路时，要求 KJ 和 LKJ 都励磁吸起，LKJ 励磁吸起后，在该进路解锁前，要求它要一直保持在吸起状态，参与后续电路的工作。

如图 3-17 所示，为出站兼调车信号点的 LKJ 电路图，当 JXJ 励磁吸起和方向继电器 SLFJ 励磁吸起时 "KF—SLFJ—Q" 有电，构成 LKJ 的 3—4 线圈电路使 LKJ 励磁吸起；电路说明所选的是发车进路。当 SLFJ 失磁落下后，LKJ 将由 1—2 线圈的自锁电路保持吸起。在 KJ 前接点闭合以前，先经由 FKJ 前接点接通自闭电路。信号开放后，FKJ 失磁落下，经 KJ 前接点的自闭保持吸起，直至进路解锁后，KJ 失磁落下，断开 LKJ 的自闭电路，使 LKJ 落下而复原。

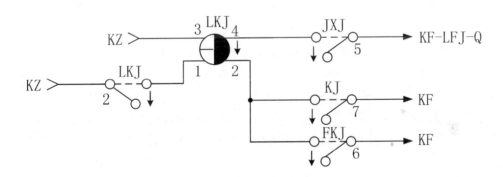

图 3-17　列车开始继电器电路

（八）进路排列表示灯和进路按钮表示灯电路

1. 进路排列表示灯电路

在控制台上，对应每一咽喉设一个进路排列表示灯。图 3-18 是进路排列表示灯电路。四个方向继电器前接点并联接通进路排列表示灯电路。任何一个方向继电器励磁吸起，进路排列表示灯均亮红灯，说明该咽喉处在选岔电路工作状态。因为规定每一咽喉同时只准许选一条进路，所以在亮红灯期间，不准许再选其他进路。进路选出后，方向继电器落下，进路排列表示灯 LPD 红灯熄灭，即可选下一条进路。

2. 进路按钮表示灯电路

每一进路按钮均设有按钮表示灯 AD，图 3-19 是列车兼调车进路按钮表示灯电路。图中的 "L" 是列车进路按钮的绿色表示灯；"B" 是调车进路按钮的白色表示灯。

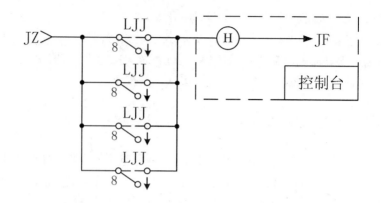

图 3-18　进路排列表示灯电路

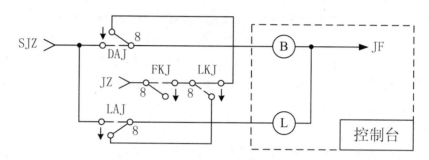

图 3-19　列车兼调车按钮表示灯电路

如图 3-19 所示，在排列车进路时，按下列车进路按钮 LA，LAJ 励磁吸起后，经由其前接点接通 LAD 电路，因电路使用的是闪光交流表示电源"SJZ"，所以表示灯闪绿灯。

进路选出后，按钮继电器 LAJ 失磁落下，如果该按钮为终端按钮，则 LAD 熄灭。如果该按钮作始端按钮，此时，经 FKJ 前接点、LKJ 前接点又接通稳定的交流表示电源"JZ"，使按钮表示灯改点稳定的绿灯，信号开放后，FKJ 落下 LAD 才熄灭。

同理，如果排的是调车进路，调车按钮表示灯的点亮及熄灭的过程与上述类似。

图 3-20 是单置调车按钮表示灯电路。

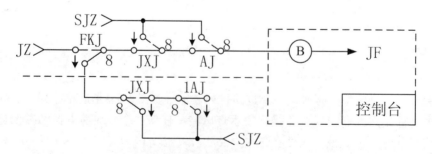

图 3-20　单置调车按钮表示灯电路

该按钮作为始端按钮使用时，AJ 的励磁吸起，AD 闪白灯；进路选出后，因为 AJ 和设在 DX 组合的 JXJ 相继失磁落下，FKJ 在励磁吸起状态，所以，AD 由闪白灯改点稳定白灯，在信号开放 FKJ 落下后熄灭。当这个按钮作为终端按钮使用时，因为此时 AJ 不励磁，经 1AJ 前接点和 DXF 组合的 JXJ 前接点，使 AD 闪白灯，进路选出后灭灯。

在选列车进路以及选长调车进路时，各中间信号点要参与工作，但中间信号点的 AJ 不励磁，而 JXJ 励磁。因此，AD 电路中，与 AJ 前接点并联接有 JXJ 前接点，以便在选列车进路或选长调车进路时，使按钮表示灯能闪白灯。

对于除单置之外的其他调车信号点，其 AD 电路就是将图 3-20 中 DXF 组合的条件去掉，工作原理相同，不再介绍。

三、信号控制电路

信号控制电路主要包括 QJ、XJJ、QJJ、GJJ、ZCJ、JYJ、XJ 等继电器电路。这些继电器电路完成联锁关系的检查、锁闭进路最终控制信号的开放。

（一）取消继电器电路

1. 进路锁闭的概念

进路锁闭是指将进路上的道岔和敌对进路锁闭。当一条进路锁闭后，进路上的道不能再转换，敌对信号也不能再开放。即使列车驶入进路，信号已经关闭，如果列车未出清进路（或道岔区段），进路也不许解锁。这种锁闭功能称为进路锁闭。

进路锁闭分预先锁闭和接近锁闭两种进路锁闭状态，接近锁闭也称完全锁闭。预先锁闭是指在信号开放以后，其接近区段还没有车占用时的锁闭。进路处于预先锁闭时，若要解锁进路，应办理取消解锁手续，即同时按压 ZQA 和进路始端 LA 或 DA，使信号关闭，进路立即解锁。

接近锁闭是指在信号开放以后，其接近区段已经有车占用。这时若要解锁进路，只能用人工解锁的办法。具体操作步骤是先登记破封，再同时按压 ZRA 和进路始端 LA 或 DA，经过一段时间后进路才能解锁。人工解锁之所以要延时，是因为车已经进入接近区段，如果车与该进路防护信号机的距离小于制动距离，车将冒进信号。为防止车进入解锁的区段，进路必须延时解锁。不同的进路延时解锁的时间是不一样的，对于接车进路和有通过作业的正线发车进路，延时解锁的时间为 3 min；侧线发车进路和调车进路，延时解锁的时间为 30 s。

进路的预先锁闭和接近锁闭，是在信号开放后由接近区段有无车来区分的，而接近区段的长短要根据车的运行速度决定。为了保证行车安全，要求接近区段的长度必须大于列车的制动距离。

在我国，接近区段的长度与范围的规定如下：

（1）进站信号机的接近区段，在非提速区段不得小于 800 m，在提速区段不得小于 1 200 m。在非提速的半自动闭塞区段，由预告信号机外方 100 m 的地方起，至进站信号机止；在提速的半自动闭塞区段，为接近信号机前后两个轨道区段。在非提速的自动闭塞区段，为进站信号机外方的一个闭塞分区至进站信号机止；在提速的四显示自动闭塞区段，为进站信号机外方的两个闭塞分区。

（2）出站信号机的接近区段为股道的轨道电路区段。但正线出站信号机当办理通过进路时，其接近区段是由同方向的进站信号机起，至该出站信号机止。

（3）调车信号机的接近区段为其外方的轨道电路区段，长度不得小于 25 m。

2. 总取消继电器 ZQJ 和总人工解锁继电器 ZRJ 电路

在每个咽喉区，设置一个 ZQJ 和一个总人工解锁继电器 ZRJ。这两个继电器都放在方向组合中，前者取消进路时用，后者人工解锁时用。电路如图 3-21 所示。

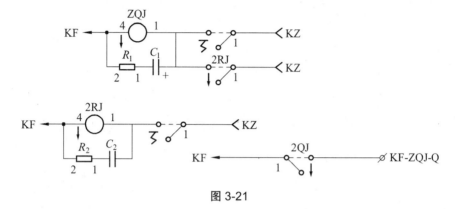

图 3-21

按下总取消按钮 ZQA，使 ZQJ 励磁吸起；破封按下总人工解锁按钮 ZRA，ZRJ 的电路被接通，使 ZRJ 励磁吸起，ZRJ 励磁吸起后，使 ZQJ 也随着吸起。

对于条件电源"KF—ZQJ—Q"，当 ZQJ 吸起后接通有电。

在 ZQJ 与 ZRJ 的线圈上都并联有电容器 C 和电阻 R，使其有 3s 左右的缓放时间，是为了保证后续电路能正常工作。

3. 取消继电器 QJ 电路

有时建立好的进路想取消掉，有时按下（或误碰）某按钮后要取消该操作，有时由于某些原因造成进路建立不完时也要取消记录，所以对每个信号点，都要设置一个 QJ，用来人工取消记录用。QJ 设置在 LXZ 或 DX 组合中。

如图 3-22 所示，是调车信号点 QJ 电路。根据 ZQJ 电路可知，按下 ZQA 或 ZRA，都控制 ZQJ 吸起，ZQJ 吸起后条件电源"KF—ZQJ—Q"接通，若同时再按压某一进路始端的 DA，其 AJ 吸起，这样就接通了该信号点 QJ 的 3－4 线圈励磁电路，使 QJ 励磁吸起。

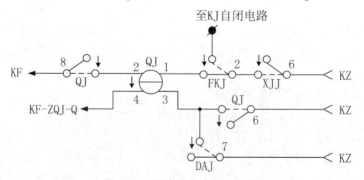

图 3-22　调车信号点 QJ 电路

如果只是取消记录（进路没有锁闭），XJJ 是落下的，QJ 的 1—2 线圈自闭电路构不成，随着 ZQJ 的落下，QJ 落下复原。

如果办理的是取消解锁或人工解锁进路，XJJ 是吸起的，QJ 吸起后，构成 1—2 线圈的自闭电路，直到进路解锁后，XJJ 失磁落下才切断 1—2 线圈的自闭电路，使 QJ 复原。

（二）信号检查继电器 XJJ 电路

进路排列完毕，道岔转换到规定的位置使 KJ 吸起以后，在信号开放之前，首先应检查开放信号的基本联锁条件，即道岔位置正确、进路空闲、敌对进路未建立。当这些基本的条件符合开放信号的要求后才能将进路锁闭，开放信号。这一任务将由 XJJ 来完成。另外，在进路锁闭后，若要取消进路，办理取消解锁或人工解锁时，为防止列车或车列驶入进路以后，还能使进路解锁，用 XJJ 检查进路不曾被占用过。每一信号点也设置一个 XJJ，列车与调车的共用信号点共用一个 XJJ。XJJ 电路包括 8 线网络和局部电路两部分，如图 3-23 所示。

1. 8 线网络电路

XJJ 通过 8 线网络检查开放信号的基本联锁条件。在进路始端，由 KJ 第一组前接点把该信号点的 XJJ 的 3—4 线圈接入 8 线网络。通过局部电路，为 XJJ_{3-4} 线圈电路接正极性电源 KZ；由进路的终端位置（如果是列车进路，是 8 线网络的末端；如果是调车进路，是经 ZJ 的前接点）通过 8 线、KJ 前接点接负极性电源 KF。

在 8 线网络中，检查了下列联锁条件：

（1）进路空闲的检查。在 8 线上串接了进路内各轨道电路区段的轨道继电器前接点。例如举例站场，建立 X—IG 的接车进路时，在 8 线网络上检查 IAGJF、5DGJ、3DGJ、9—15DGJ、17—23DGJ、IGJF 等继电器的前接点，证明进路空闲。

建立调车进路时，如果进路最末一个区段是股道或无岔区段，则用 ZJ 的前接点区分不需检查的最末区段。如举例站场，建立 D_{15}—IIG 的调车进路时 8 线末端经 $S_{II}ZJ$ 前接点接 KF 电源，不检查 IIGJF 的前接点。

如果进路有侵限绝缘，为了实现既保证平行作业又防止发生侧面冲突的要求，经侵限绝缘一侧的轨道区段建立进路时，应对另一侧轨道电路区段进行条件检查。例如举例站场，在 3 号道岔和 5 号道岔之间设有侵限绝缘，建立经 1/3 道岔反位进路时，当 5/7 道岔在定位时要检查道岔区段 5DG 的空闲。在 8 线上，为了实现对上述条件的检查，在道岔 1/3 反位连线部位，并联接入了 5DGJF 前接点和 5/7FBJF 前接点。同理，在道岔 5/7 道岔反位连线部位，也并联接入了 3DGJF 前接点和 1/3FBJF 前接点。

（2）进路上的道岔位置正确的检查。XJJ 的励磁吸起，检查了开始继电器 KJ 前接点，用 KJ 前接点可以间接实现这项检查。因为 KJ 通过 7 线励磁吸起时，检查了各道岔位置正确。

在 8 线上虽然也有道岔表示继电器的接点，但这些接点中并不都是前接点，也有后接点。所以在 8 线上串接的道岔表示继电器接点，并不是检查道岔位置用的，它只起到区分电路的作用。

（3）本咽喉区没有建立敌对进路的检查。在 8 线上，串接进路中其他信号点 KJ 后接点和 ZJ 后接点来实现。例如，建立下行 IG 的接车进路时，8 线接有 D_7KJ、D_7ZJ、D_9KJ、D_9ZJ、$D_{13}KJ$、$D_{13}ZJ$、S_1KJ、S_1ZJ 等继电器的后接点，用这些后接点闭合（即这些继电器的落下），证明本咽喉区的敌对进路确实没有建立。

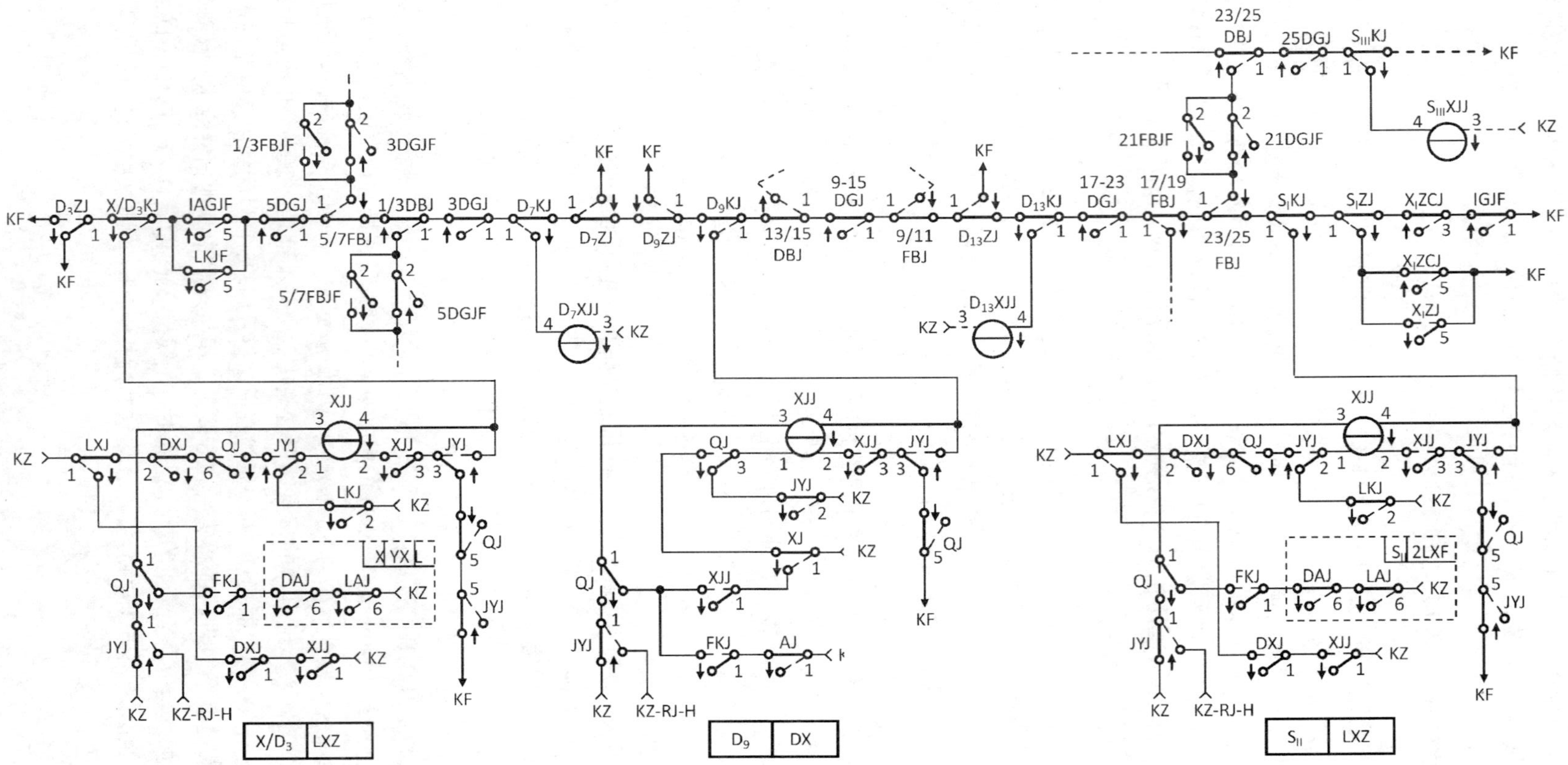

图 3-23 8 线网络及 XJJ 电路

（4）另一咽喉区未建立迎面敌对进路的检查。在接车进路 8 线网络的末端（相当于股道部位），用串接对端咽喉同一股道出站信号机的照查继电器 ZCJ 前接点来实现对迎面敌对进路的检查。ZCJ 励磁吸起证明另一咽喉区没有向股道建立进路。例如，在排列下行 IG 的接车进路时，X/XJJ 励磁电路中检查了 X_1ZCJ 的前接点，该接点闭合说明另一咽喉区没有向 IG 建立接车进路和调车进路。

但是，由两个方向同时向同一股道调车不属于迎面敌对关系，是可以同时进行的。因此，向股道调车与向股道接车不同。例如，由 D_{13} 向 IG 调车时，D_{13}/XJJ 励磁电路除接有 X_1ZCJ 的前接点外，还联有 X_1 的 ZJ 前接点。这意味着另一咽喉区向 I 股道调车时，尽管 X_1ZCJ 将失磁落下，但通过 X_1ZJ 前接点也可以接通 D_{13} 的 XJJ 励磁电路，不影响至 I 股道调车。

2. XJJ 的局部电路

信号检查继电器在多种情况下起作用，电路比较复杂，下面按不同用途来分析其电路原理。

（1）在信号开放前 XJJ 经由 FKJ 前接点和 8 线网络构成励磁电路，XJJ 的励磁吸起，说明具备了开放信号的基本条件（联锁条件的检查是在 8 线网络上实现的）。XJJ 励磁吸起，将对进路实行锁闭，然后开放信号。

（2）当信号开放后，FKJ 落下，其前接点断开，第一条励磁电路被切断。但在信号开放过程中，XJJ 要一直保持在吸起状态继续对进路空闲的检查。所以列车进路是经由 LXJ 前接点、调车进路是经由 DXJ 前接点与 8 线构成 XJJ 第二条电路。继续利用 8 线网络检查进路是否空闲。当机车车辆驶入进路后，8 线网络被切断，XJJ 便停止工作。

（3）在取消进路或人工解锁进路时，通过 QJ 的前接点构成 XJJ 的第三条励磁电路。因为无论办理取消进路或人工解锁进路，取消继电器 QJ 都要吸。电路中的接近预告继电器 JYJ 接点，是用来区分是取消进路还是人工解锁进路的。如果接近区段没车，JYJ 的前接点闭合，说明办理的是取消解锁；如果接近区段有车，JYJ 的后接点闭合，XJJ 还需要检查条件电源"KZ—RJ—H"是否有电，有电才能说明之前没有办理人工解锁，延时计时是从零开始的，进路延时的时间才能得到保证（见图 3-41）。因为延时解锁用的继电器，一个咽喉区共用一套，如果其他进路正在延时解锁，延时继电器已经开始工作，那么对后办的进路来说，延时继电器就不是从零开始工作，因而达不到规定的延迟时间进路就会提前解锁。用了条件电源"KZ—RJ—H"，决定了在一个咽喉区，同时只准许办理一条进路的人工解锁。在取消进路和人工解锁进路时，都由 8 线网络检查机车车辆没有占用信号。

（4）在人工解锁进路延时的过程中，XJJ 还要利用 8 线网络检查机车车辆自始至终没有驶入到进路里来，所以需要一直保持吸起才行。而条件电源"KZ—RJ—H"只是短时间有电，所以 XJJ 靠自闭电路保持不落。该电路是通过 LXJ（或 DXJ）的后接点、JYJ 的前接点、QJ 的前接点及 8 线构成。

（5）XJJ 除了有经由 8 线的励磁和自闭电路之外，还有一条脱离 8 线的保护电路。这条电路的作用是在调车作业时，若发生轨道电路瞬间人工短路，防止由调车中途返回解锁电路使进路错误解锁。因为在接近区段无车的情况下，发生人工短路使 8 线断开，XJJ 一旦落下，相当于车列占用进路，短路恢复后 8 线接通，相当于车列出清了该进路，这样就满足了调车的中途返回解锁的条件。而车列正在向解锁的进路运行，是非常危险的迎面错误解锁。因此，在接近区段无车的情况下，通过 JYJ 前接点和 XJJ 本身的前接点接通一条自闭电路。在此自闭电路接通过程中，XJJ 不再受 8 网络线控制，此时即使进路中的某一轨道电路区段瞬间发生人工短路，由于 XJJ 仍能保持吸起，而调车中途返回解锁电路要求 XJJ 必须落下，所以进路不会因此产生错误解锁。

调车专用的 XJJ 电路与列车和调车共用的 XJJ 电路基本一样，不再重复。

（三）区段检查继电器 QJJ 和股道检查继电器 GJJ 电路

QJJ 是为锁闭进路作准备用的，而 GJJ 是为锁闭对端咽喉区的迎面敌对进路作准备用的。6502 电气集中联锁采用的是分段解锁制，解锁的对象是进路中的各道岔区段，显然锁闭的对象也是进路中的各道岔区段。对于有列车进路中的两差置调车信号机之间的无岔区段，在经其建立列车进路时，与道岔区段一样，也要对其进行锁闭。因此，对应每个道岔区段或和有列车进路经过的两差置调车信号机之间的无岔区段各设一个 QJJ，设置在 Q 组合内，根据所排列的进路，对需要锁闭的区段作好锁闭准备。GJJ 要根据是否有迎面敌对进路而设置，设置在信号辅助组内，与 ZCJ 对应设置。双向运行的接发车口，也设有 GJJ 和 ZCJ，设置在进站信号机的 1LXF 组合中，它们不是用来锁闭对方咽喉敌对进路的，而是用来反映是否向该进站口排列了发车或调车进路。

QJJ、GJJ 电路包括 9 线网络和 10 线网络，电路图如图 3-24 所示，其原理如下：

1. 9 线网络

因为锁闭进路涉及各道岔区段，所以 QJJ、GJJ 也采用网络线控制，第 9 网络线是控制 QJJ、GJJ 励磁电路。

各道岔区段 QJJ 的 3—4 线圈都按轨道区段对应的站场位置并接在第 9 网络线上，用 DBJ 或 FBJ 的接点区分进路。对应各进路始端位置由 XJJ 前接点向 9 线接入 KZ 电源，当 XJJ 吸起后进路上各区段的 QJJ 都励磁吸起。例如，建立下行 I G 的接车进路，当 X/D$_3$ 的 XJJ 吸起后，经 X/D$_3$ 的 XJJ 第二组前接点向 9 线送 KZ 电源，因为 XJJ 吸起说明各道岔已开向 I G，接入 9 线网络的继电器 5QJJ、3QJJ、9—15QJJ、17—23QJJ 和 S$_1$GJJ 将随着 X/D$_3$ 的 XJJ 的吸起同时励磁吸起。

在 9 线网上串接有调车的 ZJ 后接点。当建立调车进路时，用其进路终端部位调车的 ZJ 后接点切断 9 线网络，以防止对进路范围以外的道岔错误锁闭。例如，在建立由 D$_9$ 至 D$_{13}$ 的调车进路时，当 D$_9$ 的 XJJ 励磁吸起后，往 9 线上接入了正极性电源 KZ，因为 D$_9$ 的 XJJ 吸起证明道岔 9/11 和 13/15 已经转换至定位，D$_{13}$ZJ 的励磁吸起，其后接点也断开 9 线右边的电路，所以这时能励磁吸起的继电器只有 9—15QJJ，17—23QJJ 是不能励磁的。很明显，这时如果使 17—23QJJ 励磁吸起，那么，就将造成该区段内的道岔错误锁闭，这是不准许的。

在 1LXF 组合，GJJ 的 1—2 线圈也经由调车 ZJ 前后接点并接在 9 线网络上。当向股道或双方向运行的接发车进路口建立进路时，只要 9 线接入 KZ 电源，GJJ 就会吸起。

QJJ 励磁吸起引起的电路动作，可以用时序逻辑表达式表示：

XJJ↑→QJJ↑→1LJ↓、2LJ↓（两 LJ 同时落下）→SJ↓。

SJ 失磁落下，道岔则不能再转换，即对道实现了锁闭；同时，本咽喉的敌对进路也被锁住。因为在 7 线上有 SJ 的前接点，所以敌对进路的 KJ 不能励磁。6502 电路中不是按道岔区段设置 SJ 的，而是每组道岔设一个 SJ。

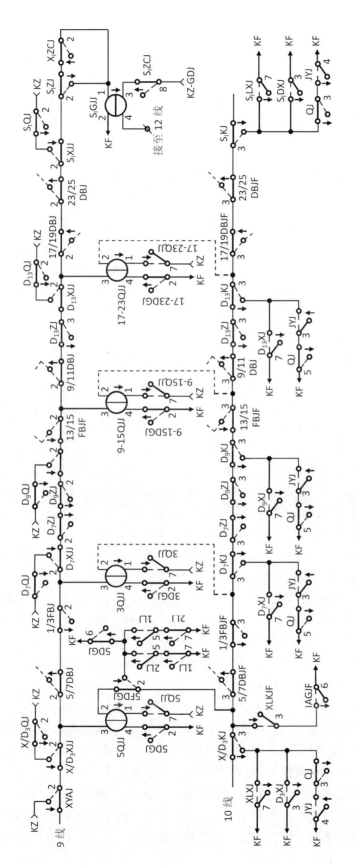

图 3-24 9、10 网络线及 QJJ、GJJ 电路

GJJ 吸起及 SJ 落下，控制照查继电器 ZCJ 失磁落下，把对端咽喉的敌对进路给锁住，因为对端咽喉想建立敌对进路时，在它的 8 线上，必须检查本咽喉的 ZCJ 在励磁吸起状态。例如，下行往 I 股道接车时，S_1ZCJ 随着 S_1GJJ 的励磁吸起和 23/25 的 1SJ 失磁落下而落下。它落下的结果，切断了上行向 I 股道建立进路时用的 8 线，S/XJJ 不能励磁吸起，因此，上行咽喉向 I 股道接车或调车进路也就建立不起来。

由以上不难看出，如果 8 线所检查的联锁条件得不到满足，XJJ 就不能励磁吸起，导致 QJJ 和 GJJ 也不能励磁。QJJ 和 GJJ 不励磁，就不会实现进路锁闭，信号也不能开放。由 8 线检查锁闭进路的条件，由 9 线执行锁闭进路的指令，这样还能防止对道岔和敌对进路的错误锁闭。

在向 9 线接入正极性电源 KZ 处，还串接有 QJ 后接点，其作用是当取消进路或人工解锁时，用它切断电源，以便使 QJJ 和 GJJ 复原，做好解锁准备。

在 9 线网络中，还接有引导按钮继电器 YAJ 前接点，办理进路锁闭引导接车时，YAJ 吸起后，经 YAJ 的前接点向 9 线送 KZ 电源，使有关的 QJJ、GJJ 吸起，以锁闭道岔和敌对进路。当进路中某一道岔区段轨道电路发生故障时，由于在 QJJ 的 3—4 线圈检查了 DGJF 的前接点，故障区段的 QJJ 不能吸起，以防止道岔受双重锁闭。

2. 10 线网络

QJJ 励磁吸起，为道岔区段锁闭做好了准备，那么，QJJ 失磁落下，必将是解锁的必要条件。

当进路内方第一个区段有车占用时，该区段轨道继电器落下，使 XJJ 落下，切断 9 线 KZ。进路中所有 QJJ 和 GJJ 都将随之同时落下。若进路中的第一个区段为道岔区段，因为车正在该区段上运行，QJJ 失磁落下，为该区段的解锁做好了准备，这是可以的。但对车还没有进入的前方的各道岔区段来说，这些区段的 QJJ 失磁落下，就意味着是提前做了解锁准备。提前做解锁准备，也就意味着会引起提前错误解锁，这是很危险的，所以对于 QJJ 还需要自闭电路，也就是 10 线网络。例如 X—I G 接车，列车正在 IAG 区段上运行，这时，如果值班人员在办理个别区段人工解锁时，错误地把该进路前面未压入的区段的事故按钮按下去了，则该区段就会立即解锁，这种解锁叫作迎面解锁，是最危险的。因为这里有车正在向已解的区段运行，该区段的道岔有可能正在转换途中，如果有车进来，必然造成重大行车事故。QJJ 有了自闭电路，列车不进入该区段，该区段的 QJJ 就不会落下，那么就能够防止上述的危险。这里的 QJJ 的 1—2 线圈和 10 线就是为这个目的而设置的，即用它们防止进路迎面错误解锁。

10 线的网络用 DBJF 或 FBJF 的前后接点区分进路，将本咽喉区的 QJJ 的 1—2 线圈都并接在网络上，由 QJJ 的线圈端子 1 接 KZ 电源，10 线提供 KF 电源，构成 QJJ 的自闭电路。

10 线的 KF 电源主要有三个位置提供：

（1）在进路的始端，经 KJ 第三组前接点，接入两条 KF 电源支路，一条支路是经 LXJ 前接点或 DXJ 前接点接 KF 电源；另一个是经 JYJ 后接点与 QJ 后接点串联接 KF 电源。

（2）在每一区段组合，经轨道反复示继电器 FDGJ 前接点接入三个 KF 电源支路，分别是：经 2LJ 后接点与 1LJ 前接点串联接 KF 电源（由左至右进路使用）；经 1LJ 后接点与 2LJ 前接点串联接 KF 电源（由右至左进路使用）；经 DGJ 前接点接 KF 电源。

（3）当进站信号机内方设有无岔区段时，经无岔区段的 GJF 后接点接 KF 电源。

上述各支路中各接点作用分析很复杂，这里不再赘述了。

下面以 X—IG 的接车进路为例分析 10 线 QJJ 自闭电路的接通过程。

信号开放，经 LXJ 前接点向 10 线送 KF 电源；当列车接近后 JYJ 落下，又经 JYJ 后接点与 QJ 后接点串联向 10 线送 KF 电源。这两条支路都提前向 10 送了 KF 电源。

列车越过进站信号机，首先进入 IAG，IAGJ 落下，其复示继电器 IAGJF 也落下，经 I AGJF 后接点向 10 线送 KF 电源。尽管 IAGJ 落下使 8 线断电，XJJ 失磁落下，9 线也断电。但这时，5QJJ、3QJJ、9—15QJJ、17—23QJJ 的 1—2 线圈从 10 线获得负极性电源 KF，仍能保持吸起。

当列车进入 5DG 区段后，5DGJ 落下，其 FDGJ 励磁吸起，其第二组后接点切断了 5QJJ 的自闭电路，所以 5QJJ 失磁落下，为 5DG 区段的解锁做准备。

与此同时，5/1LJ 吸起，而 5/2LJ 仍保持在落下状态（改进后的电路 5/1LJ 在列车出清 I AG 后吸起，这些在解锁电路中有详细的说明），经由 5/1LJ 前接点、5/2LJ 后接点和 5FDGJ 前接点向 10 线送 KF 电源。随着列车的运行，前面接通的给 10 线送 KF 的各支路都陆续断开，靠这条支路向 10 线送的 KF 电源来保证 3QJJ、9—15QJJ、17—23QJJ 保持吸起，以防止迎面错误解锁。就这样，列车进入哪个区段，那个区段的 QJJ 才失磁落下，为解锁做准备。

在列车驶入 3DG 区段刚出清 5DG，5/1LJ、5/2LJ 均已吸起，经 5/1LJ 的前接点和 5/2LJ 的后接点的支路断开，而 3/1LJ 还未吸起，经 3/1LJ 的前接点和 3/2LJ 的后接点的支路还没有接通，为防止这时 10 线有瞬间的断电，这段时间，由经 5DG 的 FDGJ 前接点和 DGJ 前接点支路向 10 线送 KF 电源，保证 9—15QJJ 和 17—23QJJ 不落。待 3 s 后 5DG 的 FDGJ 缓放落下，上述支路才能断开，但此时，3DG 的 1LJ 已吸起，经 3/1LJ 的前接点和 3/2LJ 的后接点串联的支路向 10 线送 KF 电源，保证 9—15QJJ 和 17—23QJJ 继续吸起。直到列车压入 9—15DG 时，其 FDGJ 吸起才切断 9—15QJJ 的自闭电路，使 9—15QJJ 落下。17—23DG 也如此。

从上述分析可以看出，各区段 QJJ 在 9 线接通后吸起，在车未压入本区段之前，靠 10 线自闭电路一直保持吸起，直到车压入本区段时才落下，这样就防止了造成迎面错误解锁的可能。对于一条进路，从信号开放以后，到进路完全解锁，向 10 线提供 KF 电源的支路很多，各支路尽管是接续向 10 线送电的，但同时至少有一条支路向 10 提供 KF。

10 线的作用就是防止迎面错误解锁用的，在正常办理列车和调车进路的过程中，应该检查其有无断线故障，这个任务由 FDGJ 电路来完成。FDGJ 电路将在后面介绍。

（四）接近预告继电器 JYJ 和照查继电器 ZCJ 电路

1. 照查继电器 ZCJ 电路

在前面已经提到，ZCJ 的作用是锁闭对端咽喉的迎面敌对进路，对应每一接车股道上行咽喉和下行咽喉各设一个。双向运行的接发车口也设一个 ZCJ。ZCJ 设在列车信号辅助组合内。

为了实现故障导向安全，ZCJ 以其平时的吸起状态反映本咽喉未向股道接车或调车，以其落下状态反映已向股道建立了接车或调车进路。

如图 3-25 所示，ZCJ 平时保持在吸起状态。当向股道接车或调车时以及向双向运行的接发车口发车或调车时，GJJ 励磁吸起，先切断 ZCJ 的 1—2 线圈自闭电路；进路中最末一个道岔的 SJ 落下，证明进路确实已经锁闭，又切断 ZCJ 的 3—4 线圈电路，使 ZCJ 失磁落下，通过 8 线把迎面敌对进路给锁住。

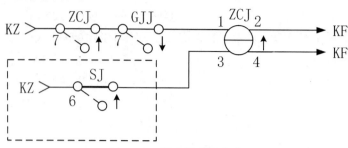

图 3-25　照查继电器电路

当最末一个区段道岔解锁，最后一组道岔的 SJ 励磁吸起，才能使 ZCJ 由 3—4 线圈复原吸起。ZCJ 重新励磁吸起后，又能由 1—2 线圈保持在吸起状态。ZCJ 的励磁吸起说明进路已全部解锁，可以解除对迎面敌对进路的锁闭了。

2. 接近预告继电器 JYJ 电路

JYJ 的作用是反映进路是处在接近锁闭状态还是处在预先锁闭状态。即在信号开放后，用来监督接近区段有车还是无车。为了完成这一作用，每一信号点设一个 JYJ，列车与调车共用信号点合用一个 JYJ。

为了符合故障导向安全原则，JYJ 平时励磁吸起，反映进路处于预先锁闭状态，可用取消解锁方法办理进路的解锁进路，使进路立即解锁；JYJ 失磁落下，反映进路处于接近锁闭状态，必须采用人工解锁的方法办理进路，使进路延时解锁。

图 3-26 是调车信号点的 JYJ 电路，JYJ 用 3—4 线圈的电路来反映接近区段是否有车；用 1—2 线圈的电路反映进路是否锁闭与信号是否已经开放。开始继电器 KJ 吸起，证明进路在锁闭。当信号开放，信号继电器 XJ 吸起，切断 JYJ 的 1—2 线圈电路，如果接近区段有车，接近区段的 GJ 落下，切断 JYJ 的 3—4 电路，这两条电路都断开，使 JYJ 落下。说明信号开放后，反映进路已处于接近锁闭状态。

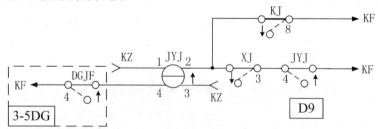

图 3-26　调车信号点 JYJ 电路

当进路处于接近锁闭时，办理人工解锁，进路解锁后，KJ 落下，经由 KJ 后接点，使 JYJ 重新励磁吸起。因为这样当第二次建立进路时，如果由于某种原因造成信号不能开放，JYJ 也不会落下，则可用取消进路的办法使进路解锁，否则，将由于 JYJ 不吸起，还得用人工延时解锁办法，而影响作业效率。

因为各种信号机的接近区段不同，所以，JYJ 的电路也不完全相同。

除正线出站信号机的接近区段以外的信号机，其接近区段就是信号机外方的道岔区段或无岔区段。因此，用接近区段的轨道继电器前接点控制 JYJ 电路。

对于进站内方带调车信号点，因接车进路与调车进路共用一个 JYJ，但接车进路与调车进路的接近区段不同。如图 3-27 所示，为 X 和 D_3 的 JYJ 电路，建立调车进路时，经 LKJF 后接点用由 I AG 的 GJF 前接点控制 JYJ 电路。建立接车进路时，进站信号机的接近区段在非干线的半自动闭塞区段一般为预告信号机前方 100 m 至进站信号机之间的轨道电路区段，如 X_D 信号机的接近区段为 X_DJG；如果在干线自动闭塞区段进站信号机的接近区段变为进站信号机外方的两个闭塞分区，如 X 信号机的接近区段为第二接近轨道区段 X_2JG 和第三接近轨道区段 X_3JG 两个区段，因此经 LKJF 前接点由 X2JGJF 前接点和 X3JGJF 前接点串联控制 JYJ 电路。

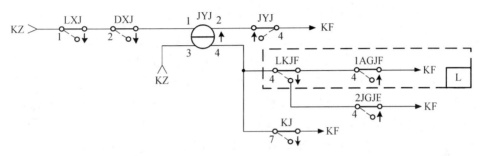

图 3-27　进站内方带调车信号点 JYJ 电路

为了保证行车安全，对于有通过进路的正线出站兼调车信号机的 JYJ 应作特殊处理，因为正线出站信号机在办理通过列车作业时，其接近区段由同方向的进站信号机开始至该出站信号机止；但对始发列车或停站后再发的列车来说，其接近区段仍是股道，其所兼的调车信号机的接近区段也是股道。如图 3-28 所示，为了实现办理通过进路时正线出站信号机接近区段的延长，在 JYJ 的 3—4 线圈电路中，串接有同一股道对端咽喉出站信号机的 GJJ 前接点、ZCJ 前接点、ZJ 前接点三个并联条件。

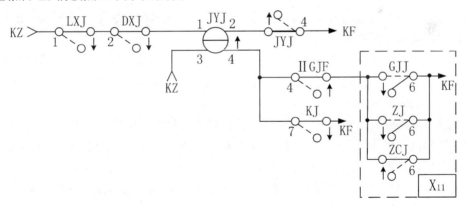

图 3-28　正线出站兼调车用 JYJ 电路

例如，办理上行 II G 正线通过进路时，在 $S_{II}JYJ$ 电路中串接 X_{II} 信号机的上述三组并联条件。由于 X_{II} 的 GJJ 励磁吸起，使 X_{II} 的 ZCJ 失磁落下，而 X_{II} 的 ZJ 处于平时落下状态，所以，此时的 $S_{II}JYJ$ 只能由 $X_{II}GJJ$ 前接点励磁吸起，反映进站信号机 S 至出站信号机 X_{II} 之间空闲，再加上 II GJF 前接点，证明整个接近区段空闲。这时，当上行进站列车进入上行进站信号机内方后，即占用了接近区段，由于 SXJJ 和 $X_{II}GJJ$ 失磁落下，也控制 $S_{II}JYJ$ 失磁落下，该通过进路由预先锁闭状态转为接近锁闭状态。当办理的是 II G 上行发车或由 II G 向上行发车方向的调车进路时，此时 X_{II} 的 ZCJ 是励磁吸起的，X_{II} 的 GJJ 和 ZJ 均在失磁落下状态。所以，S_{II} 的 JYJ 励磁吸起仅能反映出股道空闲。如办理了 IIG 上行接车方向的调车进路，虽然 X_{II} 的 GJJ 励磁吸起，X_{II} 的 ZCJ 失磁落下。但因此时 X_{II} 的 ZJ 励磁吸起，S_{II} 的 JYJ 励磁吸起，仍反映的只有股道空闲。

（五）信号继电器电路

1. 列车信号继电器 LXJ 和调车信号继电器 DXJ 电路

信号继电器的作用是检查控制信号开放的所有联锁条件，并控制信号的开放，所以信号继电器列调共用信号点也不能共用一个信号继电器了，每架信号机需要设置一个信号继电器，控制列车信号机的为列车信号继电器 LXJ，控制调车信号机的为 DXJ。信号继电器设置在 LXZ 或 DX 组合中。信号继电器电路因为要检查道岔位置及其受锁闭情况，涉及各道岔，所以采用站场形网络，通过 11 线网络来实现相关联锁条件的检查。因为进站、出站、调车的信号显示不同，列车与调车信号机自动关闭信号的时机也不同，所以它们的局部电路也各不相同。下面，按以上各种情况分别介绍。

开放信号的联锁条件：

（1）进路在空闲状态。

（2）敌对进路在未建立状态，并且被锁在未建立状态下。

（3）进路上的道岔（包括防护道岔）位置正确，并且被锁在规定位置上。

虽然对上述三个联锁条件在 XJJ 电路中曾检查过，但那时对进路、道岔和敌对进路还未锁闭，因此必须重新检查，而且始终监督，直至信号关闭。

（4）无论是列车信号还是调车信号，都必须在行车人员的操纵下才能开放。信号关闭以后，不允许自动重复开放。

（5）列车信号应在列车进入进路后立即自动关闭；调车信号应在车列全部越过调车信号机后自动关闭（因为有时机车在后面推送）；但不论列车信号还是调车信号，都应该能在行车人员的操纵下随时关闭。

（6）取消进路或人工解锁进路时，应随着办理手续先关闭信号。

（7）信号机的允许灯光——列车信号机的黄灯或绿灯、调车信号机的白灯因故障熄灭时，应自动改点禁止灯光——红灯或蓝灯。

上述各项联锁条件，凡是没有特别指出的，对列车和调车都适用。此外，对进站信号机及有通过作业的出站信号机还要实现以下联锁条件：

（8）为保证安全，开放信号前应先检查红灯灯丝完整，即红灯在亮灯状态，当红灯灯丝断丝时，不准许开放允许灯光。为提高效率，对列车速度较低时用的出站信号机和调车信号机，准许开放信号前不检查此条件。

（9）不允许信号机给出乱显示。

上述联锁条件，在开放信号时及信号在开放的过程中，必须连续检查。

下面根据图 3-29，分析如何实现对上述联锁条件的检查。

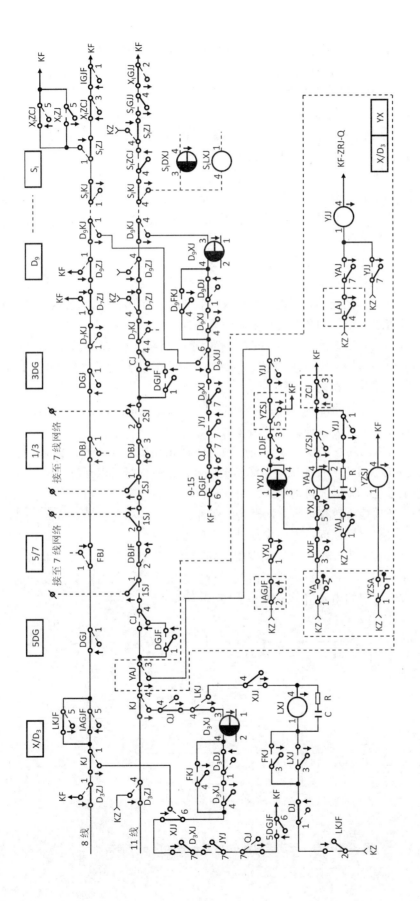

图 3-29　11 线网络及信号继电器电路

在进路始端位置用 KJ 前接点将信号继电器接到 11 线。对于列车与调车共用的信号点，用 LKJ 接点区分，经 LKJ 前接点接 LXJ 的 1—4 线圈，经 LKJ 后接点接 DXJ 的 3—4 线圈。列车进路由 LXJ 局部电路接入正极性电源 KZ，在进路的终端部位 11 网络线上接 KF 电源。调车进路在 11 线调车进路终端部位经 ZJ 前接点接入 KZ 电源，而负极性电源 KF 在 8 线调车进路终端部位经 ZJ 前接点接入。可以看出，列调共用的信号点，LXJ 与 DXJ 在 11 线的电流方向是相反的，这样设计是为了防止电路发生故障时造成 LXJ 或 DXJ 错误吸起。

为了检查道岔位置正确且已锁闭，11 线对应进路中每一道岔有两组 SJ 的接点区分检查 DBJ 或 FBJ 的前接点，即 7 线和 11 线共用道岔表示条件，在 SJ 落下前，DBJ 或 FBJ 的前接点属于 7 线，SJ 落下后，DBJ 或 FBJ 的前接点属于 11 线。这样，既可作为电路的区分条件，同时又起检查道岔位置的作用。

对于列车进路，由于 XJJ 吸起后一直检查 8 线，因此在 LXJ 局部电路中是用 XJJ 前接点间接反映进路空闲和敌对进路未建立的。而对于调车作业，在接近区段无车时，XJJ 的 1－2 线圈有一条脱离 8 线的自闭电路，在此电路中又没检查进路空闲，所以，DXJ 经 XJJ 前接点重新返回 8 线，检查进路空闲和敌对进路未建立等条件。

向股道建立接车或调车进路时，在 11 线末端检查本咽喉出站信号点 GJJ 前接点、ZCJ 后接点以及对端咽喉出站信号点 GJJ 后接点，证明对端咽喉迎面敌对进路未建立，并且已将对端咽喉的迎面敌对进路锁闭在未建立状态。

向区间发车时，与接车进路不同，要在 11 线检查区间空闲的条件，即只有取得了发车权，才允许开放出站信号。下面分三种情况分别介绍。

（1）向半自动闭塞区间发车时，在发车进路的 11 线末端要检查开通继电器 KTJ 的前接点和选择继电器 XZJ 的后接点，证明闭塞手续已经办好，出站信号可以开放。

（2）列车按正常运行方向向自动闭塞区间发车，11 线除了检查 1LQJ 的前接点证明第一离去区段空闲外，还要检查改变运行方向电路的条件，如图 3-30（a）所示。

（3）向四显示自动闭塞区间反方向发车时，在反方向发车进路的 11 线末端检查了 QGJ 的前接点，证明要反方向发车的整个区间空闲，同时必须检查改变运行方向电路的条件，证明邻站未向区间正向发车。证明已办理了改变运行方向的手续，符合反方向发车的条件。这样才可以开放反方向发车的出站信号。如图 3-30（b）所示。

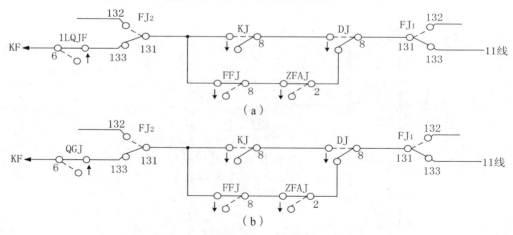

图 3-30　自动闭塞区间发车 11 线检查的区间开通条件

上述控制条件加在 11 线而不加在 8 线，是为了实现在未取得向区间发车权的情况下，可以试验能否锁闭发车进路。对发车进路采取上述措施是有利的。这样，可以在不与邻站取得联系的情况下，试验发车进路的联锁关系。

LXJ 或 DXJ 经 FKJ 前接点励磁吸起后接通自闭电路保持吸起，在信号开放的过程中，如果发生故障，使 LXJ 或 DXJ 落下，信号关闭，即使故障恢复，由于 LXJ 或 DXJ 吸起时已使 FKJ 落下，LXJ 或 DXJ 不可能自动吸起，也就防止了信号自动重复开放。要使信号开放，只有重新按下始端按钮 LA 或 DA，使 FKJ 重新吸起，LXJ 或 DXJ 才能吸起。

为了实现对室外信号灯光的监督，在 LXJ 或 DXJ 局部电路中加入了 DJ 的前接点。对于进站信号机及有通过作业的正线出站信号机的 LXJ 电路，将 1DJ 的前接点接在励磁电路与自锁电路共用的部位上。在信号开放前，可用它反映红灯灯泡完好；在信号开放后，可用它反映允许灯光的灯泡完好。即红灯灯丝断丝信号不能开放；当开放后如果允许灯光灯丝断丝，信号自动关闭，改点红灯。

对站线出站信号机或调车信号机，DJ 的前接点只接在自闭电路中。则可实现在信号开放后，用它反映允许灯光的灯泡完好，即信号开放前，不检查禁止灯光灯丝完好，只检查允许灯光灯丝，以免影响效率。

对于列车进路，列车正常压入进路内方，XJJ 落下，切断 LXJ 局部电路，使信号自动关闭。

对于调车进路，虽然车列正常压入进路内方，XJJ 也落下，但为了防止调车推送作业时司机将禁止灯光误认为冒进信号，所以信号开放状态要一直保持到车列全部进入信号内方，因此 DXJ 增加了白灯保留电路。当列车进入信号内方后，XJJ 落下，经 XJJ 后接点、DXJ 前接点、JYJ 后接点、第一个区段 DGJF 后接点接通一个 KF 电源支路，这条电路称为白灯保留电路。当车列完全进入调车信号机内方，出清接近区段时，用 JYJ 的后接点切断白灯保留电路，使调车信号关闭。当接近区段留有车辆或车列压入进路内方又退出时，在车列出清或退出进路内方第一个道岔区段后，用其 DGJF 的后接点切断白灯保留电路，使调车信号关闭。

在 LXJ 和 DXJ 的局部电路中加有 QJ 后接点，保证办理取消解锁或人工解锁时，QJ 吸起控制关闭信号。

在 11 线上，对应每个 Q 组合的部位都接有传递继电器 CJ 的后接点，其作用是实现用强制手段关闭信号。当值班员用取消进路办法关闭信号时，如果 QJ 因故不能励磁吸起，可同时按压 ZRA 和进路中任一区段 SGA，使该区段的 CJ 励磁吸起，即可切断 11 线，方可关闭信号。由于引导接车时也用 11 线，为保证某一区段轨道电路发生故障时不影响 11 线接通，这里串接 CJ 的前接点和 DGJF 后接点。

2. 引导信号控制电路

当信号设备发生故障，使进站信号机不能给出正常的允许灯光显示时，可办理引导接车，开放引导信号。引导接车有两种方式：一是引导进路锁闭方式接车；二是引导总锁闭方式接车。

1）引导进路锁闭方式接车

由于进站信号机故障或轨道电路故障，不能正常开放进站信号机或接车进路信号机，只要能够检查道岔位置正确，应采取引导进路锁闭方式开放引导信号。引导进路锁闭接车的办理手续是：先用道岔单操或办理调车进路后再取消的方式，将进路中道岔转换到进路所要求的位置，如果是轨道电路故障，还要把发生故障区段的道岔单独锁闭，以防止故障修复后该区段的道岔解锁；最后按压引导按钮，锁闭进路，开放引导信号。

为了实现引导锁闭和开放引导信号，在对应每一架进站信号机和接车进路信号机处，都要设置一个 YX 组合。在 YX 组合内，设有引导按钮继电器 YAJ、引导信号继电器 YXJ 和引导解锁继电器 YJJ。

在控制台上设有带铅封的自复式引导按钮 YA，如图 3-24 电路、图 3-29 电路所示，按压 YA 后，YAJ 的 3—4 线圈检查 LXJF 后接点、YZSJ 后接点及进站信号点 ZCJ 前接点等条件，证明各敌对进路未建立，使 YAJ 由 3—4 线圈励磁吸起，而后由 1—2 线圈构成自闭电路。直至办理引导进路解锁时，YJJ 吸起使 YAJ 复原。

YAJ 吸起后，经 YAJ 接点向 9 线送 KZ 电源，使进路中各 QJJ 及 GJJ 励磁吸起。故障区段的 QJJ，因其在 3—4 线圈电路中串接有 DGJF 第六组前接点，所以它不能励磁吸起。但故障区段的轨道复示继电器 DGJF 和各道岔 SJ，因轨道继电器失磁落下，也都在落下状态。另外，已对该道岔实行了单独锁闭，即使故障修复，该区段的道岔也不会随着解锁。

QJJ 吸起后，切断有关的进路继电器和 SJ 电路，把进路中的有关道岔和本咽喉区的敌对进路锁住。经 YAJ 的前接点将 YXJ 的 3—4 线圈接入 11 线，因 YAJ、QJJ 和 GJJ 相继吸起，CJ、SJ 和 ZCJ 相继落下，使 11 线接通，引导信号继电器 YXJ 励磁，引导信号开放。YXJ 吸起后自闭，当列车进站压入进路内方第一个轨道区段后，其轨道继电器落下切断 YXJ 自闭电路，使引导信号关闭。但如果因第一个区段的轨道电路故障办理引导接车时，在列车未进入进站信号机内方时必须一直按压引导按钮，使 YXJ 保持吸起，直至列车进站。

在 YXJ 的局部电路中，还接有灯丝复示继电器 1DJF 的前接点，用以证明红灯灯丝完好，因为红灯和月白灯同时点灯，才是引导信号。如果在开放引导信号前红灯已灭灯，则不允许 YXJ 吸起。

2）引导总锁闭方式接车

在因信号设备故障最终导致无法检查道位置时，或向不是接车进路的编组线上接车时，应采用引导总锁闭方式引导接车。

首先由车务人员准备进路，即将所有的进路扳至规定的位置，并确认所有的道岔位置正确后，破封按下控制台上的 YZSA，YZSJ 即励磁吸起。YZSJ 吸起后，用它的后接点断开条件电源"KZ—YZSJ—H"，使本咽喉区所有的锁闭继电器 SJ 落下，将全咽喉的联锁道岔锁闭。

YZSJ 吸起后，还要按压 YA，经 YA 接点及 YZSJ 前接点等条件接通 YXJ 的电路，YXJ 吸起后控制开放引导信号。列车进入进站信号机内方后，YXJ 的自闭电路被切断，引导信号自动关闭。恢复 YZSA 后，YZSJ 落下，全咽喉道岔解锁。

应该指出，在办理引导总锁闭过程中，由于 YAJ 电路加有 YZSJ 后接点，YAJ 不吸，9 线和 11 线不参与电路动作，在控制台上也没有光带显示，只是信号复示器显示红白显示。

引导总锁闭方式引导接车时的电路中，既不检查道岔位置和敌对进路，又不能锁闭迎面敌对进路。因此，所有这些都要由值班员确认，即都要由人工保证。

3）辅助的信号继电器

为了区分进站信号的各种灯光显示，每一架进站信号机除了设置 LXJ 外，还设有正线继电器 ZXJ（反映进路开通的正线还是侧线）、通过信号继电器 TXJ（反映办理正线通过作业情况）及绿黄信号继电器 LUXJ。这些继电器的接点与 LXJ、YXJ 接点配合控制进站信号点灯电路。

当经过 18 号及以上道岔侧向办理通过进路时，为控制进站信号机显示黄闪黄信号，需增设侧向通过信号继电器 CTXJ 和闪光继电器 SNJ。其电路如图 3-31 所示。

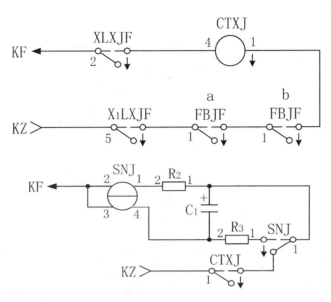

图 3-31 侧向通过信号继电器 CTXJ 和闪光继电器 SNJ

经进站信号的 LXJF 前接点、通过股道同方向出站信号的 LXJF 前接点、18 号及以上道岔的 FBJF 的前接点控制 CTXJ 励磁吸起。由 CTXJ 的前接点和 SNJ 的后接点接通 SNJ 励磁电路，同时给 SNJ 电路的电容 C_1 充电，电容刚开始充电时 SNJ 的 1—2 电流太小，SNJ 吸不起来，随着 C_1 电压增高达到吸起值 SNJ 将吸起，其励磁电路断开，但靠电容 C_1 放电使 SNJ 缓放落下。而后重复上述动作，即 SNJ 脉动，用 SNJ 接点控制进站信号黄灯闪光。

出站兼调车信号机，因区间的闭塞方式不同，发车去向多少不一，因而室外信号机的灯位显示和室内设置的控制继电器各有不同。

在半自动闭塞区段，当只有一个发车去向时，每一出站兼调车信号点只需设置 LXJ 和 DXJ，信号点灯电路也很简单。当有多个发车去向时，需增加区分不同的发车去向的有关继电器，以控制出站信号不同的灯光显示。

当有两个发车去向且一个为主要发车去向、另一个为次要发车去向时，每一出站兼调车信号点的 2LXF 组合要设置一个主信号继电器 ZXJ，向主要干线发车时，ZXJ 吸起，而向支线发车时，ZXJ 不吸。在对应主要发车口处设置一个信号辅助继电器 XFJ，用以监督各出站信号点的 ZXJ。将 ZXJ 加在信号点灯电路中，区分信号灯光显示。将 XFJ 接点加在主要发车口 11 线末端，保证 ZXJ 因故落下时使 XFJ 落下切断 11 线，出站信号改点红灯。

当区间为双线双向四显示自动闭塞时，正常发车与反方向发车时出站信号机的显示不同。反方向发车时，出站信号机在显示绿灯的同时，还要点亮进路表示器的小白灯。因此，每一出站兼调车信号点要设置一个反方向进路继电器 FLJ，正向发车时，FLJ 不吸；反方向发车时，FLJ 吸起。在反方向发车口的 11 线电路中加入 FLJ 接点，保证 FLJ 因故落下时切断 11 线，使出站信号改点红灯。

发车去向越多，出站兼调车信号机的灯光显示越复杂，以满足各种不同条件下控制发车信号显示的需要，在此就不一一列举了。

（六）信号复示器电路

信号复示器设于控制台上，相当于信号机的位置，用于反映室外信号机的状态。图 3-32 是进站信号复示器电路。如图所示，平时，LXJ 落下，灯丝继电器的复示继电器 1DJF 处于励磁吸起状态，其复示器点亮红灯，反映的是进站信号在关闭状态。信号继电器 LXJ 励磁吸起后，复示器点亮绿灯，表示进站信号已经开放。如果灯丝继电器 1DJF 失磁落下，则复示器闪红灯，表示进站信号机的红灯灯泡断丝。

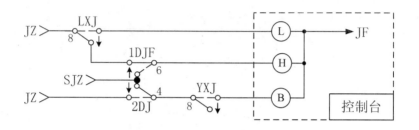

图 3-32　进站信号复示器电路

在开放引导信号时，引导信号继电器 YXJ 和第二灯丝继电器 2DJ 都励磁吸起，这时，复示器的红灯和白灯同时点灯，表示引导信号已经开放。如果引导白灯断丝，2DJ 将失磁落下，使复示器闪白灯，反映引导信号的白灯灭灯。

出站兼调车信号复示器电路如图 3-33 所示，平时 LXJ 和 DXJ 都处于落下状态，1DJF 处于励磁吸起状态，复示器灭灯；LXJ 吸起，点绿灯；DXJ 吸起，点白灯；1DJF 落下，闪白灯，说明红灯灯丝断丝。

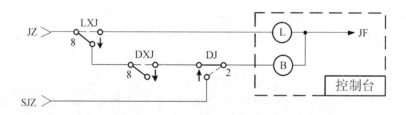

图 3-33　出站兼信号复示器电路

调车信号复示器电路如图 3-34 所示，比较简单，不再解释。

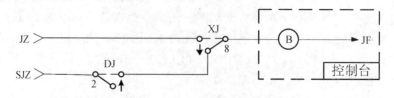

图 3-34　调车信号复示器电路

四、锁闭与解锁电路

（一）锁闭与解锁单元电路

锁闭与解锁电路是由较复杂控制条件组成的网络电路，但这一复杂的电路是由一些基本的单元电路环节组合而成的，下面先介绍锁闭解锁的单元电路环节。

1. 锁闭继电器 SJ 电路

SJ 用于反映道岔的锁闭情况。电气集中联锁电路中对应每组道岔设置一个 SJ，双动道岔设两个锁闭继电器 1SJ 和 2SJ。

SJ 虽然设在 DD 组合或 SDZ 组合中，但对其控制条件 1LJ、2LJ、DGJF 的前接点和 FDGJ 的后接点串联，均来自 Q 组合，一个区段有几组道岔，这组条件就控制几个 SJ。其电路如图 3-35 所示。

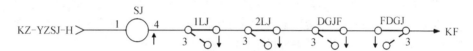

图 3-35　锁闭继电器电路

1LJ、2LJ 前接点控制 SJ 的落下，对道岔实现的是进路锁闭；1LJ 和 2LJ 都励磁吸起，SJ 才吸起，使道岔解锁。

DGJF 的前接点和 FDGJ 的后接点控制 SJ 的落下，对道岔实现的是区段锁闭。只要该道岔区段有车占用，SJ 都落下，区段内的各道岔不能转换。在列车高速运行时，为了防止轨道电路的分路作用瞬间失灵，使轨道继电器瞬间励磁吸起，造成 SJ 提前吸起，造成道岔中途转换，因此在电路中接入了 FDGJ 后接点。由于 FDGJ 在 DGJ 吸起 3～4 s 后才能落下，轻车跳动时 FDGJ 不落，SJ 不吸，所以不致造成危险。

锁闭继电器 SJ 电路所用的正电源是条件电源"KZ—YZSJ—H"，这是为了保证引导总锁闭接车时，利用该条件电源断电，使本咽喉所有的 SJ 均落下，实现全咽喉道岔锁闭。

2. 轨道反复示继电器 FDGJ 电路

从前面的电路可知，对每个道岔区段及设有区段组合的无岔区段均设置了 FDGJ，其目的是为了利用其 3～4 s 的缓放时间，防止由于轨道电路区段瞬间分路失灵造成区段提前错误解锁。

电路如图 3-36 所示。FDGJ 平时落下，进路建立好后，QJJ 是吸起的，当车驶入道岔区段后，该区段的 DGJ 失磁落下，FDGJ 经由 QJJ_{52} 和 DGJ_{43} 接通励磁电路而吸起并自锁。车出清区段后，FDGJ 靠 R、C 缓放，3～4 s 后落下。

在这里接入 QJJ_{52} 的目的一是检查 R、C 支路的完整性，二是检查 10 线的完整性。如果10 线断线，使 QJJ 在车未驶入本区段时提前落下，则在车驶入本区段时，其 FDGJ 也就不可能励磁吸起，使进路不能正常解锁，从而发现 10 线的断线故障。如果 R、C 支路断线，FDGJ 则不能缓放，也会造成进路不能正常解锁。

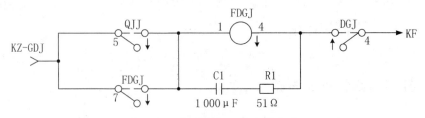

图 3-36　轨道反复示继电器电路

咽喉区中有列车进路经过的差置调车信号机之间的无岔区段设置 Q 组合。向该无岔区段调车时，QJJ 并不吸起，这里由两端 ZJ 共用的终端复示继电器 ZJF 前接点接通 FDGJ 励磁电路，使 FDGJ 吸起，以保证后续电路动作。

FDGJ 电路所用的电源不是 KZ，而是条件电源"KZ—GDJ"，其作用在下面介绍。

3. 条件电源 KZ—GDJ

轨道电路电源与控制继电器动作的电源不是同一电源，一旦轨道电路电源停电、而其他电源正常时，轨道继电器落下，恢复供电后，各轨道继电器的励磁吸起时间不可能一致，如果其吸起顺序恰好和列车通过进路时的吸起顺序一致，那么就有可能使正处于进路锁闭状态下的各道岔区段按正常解锁方式错误解锁。条件电源 KZ—GDJ 就是为了防止发生轨道停电故障后又恢复供电时进路错误解锁而采取的保护措施。

如图 3-37 所示，为了缩小轨道停电的影响范围，在大站，对轨道电路一般采取分四束干线供电。对每一束供电干线，在转换屏内，都设有一个轨道停电监督继电器 GDJ，一个车站共设置 1GDJ ~ 4GDJ 四个，用它们监督供电情况。用电源屏内监督本咽喉供电的各 GDJ 前接点控制组合架的轨道停电继电器 GDJ 的电路，任一线束供电故障都使 GDJ 和 GDJF 相继失磁落下。

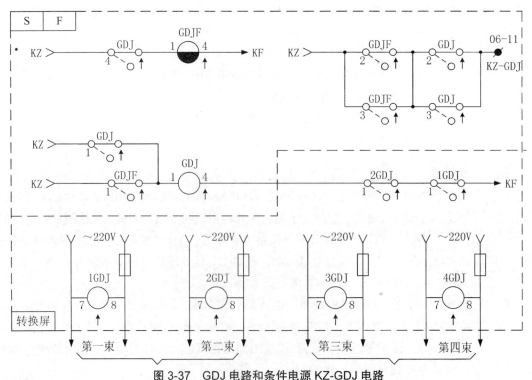

图 3-37　GDJ 电路和条件电源 KZ-GDJ 电路

由 GDJ 和 GDJF 的前接点构成条件电源 KZ—GDJ，将该电源加在 FDGJ 及 1LJ、2LJ 电路中，保证发生轨道电源停电故障时使解锁电路停止工作，从而防止错误解锁。

由于 GDJ 的快动和 GDJF 的缓动，使条件电源 KZ—GDJ 先于轨道继电器落下而断电，后于轨道继电器吸起而通电，即断电快、供电慢。这样，可以保证提供可靠的防护作用。

4. 进路继电器局部电路

为了实现对解锁条件的检查，每一 Q 组合设置两个进路继电器，即 1LJ 和 2LJ。如图 3-38 所示，1LJ 和 2LJ 平时由 3—4 线圈保持自闭吸起状态。经该区段建立进路时，QJJ 励磁吸起后，切断它们的自锁电路，使 1LJ 和 2LJ 都失磁落下，SJ 也相继失磁落下，实现进路锁闭。

进路解锁时，由 12 线或 13 线构成的解锁网络使两个 LJ 重新励磁，再由 3—4 线圈构成自闭电路，两个 LJ 都吸起后 SJ 励磁吸起，使该区段的道岔解锁。在电路中加入条件电源"KZ－GDJ"，保证发生轨道电源停电故障时，使解锁电路停止工作。

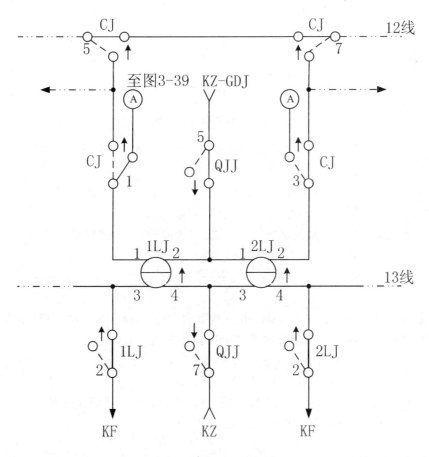

图 3-38　进路继电器局部电路

5. 传递继电器 CJ 电路和故障解锁

6502 电路中，每个 Q 组合设置一个 CJ，在解锁电路工作时负责传递解锁电源。

电路如图 3-39 所示，CJ 平时靠 3—4 线圈电路保持吸起，经该区段建立进路时，QJJ 吸起，1LJ 和 2LJ 同时失磁落下，1LJ 和 2LJ 前接点切断 CJ$_{3-4}$ 线圈电路，使 CJ 落下。

在正常解锁时，由于进路上有车，当车占用本区段时，虽然 1LJ 和 2LJ 中有一个会励磁吸起，但由于 FDGJ 在吸起状态，CJ_{3-4} 线圈的电路构不成则不会吸起；当车出清该区段后，1LJ 和 2LJ 都励磁吸起，FDGJ 缓放落下后接通 CJ_{3-4} 线圈的电路，使 CJ 吸起。在车出清本区段后，CJ 并没有随两个 LJ 的吸起马上吸起，而是滞后吸起的，我们把 CJ 这一特性被称为缓动特性。正常解锁时，靠这一特性来传递解锁电源。

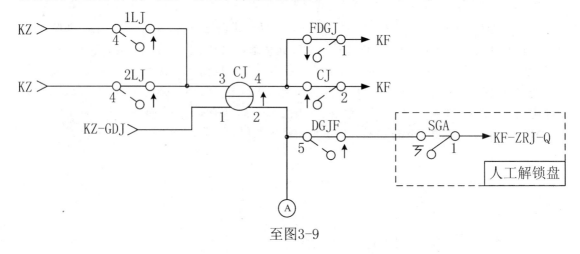

图 3-39 传递继电器电路

在人工解锁、取消进路和调车中途返回解锁时，因为进路上无车或车早已出清进路，FDGJ 根本就没有励磁吸起过或早已吸起，所以当 1LJ 和 2LJ 中的任何一个励磁吸起后，能立即接通 CJ_{3-4} 线圈的电路，使 CJ 很快吸起。CJ 的这一特性被称作快动特性。人工解锁、取消进路和调车中途返回解锁时要用 CJ 的第二个特性接通解锁网络。

CJ 的 1—2 线圈电路是用来控制故障解锁的。由于故障，造成进路部分锁闭，部分未锁闭；当车经过进路时，造成进路部分解锁，部分未解锁（漏解锁）；或者并没有排列进路，发生停电断电造成 LJ 落下。各种情况无法采用取消进路的办法使已锁闭的区段解锁时，应采用故障解锁。

故障解锁办理的方法是：一个人破封按压控制台上的 ZRA，另一个人破封按压区段人工解锁盘上该区段对应的 SGA。即必须两个人同时操作才能完成故障解锁。

由于 1LJ、2LJ 和 CJ 都在落下状态，当按压 ZRA 后，条件电源"KF—ZRJ—Q"有电，按压故障锁闭区段的 SGA 后，只要该区段无车，DGJF 前接点闭合，即可接通 CJ 的 1—2 线圈电路，使 CJ 吸起，再由 3—4 线圈自锁。用 CJ 的两组前接点接通 1LJ 和 2LJ 的 1—2 线圈电路，使两个 LJ 吸起，该区段解锁。

（二）正常解锁电路

一条进路建立被正常使用后自动解锁的方式被称为正常解锁。为提高车站作业效率，电气集中联锁电路正常解锁采用分段解锁制，也称逐段解锁。即列车或车列每通过一个道岔区段，该道岔区段就立即解锁。分段解锁要满足一定的条件，因此，在下面先讨论进路正常解锁条件。

1. 正常解锁的条件

一条进路建立后,进路中已锁闭的区段,在车占用又出清该区段以后即可解锁。如果该区段解锁只检查本区段的占用与出清,叫作一点检查法。很明显,一点检查和轨道电路故障又恢复没有办法区别。当某一区段在受进路锁闭的过程中发生瞬间人工短路时,该区段的轨道继电器失磁落下后又励磁吸起,该区段将自动解锁。这是不安全的。

一个区段的解锁既检查车占用并且出清本区段,又检查车已占用下一区段,通过检查两个区段的条件,实现一个区段的解锁,称作两点检查法。采用两点检查法,可以克服一点检查法的弊端,即防止发生瞬间人工短路时造成错误解锁。但是,两点检查法仍存在弊端:当两相邻轨道区段之间的两个钢轨绝缘节发生破损时,造成两个轨道继电器同时失磁落下,而后,因为车的振动,故障现象消失,两个轨道继电器又励磁吸起,即轨道绝缘发生非稳定性破损,仍有可能造成错误解锁。

考虑到一点检查法和两点检查法都存在错误解锁的弊端,6502电气集中联锁进路的正常解锁绝大多数区段采用三点检查法。所谓三点检查法,就是一个区段的解锁,要顺序检查前一个区段占用、出清,本区段的占用、出清和下一区段的占用。例如举例站场,建立下行 I 股道接车进路,3DG的解锁要顺序检查列车占用且出清了5DG,占用且出清了3DG和9—15DG的占用。这些条件满足后,3DG才能解锁。显然,采用三点检查法更能保证行车安全。

在电路设计时,各轨道区段的解锁要尽量实现三点检查,由于条件限制,有些区段的解锁无法实现三点检查时,对于列车进路的第一个轨道区段至少也要保证实现两点检查,对于调车进路中的个别区段只能实现一点检查。

2. 正常解锁的电路原理

前面已经介绍,每个Q组合都设有两个专用的继电器1LJ和2LJ,这两个LJ用来记录车占用出清轨道区段的条件。参见图3-40,下面以举例站场建立下行 I 股道接车进路为例,介绍正常解锁的电路动作。

当列车进站压入进路内方第一个轨道区段IAG时,IAGJ落下,使XJJ落下,LXJ缓放落下,进站信号关闭,由于第一个区段为无岔区段,它未设Q组合,也没有LJ,解锁电路先不动作,在零散组合里设置一个IAG的FDGJ,采用RC缓放,在IAGJ落下时,IAG的FDGJ吸起。当列车压入5DG时,5DGJ落下,5FDGJ吸起,5QJJ随之落下,为该区段解锁做好准备。列车继续运行,待出清IAG后,解锁电路开始动作。

在进路始端,经两组KJ前接点、XJJ后接点、LXJ和DXJ后接点、IAGJF前接点、IAG的FDGJ前接点(此时在缓放)将12线与13线相连;在5DG的Q组合,经该5FDGJ前接点、2LJ后接点向13线送KF电源。这样,5DG的1LJ由1—2线圈经局部电路到12线,至进路始端转到13线,在13线得到KF电源,使5DG的1LJ吸起并由3—4线圈构成自闭。该继电器的吸起检查了前一区段的IAG的FDGJ前接点、IAGJF前接点,实现了第一点的检查,检查5DG的FDGJ前接点证明了本区段的占用。

列车继续运行压入3DG,3DGJ落下,3FDGJ吸起,经3FDGJ前接点、3/2LJ后接点向13线送KF电源,待列车出清5DG时,5DGJ吸起,13线接通,使5/2L吸起,而后自闭。5/2LJ吸起记录了本区段的出清和3DG下一区段的占用。

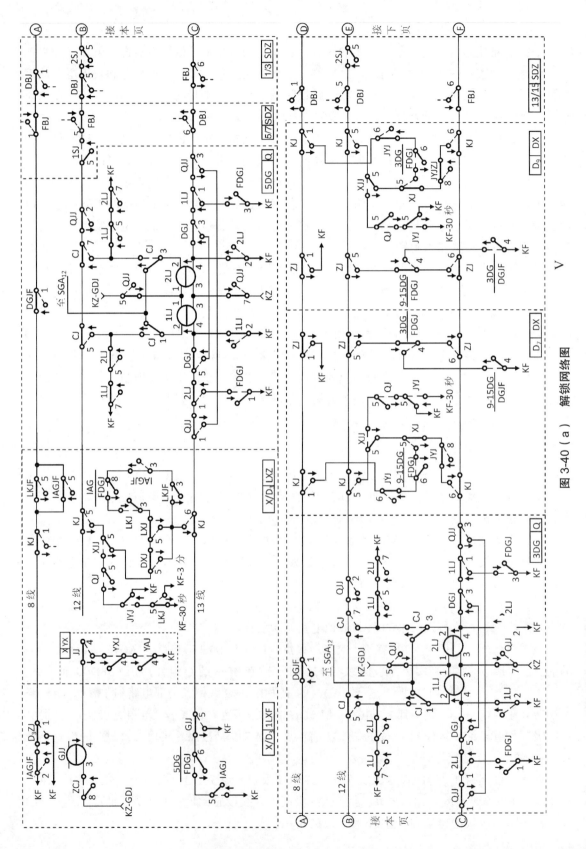

图 3-40 (a) 解锁网络图

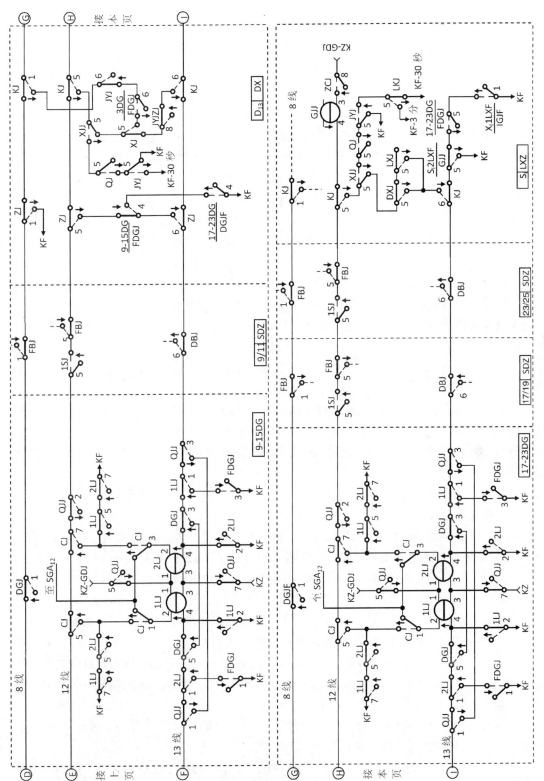

图 3-40（b） 解锁网络图

综上所述，5DG 的 1LJ 和 2LJ 都已吸起，待 3 s 后使 5/7 道岔的 1SJ 吸起，5DG 解锁，实现了完整的三点检查。

关于象 IAG 的 FDGJ 设置情况，不同的车站，可能都不一样。有的车站对进站内方的无岔区段未设 FDGJ，因此，在 12 线与 13 线的连线上加入无岔区段的轨道继电器后接点，这样，列车只要刚一压入第一个道岔区段，该区段的第一个 LJ 就立即吸起，只能检查前一区段的占用，不能检查前一区段的出清，第一个道岔区段的解锁只能实现不完整的三点检查。

5DG 解锁，其 1LJ 和 2LJ 均已吸起，在 5DG 的 FDGJ 缓放过程中，5DG 的 CJ 仍处在落下状态，经 5DG 的 1LJ 前接点、2LJ 前接点、CJ 后接点已向 12 线送出 KF 电源，使下一区段 3DG 的 1LJ 由 1—2 线圈经局部电路沿 12 线吸起并构成 3—4 线圈的自闭。即在前一区段未彻底解锁之前，下一区段解锁电路已开始动作。这里，3DG 的 1LJ 吸起虽未直接检查 DGJ 和 FDGJ 的条件，但通过检查前一区段的 1LJ 和 2LJ 前接点，间接检查了前一区段的占用、出清和本区段的占用。

待列车出清 3DG，完全进入 9—15DG 后，先是 3DG 的 2LJ 吸起，励磁路径与 5DG 相似；后是 9—15DG 的 1LJ 吸起，励磁路径与 3DG 相似。在此就不详细解释了。

当列车完全进入到发线以后，在 13 线末端，经到发线的 I GJF 后接点、最末一个道岔区段 17—23FDGJ 前接点等条件接通 KF 电源，使解锁电路的最后一个进路继电器 17—23DG 的 2LJ 吸起，3s 后 17/19 道岔的 1SJ 和 23/25 道岔的 1SJ 吸起，至此，进路全部解锁。

许多列车进路内方的第一个区段不是无岔区段，而是道岔区段。这样，列车刚一越过进站信号机，XJJ 落下后，在进站信号未关闭前，利用 LXJ 的缓放，经 LXJ 的前接点将 12 线与 13 线接通，使第一个区段的第一个 LJ 由 1—2 线圈沿 12 线转入 13 线而吸起，这样，第一个区段的解锁只能实现两点检查，不能实现三点检查。

上述举例是从左向右运行的进路。对于从右向左的进路，电路动作与上述相似，不同的是各区段的 2LJ 由 1—2 线圈先吸起，1LJ 由 3—4 线圈后吸起。

下面以建立 D_3 至 I G 的长调车进路为例介绍调车进路正常解锁电路的工作情况。电路如图 3-40 所示。

该长调车进路包括三段基本调车进路，分别由 D_3、D_9 和 D_{13} 信号机防护。每段调车进路的正常解锁电路都是独立的。

D_3 防护的进路涉及 5DG 和 3DG 两个区段的解锁。当车列刚压入 5DG 时，D_3 的 XJJ 落下，XJ 转入保留电路保持吸起，经两组 KJ 前接点、XJJ 后接点、D_3XJ 前接点将 12 线和 13 线相连，使 5DG 的 1LJ 的 1—2 线圈励磁电路接通，5/1LJ 吸起。5DG 的 2LJ 及 3DG 的 1LJ 吸起的时机和路径与上述的列车进路相同。而 3DG 的 2LJ 是在车列出清 3DG 后由 3—4 线圈的励磁吸起。励磁电路是经 D_7ZJ 前接点、3DG 的 FDGJ 前接点（因此时 3FDGJ 正在缓放）及下一区段 9—15DG 的 DGJF 后接点向 13 线送 KF 电源。

D_9 防护的进路，仅包括 9—15DG 一个区段。9—15DG 的 1LJ 吸起时机与励磁电路与上述 5/1LJ 类似，9—15DG 的 2LJ 的吸起时机与励磁电路的 3/2LJ 类似。当车列出清 9—15DG 后，9—15DG 正常解锁，也即第二个单元调车进路解锁。

D_{13} 防护的进路，仅包括 17—23DG 一个区段。17—23DG 的 1LJ 动作与上述 9—15DG 的 1LJ 相似，2LJ 吸起的路径与列车进路相同。

通过上述分析可知，长调车进路正常解锁的电路动作，与列车进路正常解锁电路基本相同，只是在进路始端部位和终端部位所接的控制条件不完全一样。此外，对于调车进路，由于在车未进入接近区段以前，XJJ接有保护电路，所以，XJJ失磁落下，完全可以证明车列确实占用过接近区段。因为，如果车未占用过接近区段，则XJJ能由1—2线圈自锁电路保持吸起不会失磁落下。解锁电路也不可能工作。这样，调车进路始端部位的XJJ后接点实现了调车进路正常解锁的第一点检查条件，即车曾占用过前一个区段。从这个意义上说，调车进路的接近区段即使是无岔区段，其第一个区段也能实现不完整的三点检查；如果调车进路的接近区段是道岔区段，其第一个区段能够实现完整的三点检查。

应该指出，凡是接近区段准许留有车辆的调车进路，始端12线与13线之间不检查JYJ的前接点，以保证在接近区段留有车辆时进路将能正常解锁。

调车进路的正常解锁，一般都能实现三点检查或两点检查。在特殊的情况下，如一条调车进路只有一个道岔区段，最末区段和接近区段均为股道或无岔区段，而且均停有车辆时，这时对于道岔区段的正常解锁只能实现一点检查。

3. 正常解锁的动作规律

通过对各种情况正常解锁电路的分析，总结出正常解锁电路的动作规律如下：

（1）从左向右的进路每个区段都是1LJ先吸，2LJ后吸，即a/1LJ↑→a/2LJ↑→b/1LJ↑→b/2LJ↑……

从右向左的进路每个区段都是2LJ先吸，1LJ后吸，即a/2LJ↑→a/1LJ↑→b/2LJ↑→b/1LJ↑……

（2）无论是从左向右的进路还是从右向左的进路，进路的解锁顺序都是按列车或车列的运行方向从始端至终端按区段顺序解锁，如果某一区段没能解锁，则其后面的区段均不能解锁。

（3）先吸起的LJ通过1—2线圈沿12线吸起，12线电流方向与进路方向是相反的，后吸起的LJ通过3—4线圈沿13线吸起，13线电流方向与进路方向相同。

（4）先吸起的LJ证明本区段占用，后吸起的LJ证明本区段出清。本区段的前一区段如果是无岔区段，先吸起的那个LJ在车刚一占用本区段就吸起；本区段的前一区段如果是道岔区段，先吸起的那个LJ待车完全占用本区段才吸起；后吸起的那个LJ是等车出清本区段时吸起。

对于设Q组合的无岔区段，其1LJ、2LJ在列车进路中参与解锁电路动作，相当于一个道岔区段。而在调车进路中，因该区段不锁闭，所以也不参与解锁。

（5）一条进路正常解锁时，各区段的LJ是按顺序动作的，所以当有一个LJ不吸时，其后续的LJ均不能吸起。长调车进路每一单元进路的解锁是独立的。

（三）取消解锁和人工解锁

1. 取消解锁和人工解锁的条件

前面已经介绍，进路处于预先锁闭状态时，要想使进路解锁，可用取消进路的办法。进路处于接近锁闭状态时，要想使进路解锁，必须用人工解锁的办法使进路解锁。取消解锁和人工解锁必须符合下列条件才能解锁：

（1）办理了取消或人工解锁的手续；

（2）信号已关闭；

（3）车确实没有进入进路；

（4）取消解锁时进路必须处于预先锁闭状态；

（5）人工解锁时进路处于接近锁闭状态，必须达到规定的延时时间。

2. 取消解锁电路

如图3-40所示，下面以取消解锁下行 I 股道接车进路为例，分析取消解锁电路工作过程。

办理取消进路手续同时按压 X/ZQA 和 XLA 后，X/QJ 励磁吸起；接近区段无车，X/JYJ 处于吸起状态；QJ 吸起，使 XJJ 落下又吸起，因 XJJ 重新吸起是检查 8 线的，用以证明车确实没有进入进路。QJ 吸起，使 LXJ 落下，信号关闭，进路中各区段的 QJJ 落下。

上述继电器动作完以后说明满足了取消进路的条件，在进路始端部位，经 JYJ、QJ、XJJ、KJ 各继电器的前接点把解锁电源接向 12 线。于是，接通进路中第一个道岔区段 5DG 的 1LJ 的 1—2 线圈励磁电路，使 5DG 的 1LJ 吸起，5/1LJ 吸起后 5/CJ 立即励磁吸起。

经 5/CJ 前接点将进路始端的解锁电源沿 12 线传递到下一个区段。于是，3/1LJ 励磁吸起，又使 3/CJ 吸起，始端解锁电源继续向下传递，依此类推，使各区段 1LJ 及 CJ 依次相继励磁吸起。

解锁电源传递到进路终端，使 S_1GJJ 由 3—4 线圈励磁吸起。S_1GJJ 吸起后 S_1GJJ 的前接点把解锁电源 KF 接至 13，13 线上首先是 17—23/2LJ 吸起，然后是 9—15/2LJ 吸、3/2LJ 吸、5/2LJ 吸，于是，进路自终端至始端顺序解锁。

办理其他进路取消解锁时，12 线始端的控制条件都是相同。

在发车进路的终端部位，若 12 线末端未接入 GJJ 的 3—4 线圈，不能用 GJJ 前接点向 13 线送 KF 电源，在 12 线各继电器动作完毕后，用进路最末道岔区段的 FDGJ 前接点和进路最末区段先吸起的 LJ 前接点将 12 线和 13 线相连，这样，12 线工作完毕即可将进路始端的解锁电源 KF 转入 13 线。

对于以咽喉区信号点为终端的调车进路，在进路的终端部位 12 线和 13 线上各用一组 ZJ 前接点，将 12 线上的解锁电源直接转到 13 线，保证在 12 线工作完毕后使 13 线立即工作，各区段由终端到始端顺序解锁。

3. 人工解锁电路

人工解锁进路时，也是在进路始端部位向 12 线接入解锁电源。但解锁电源不是普通的 KF 电源，而是条件电源"KF-30 秒"或"KF-3 分"。因人工解锁时 JYJ 是落下的，所以解锁电源是经 JYJ 的后接点接入 12 线。12 线接进解锁电源后，解锁网络的工作和取消进路时完全相同。

对于有延时 3 min 解锁和延时 30 s 解锁的进路（由于列车进路延时 3 min，调车进路延时 30 s），用 LKJ 前接点接通条件电源"KF-3 分"，经 LKJ 后接点接通条件电源"KF-30 秒"。侧线发车进路的条件电源和调车进路一样，都是"KF-30 秒"，所以不需要用 LKJ 接点区分。

下面介绍一下人工解锁的延时控制电路。

为了区别不同的延迟时间，在电源组合中分别设有第一人工解锁继电器 1RJJ 和第一延时继电器 1XCJ、第二人工解锁继电器 2RJJ 和第二延时继电器 2XCJ。一个咽喉区共用一套延时控制电路，电路如图3-41所示。

由 ZRJ 前接点控制 1RJJ 和 2RJJ 的 KZ 电源，每一信号点 LXJ 和 DXJ 的后接点、XJJ 前接点、JYJ 后接点、QJ 前接点构成一个 KF 电源支路，根据延时时间要求不同，由 LKJ 接点区分，需要延时 3 min 的进路条件（KF 电源支路）并联接在 1RJJ 电路中，需要延时 30 s 的进路条件（KF 电源支路）并联接在 2RJJ 电路中。办好解锁手续，信号关闭后，1RJJ 或 2RJJ 吸起，用 1RJJ 前接点接通 1XCJ 的励磁电路开始计时，3 min 后 1XCJ 吸起；用 2RJJ 前接点控制 2XCJ 的励磁电路开始计时，30 s 后 2XCJ 吸起。经由 1RJJ 和 1XCJ 的前接点接通条件电源"KF-3分"，由2RJJ和2XCJ的前接点接通条件电源"KF-30秒"。当"KF-3分"或"KF-30秒"有电后则控制解锁电路动作。

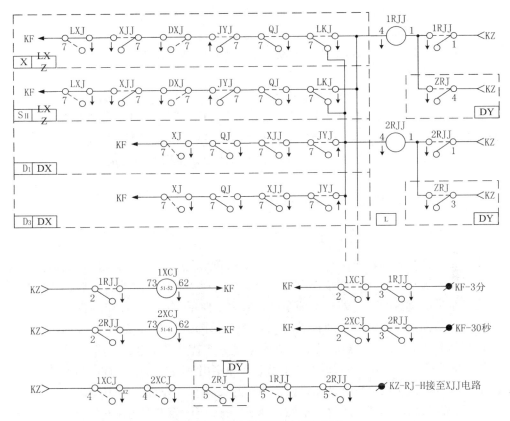

图3-41　人工解锁延时控制电路

4．取消解锁及人工解锁的动作规律

（1）12线先动作，13线后动作。从左向右的进路 1LJ 先吸，2LJ 后吸，即 a/1LJ↑→a/CJ↑→b/1LJ↑→b/CJ↑→c/1LJ↑……（GJJ↑）→……c/2LJ↑→b/2LJ↑→a/2LJ↑。

从右向左的进路2LJ先吸，1LJ后吸，即 a/2LJ↑→a/CJ↑→b/2LJ↑→b/CJ↑→c/2LJ↑……（GJJ↑）→……c/1LJ↑→b/1LJ↑→a/1LJ↑。

（2）利用 CJ 的快动特性，12线工作完毕，13线才能工作。进路由终端向始端顺序解锁。

（3）先吸的 LJ 由1—2线圈沿12线吸起，12线的 KF 电源由进路始端供给，始终不变，电流方向与进路方向相反；后吸的 LJ 由3—4线圈沿13线吸起，解锁电源逐个区段传递，电流方向与进路方向相同。

（四）引导解锁电路

按进路锁闭方式引导接车，其进路解锁的方法与人工解锁相同，也是靠人工办理解锁手续，但进路解锁并不延时。下面介绍一下引导解锁电路。

引导接车时，值班员确认列车全部接入股道后，才准许办理引导解锁手续，同时按压 ZRA 和列车进路始端按钮 LA，ZRJ 和 LAJ 吸起，条件电源"KF—ZRJ—Q"有电，引导解锁继电器 YJJ 的励磁电路被接通，于是 YJJ 励磁吸起并自锁，一直到 ZRJ 落下时为止。由于在 YJJ 的励磁电路中加入了 YAJ 前接点，所以正常办理人工解锁时 YJJ 并不吸起。

参看图 3-40，YJJ 吸起后，一方面切断 YAJ 的自闭电路，使 YAJ 落下，停止 9 线和 11 线的工作，为解锁做好准备；另一方面用 YJJ 前接点、YAJ 后接点和 YXJ 后接点向 12 线送出 KF 解锁电源，使解锁网络按取消进路的动作程序工作，即先使 12 线工作，后使 13 线工作，于是引导进路便可解锁。

在故障区段，由于 QJJ 没有吸起，CJ 仍在吸起状态，所以可以越过故障区段，不影响 12 线工作；对于 13 线，由于 1LJ 和 2LJ 仍在吸起状态，DGJ 虽然落下，但在 DGJ$_{53}$ 和 DGJ$_{33}$ 之间接有短路线，所以也可以越过故障区段，不影响 13 线工作。对故障区段来说，只有在轨道电路故障修复后才能解除对道岔的区段锁闭，即拉出道岔按钮才能使道岔解锁。

（五）调车进路中途返回解锁电路

1. 调车中途返回解锁概述

进路正常解锁，是针对进路建立后列车或车列必须从始端到终端顺序占用出清各区段，才能实现进路解锁。而在实际调车作业时，经常会出现一条调车进路建立后，车列并不一定完全走完整个进路就折回了，即一条调车进路未完全使用。这样，原牵出进路有部分区段甚至有时全部进路都不能解锁。车列折返后，为了使原牵出进路未能解锁的区段自动解锁，在正常解锁基础上又提供了一种解锁方式，这种解锁方式就是中途返回解锁。

例如举例站场，车列由 I 股道转线去 II 股道，原牵出进路为 S$_1$D 向 D$_3$，这段长调车进路包括 S$_1$D 至 D$_7$ 和 D$_7$ 向 D$_3$ 两个单元调车进路，当车的头部压入 3DG，车的尾部出清 17—23DG，17—23DG 正常解锁后，车就可以看 D$_{13}$ 往回返了。排列 D$_{13}$ 至 II 股道调车进路后，车列即可折返去 II 股道。对于 3DG 和 5DG，由于车列牵出时没有出清 9—15DG 就折返了，3DG 的 2 LJ 将不能吸起，因此 3DG 和 5DG 两个区段都无法按正常解锁方式解锁。这种情况，原进路始端 D$_7$ 未取消，整个单元调车进路都需要靠中途返回解锁，被称为中途返回解锁的第一种方式。

对于 9—15DG，虽然车列完全占用了该区段，其 2LJ 已由正常解锁电路吸起，但由于车列牵出时未能顺序占用 3DG，出清 9—15DG，使 9—15DG 的 1LJ 未能吸起，该区段也不能按正常解锁方式解锁，只能靠中途返回的方式解锁。这种情况与上述不同，因原牵出进路有一部分区段 17—23DG 已经正常解锁，还留有一部分区段 9—15DG 没有解锁，需要靠中途返回解锁。这种方式被称为中途返回解锁的第二种方式。

2. 第一种调车中途返回解锁电路

牵出进路的所有区段在牵出时均未解锁时，都需要由调车中途返回解锁电路使其解锁。咽喉区中的调车信号机（单置、并置或差置）和有到发线中间出岔的出站兼调车信号机所防护的进路，都有可能按第一种中途返回解锁方式解锁。

对于第一种方式的中途返回解锁，应检查下列解锁条件：

（1）车列占用过进路；

（2）调车信号已经关闭；

（3）车列已经退出了进路；

（4）车列牵出时曾出清接近区段，未出清时要检查车列已退出接近区段。

仍以车列由 I 股道转线去 II 股道为例。当车列返回出清 3DG，由 D_3 信号组合部位经 D_3ZJ 第一组前接点接向 8 线的 KF 电源，作为解锁电源使用。通过 8 线，在 D_7 进路始端部位，经 D_7KJ 第一组和第五组前接点，再把这个解锁电源转接到 12 线上去，向进路的终端方向供出。在车列退出接近区段 3 s 内，8 线与 12 线接通，由于在进路始端 12 线得到 KF 电源，则 3DG/2LJ 吸起，由于 3DG 的 CJ 也随之吸起，随之 5DG/2LJ 和 5DG/CJ 吸起。解锁电源传到 12 线末段时，使 X/D_3 的 GJJ 吸起，再经 GJJ 前接点接通 13 线 KF 电源。于是 13 线开始工作，使 5DG/1LJ 和 3DG/1LJ 顺序吸起。由此可见，原进路未能按正常解锁吸起的 LJ，当车列折返后，电路动作和取消解锁一样，由终端至始端顺序解锁。

由于中途返回解锁电路中检查了 JYJ 前接点，当车列牵出时，如果压入进路内方后未出清接近区段就已折返，则必须等到车列退出接近区段后才能按进路中途返回方式解锁。为了使 8 线与 12 线的连线短时间接通，电路中加了接近区段的 FDGJ 前接点，这样，在上述情况下，只有 JYJ 励磁吸起、接近区段 FDGJ 缓放的瞬间，上述的转接连接线才接通，在调车中途折返时，进路中各区段 12 线有关继的电器（包括 2LJ 或 1LJ 和 CJ 及 GJJ）必须在限定的时间内可靠地励磁吸起。按 FDGJ 的缓放时间为 3 s 计算，调车进路中的区段数不能超过 10 个。

3）第二种调车中途返回解锁

对于上面的例子，由 S_1D 至 D_7 进路，在车列牵出时出清了 17—23DG，17—23DG 按正常解锁方式已解锁，9—15DG 的 2LJ 也按正常解电路吸起，但 9—15DG 的 1LJ 无法按正常解锁电路吸起。当车列返回退出 9—15DG 时，经 D_9ZJ 前接点向 8 线接入解锁电源，这个电源由 8 线在折返信号机 D_{13} 进路的始端部位再通过 $D_{13}XJJ$ 后接点和 $D_{13}KJ$ 前接点转接到 12 线上去。要注意，转接时，不是把转接进来的这个电源向 D_{13} 进路的终端方向送，而是向 S_1D 牵出进路的终端方向送。即在车列退出 9—15DG，8 线接通，3 s 以后 9—15DG 的 FDGJ 落下，其 CJ 吸起，12 线接通，由于 9—15DG 的 2LJ 已经由正常解锁电路吸起，中途返回解锁只需使 9—15DG 的 1LJ 吸起，使 9—15DG 按中途返回方式解锁。

由上述分析可知，无论是第一种调车中途返回解锁还是第二种调车中途返回解锁，解锁电路中继电器的动作与取消解时完全相同，只是 12 线的解锁电源不同。这里只需分清哪些 LJ 是由正常解锁电路吸起的，哪些 LJ 是靠中途返回解锁电路吸起的。

（六）轨道区段光带表示灯电路

进路锁闭后，在控制台上点亮一条与所排进路相一致的白光带，反映出已把该进路锁好。车进入进路后，随着车的运行，进入哪个区段，则那个区段的白光带即改为红光带，反映出车的所在位置；车出清某一区段后，则随着区段的解锁，光带也跟着熄灭，反映出该区段空闲可以再使用了。

图 3-42 是道岔区段轨道光带表示灯电路。对应区段中的每个道岔，在辙叉一侧的直股和弯股部位都设有白色和红色表示灯。开通道岔定位一侧的，分别用定位白灯 DB 和定位红灯 DH 表示；开通道岔反位一侧的，分别用反位白灯 FB 和反位红灯 FH 表示。为了形成光带，在岔前部位也要设表示灯，分别用岔前白灯 QB 和岔前红灯 QH 表示。当一个区段有多组道岔时，可共用一组 QB 和 QH 表示灯。

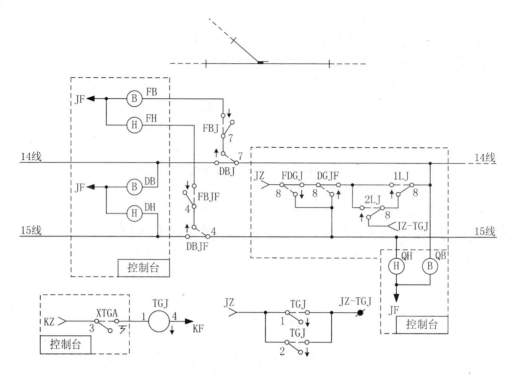

图 3-42　道岔区段轨道光带表示灯电路

6502 电路用 14 线和 15 线控制轨道的光带表示灯。在平时，光带不点灯。进路锁闭时，在车尚未驶入区段以前，经 1LJ 或 2LJ 的第八组后接点，以及 FDGJ 第八组后接点和 DGJF 第八组前接点，把交流表示电源"JZ"接到 14 线上，无论道岔在任何位置 QB 都点亮，当道岔在定位时，该区段 DB 点亮，在反位时，该区段 FB 点灯，各区段连接起来就形成了一条白光带。列车驶入区段后，由于轨道复示继电器 DGJF 失磁落下，轨道反复示继电器 FDGJ 励磁吸起，切断了向 14 线供出"JZ"电源，所以白光带熄灭。但这时，经 FDGJ 第八组前接点把"JZ"电源接到 15 线上，使 QH 与 DH 或 FH 点亮，形成一条红光带。列车出清区段后，DGJF 励磁吸起、FDGJ 失磁落下，把 15 线上的"JZ"电源切断，于是红光带熄灭。由于这时进路继电器 1LJ 和 2LJ 都早已励磁吸起，所以白光带不能再点亮。

正常情况下，在红光带熄灭后，为防止闪一下白光带，因此，在接入 DGJF 接点的同时又接入 FDGJ 接点。这样在轻车跳动（轨道电路分路不良）时，即使 DGJF 随之跳动，但由于 FDGJ 缓放，所以不会造成白光带闪亮。

如果值班员想随时确认进路开通状况，则可以按压接通光带表示按钮 TGA。按下 TGA 后使接通光带继电器 TGJ 励磁。TGJ 励磁吸起后，条件电源"JZ—TGJ"被接通，于是，经 1LJ 和 2LJ 的前接点，把这个条件电源接到 14 线上去。根据道岔的开通位置会点亮相应的白光带，来确认整个咽喉的道岔开通状况。

对于交叉渡线区段，由于道岔组合交叉换位，轨道光带电路应作特殊处理：

举例站场，选经由道岔 9/11 反位的进路时，需要点亮 9 号道岔的岔前灯、反位灯和 11 号道岔的岔前灯、反位灯。为了防止 13/15 的岔前灯和定位灯错误点亮，一是将同一区段两道岔的岔前灯分开，并在 15 号道岔的岔前灯和 13 号道岔的岔前灯电路中检查 9/11 道岔的 DBJF

的前接点。同理，在 9 号道岔的岔前灯和 11 号道岔的岔前灯电路中检查 13/15 道岔的 DBJF 的前接点。二是将同一区段两道岔定位灯合为一组，检查两道岔的 DBJF 的前接点使定位灯点亮。保证只有道岔 9/11 和 13/15 都在定位时，才有可能点定位灯。

图 3-43 是到发线上的轨道光带表示灯电路。它是由到发线两端的出站信号机的 ZCJ 接点和到发线 GJ 接点控制点亮。向股道排列进路，当进路锁闭以后，ZCJ 落下。在车进入股道以前，经 ZCJ 第一组后接点和轨道继电器 GJ 第五组前接点点亮白光带。车进入股道后，经 GJ 第五组后接点点亮红光带。进路中最末一个道岔区段解锁后，ZCJ 励磁吸起，这时，白光带和红光带表示灯电路都被断开。车在股道上停留期间，经 GJ 第六组后接点，只点亮两节红光带。

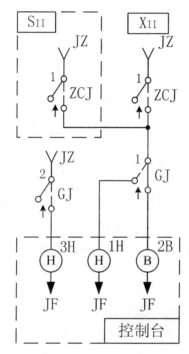

图 3-43　到发线上的轨道光带表示灯电路

无岔区段的轨道光带电路大多都是非定型的电路。根据站场具体情况和实际作业需要控制轨道光带点亮，在此不作详细介绍。

其他表示灯电路都比较简单，在此均不作介绍。

复习思考题

1. 6502 电气集中车站由哪些设备组成？各有什么功能？

2. 举例站场各进、出站信号机的显示意义是什么？调车信号机按其设置位置各属于哪一种信号机（尽头、单置、并置、差置）？

3. 6502 电路都有哪些种定型组合，哪些组合参与拼贴？

4. 为什么单置 DA 不能设一个 AJ，而其他进路按钮均设一个 AJ？单置调车三个 AJ 如何动作？

5. 方向继电器什么时候吸起，什么时候复原落下？

6. 写出方向电源的名称，各种方向电源都什么时候有电？

7. 6502电气集中电路中各条网路线的作用是什么？

8. 6502电路1～6网路都控制什么继电器，这些继电器有哪些动作规律？

9. 写出举例站场 D_1—5G、D_{11}—D_{13} 调车进路选岔网路各继电器的动作顺序。

10. 根据选岔网路原理解释为什么1、2线要先于5、6线动作？

11. 根据所学的电路，分析为什么排列 $S_{II}D$ 向 D_1 的调车进路，顺序按下 $S_{II}DA$、$D_{13}A$、D_1A 即可排成，而排列 D_1 至 IIG 调车进路，顺序按下 D_1A、$D_{13}A$、$S_{II}DA$ 进路排不成？

12. 排列进路的过程中某道岔向反位转换中途受阻，为什么必须先按下 ZQA 再同时按下 ZDA 和 CA 后再向回操纵道岔，而不能直接回操道岔？

13. FKJ、LKJ、ZJ作用是什么？如何动作？各电路采用何种方向电源？

14. 长调车进路是如何实现由远至近开放信号的？排列 D_3— I G 的长调车进路，若 $D_{13}XJ$ 线圈因故断线，D_3 和 D_9 信号能否开放？若 D_{13} 的白灯断丝，D_3 和 D_9 信号能否开放？

15. 建立进路应检查的基本联锁条件有哪些？XJJ 是怎样通过电路实现对各项联锁条件的检查的？

16. 画图解释在有侵限绝缘时，6502电路中是如何实现对相邻区段进行条件检查的。

17. 办理 X 行 IG 正线通过进路 X 显示绿灯时，绿灯灯丝双断，试分析下列问题：

（1）X/D_3XJJ 能否随之落下？为什么？

（2）X 进站信号怎样显示？为什么？

18. 什么叫接近锁闭？我国铁路对于接近区段是如何规定的？

19. 简述开放信号的技术条件，并说明在 LXJ 或 DXJ 电路中是如何检查的。

20. 画图解释什么是正常解锁的三点检查？一点检查和两点检查有何弊端？以由左至右进路为例，说明正常解锁时 1LJ、2LJ 的吸起时机。

21. 取消解锁及人工解锁的条件是什么？LJ 的动作规律如何？

22. 如何控制一个咽喉区同时只能办理一条进路的人工解锁？各种进路人工解锁的延时时间分别为多少？

23. 调车中途返回解锁有哪两种方式？两种方式的解锁条件、解锁电源、解锁时机如何？

24. 排列 XD 至 5G 接车进路，按压 XDLA 及 S_5LA 后，控制台上该进路白光带点亮，XD 的 LAD 亮稳定灯光，信号复示器一直点亮 H 灯，根据现象分析故障范围。

【操作实践】

任务一　选排电路故障分析与处理

一、任务描述

在 6502 使用的过程中，如果选岔电路发生故障，控制台会出现相应的现象。要求根据控制台的现象及进路的选排电路的工作过程分析故障范围，确定故障范围，并根据故障范围进行故障的查找与处理。

二、所需设备与工具

6502 电气集中系统设备，万用表，短路线。

三、实操方法与步骤

（一）1、2 线或 3、4 线选岔电路故障分析与处理

1～4 线选岔电路故障，控制台现象描述：按下始、终端按钮后，进路排列表示灯亮红灯，始、终端按钮表示灯闪灯无光带。

1. 根据控制台现象分析电路，找出故障范围

建立经双动道岔反位的进路

（1）按下始端按钮，对应的按钮表示灯 AD 闪光，说明 AJ↑。

（2）进路排列表示灯 LPD 亮 H 灯，说明方向继电器已吸起。

（3）按下终端按钮，AD 闪光，说明 AJ↑。

（4）再观察进路中双动道的道岔表示灯，正常应该亮黄灯，如果是亮绿灯，则可直接判断道没转换，如果亮的是黄灯，还需重新向定位单独操纵一下该双动道岔，此时道岔表示灯还亮绿灯，说明双动道岔的 2FCJ 肯定没吸，但不确定其 1FCJ 是否吸起，这时需去组合架上确定 1FCJ 的吸起情况。

（5）如果 1FCJ 没吸，就确定是 $1FCJ_{3-4}$ 圈电路故障；如果 1FCJ 已经吸起，则确定是 $2FCJ_{3-4}$ 圈电路故障。

（6）根据该道 1FCJ 或 2FCJ 的 3—4 圈电路进行故障查找。

2. 继电器电路故障查找的方法

当判断某电路线故障后，可用万用表直流电压挡（量程为 50 V 或 25 V）先测继电器线圈电压，若无电压，可能是电路断线，可采用借电源的方法查找。

1）借正电查负电

将红表笔插在某一组合 06～1（或 06～2）上，06～1（或 06～2）上是 KZ 电源，黑表笔插在电路上任意一点，如图 3-44 所示 f 点，若有电压，说明 KF 电源已送到 f 点，KZ 电源一端至 f 有断线。若无电压，说明 f 点至 KF 电源一端之间有断线，可将黑表向 KF 电源一端移动，直到测出相邻两点靠近 KF 电源一点有电压另一点没电压，则说明这两点之间断线。有指示 KF 送至 d 点，a、b、c 有断。

2）借负电查正电

将黑表笔插在某一组合 06～3（或 06～4）上，06～3（或 06～4）上是 KF 电源，红表笔插在电路上任意一点如图 3-45 所示 c 点，若有电压，说明 KZ 电源已送到 c 点，KF 电源一端至 c 点之间有断线。若无电压，说明 c 点至 KZ 电源一端之间有断线，可将红表笔向 KZ 电源一端移动，直到测出相邻两点靠近 KZ 电源一点有电压另一点没电压，则说明这两点之间断线。有指示 KZ 送至 c 点 d、e 有断。

用上述两种借电查找故障的方法，前提必须是电路肯定至少有一点断线。

找出故障后，将故障恢复重新试验，验证处理结果是否正确。

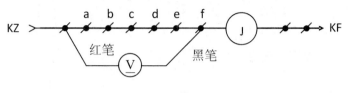

图 3-44 故障测试示意图一

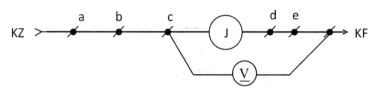

图 3-45 故障测试示意图二

3. 注意事项

（1）测试查找电路故障一律采用电压挡，进行测试前必须检查表挡的位置、量程与所测的电压是否对应。

（2）测试端子与表棒不要接触过长，以防止混电。

（3）必要时要观察继电器的动作状态，听继电器动作声音是否正常，从而进一步缩小和确定故障范围。

（4）找出故障后，必须将故障排除，重新试验，验证处理结果正确无误后方可交付使用。

（二）5、6 线故障分析与处理

5、6 线选岔电路故障，控制台现象描述：按下始、终端按钮，进路排列表示灯红灯不灭，就可以判断是选岔电路故障（1~6 线故障）。首先根据控制台操纵排除 1~4 故障，确定为 5、6 线故障后：

1. 通过信号点的 AD 的点灯情况，初步判断故障范围

（1）如果最左端的按钮灯仍然闪灯，说明 5、6 线一点没动，即最左端信号点的 JXJ 没吸；

（2）最左端信号点 AD 不闪光（亮稳定灯光或灭灯），说明 5、6 线已开始工作，中间信号点的 AD 灯闪光，说明中间信号点 JXJ↑，即可判断该 JXJ 之前动作的继电器工作都正常；

（3）中间信号点的 AD 不闪灯，则说明该信号点的 JXJ 没吸；

（4）最右端 AD 仍闪灯，说明最右端信号点的 JXJ 没吸；

通过上述分析可以初步判断出哪个信号点的 JXJ 没吸。

2. 进一步操作控制台，判断故障范围

判断出哪个信号点的 JXJ 肯定没吸，不等于一定是该 JXJ 的励磁电路故障，还需要看其前面动作的道岔的操纵继电器吸没吸。

（1）通过单独操纵道岔的方法，看其 5、6 线上相关的 DCJ 或 FCJ 是否吸起；按选岔电路

的动作顺序找出第一个没吸的继电器；

（2）找出第一个没吸的继电器后，还要到组合架上确认该继电器确实是第一个没吸的继电器。

3. 采用借电法查出故障点

（1）所查的继电器是不是该条进路5、6线上第一个动作的继电器，如果不是，查找故障时，可以不用查6线，因5、6线上有一个继电器吸起，则可说明6线没故障；

（2）如果是该条进路5、6线上第一个动作的继电器没吸，那么5线与6线都要查；

（3）采用借电法查出故障，方法前面介绍过，这里不再重复；

（4）找出故障点后，用短路线恢复，进行试验。

（三）FKJ、LKJ、ZJ、KJ 电路故障分析与处理

（1）确定选岔电路的动作正常，但进路的始端 AD 没有点亮稳定灯光，则说明 FKJ 肯定没吸。

① 如果所排进路为调车进路，即可查该 FKJ 的励磁电路。

② 如果所排进路为列车进路，需要去组合架上确认其 LKJ 是否吸起，如果 LKJ 已经吸起，就可以确定是 FKJ 电路故障，查该 FKJ 的励磁电路即可；如果 LKJ 没吸，说明故障在 LKJ 的励磁电路中，要查 LKJ 的励磁电路。

（2）如果 LPD 灭灯，进路始端 AD 点亮稳定灯光，但没有点出白光带，说明 KJ 没吸。

① 如果所排进路为列车进路，需到组合架上确认 KJ 确实没吸，即可查该 KJ 的励磁电路。

② 如果所排进路为调车进路，到组合架除了确认 KJ 确实没吸以外，还要确认该进路的 ZJ 继电器是否吸起，如果 ZJ 没吸，查 ZJ 电路，如果 ZJ 吸了，则查 KJ 电路。

（3）故障查出后，要用短路线将故障恢复，然后进行试验。

任务二　信号控制电路故障分析与处理

一、任务描述

学会根据控制台的现象以及信号控制电路各继电器的工作原理分析故障范围，并且能够通过控制台的实验尽量缩小故障范围，确定故障范围，采用测量电路电压法找出故障点，恢复试验。

二、所需设备与工具

6502 电气集中系统设备，万用表，短路线。

三、实操方法与步骤

在进路选排电路动作正常的基础上，如果进路还不能正常建立，应为信号控制电路故障。

（一）控制台现象描述

（1）白光带点亮，说明进路已锁闭。

XJJ↑→QJJ↑→1LJ 和 2LJ 均落下→SJ↓。向股道办理进路时，XJJ↑→GJJ↑→ZCJ↓。

（2）始端 AD 灭灯，说明 LXJ（或 DXJ）励磁电路工作正常。

（二）根据控制台现象分析电路故障

1．进路不能锁闭

（1）如果 LPD 已灭灯，始端 AD 点亮稳定灯光，整条进路光带不亮，说明进路未锁闭，QJJ 未吸，可能是 XJJ 电路故障或 9 线进路始端处故障。

（2）如果轨道光带部分亮、部分不亮，说明 XJJ 及以前的电路工作正常，9 线或未亮的区段 QJJ 局部电路故障，向到发线建立的进路只有到发线上的白光带不亮时，可能是 GJJ 未吸使 ZCJ 未落。

2．信号不能开放

（1）若轨道光带表示正常，始端 AD 没灭，信号复示器未变（没有改点绿灯或白灯），说明进路已锁闭，故障可能是 11 线断线或 XJ 局部故障等。

（2）如果始端 AD 已灭灯，说明 11 线工作正常，XJ 能励磁但不能自闭，可能是信号机点灯电路故障或 XJ 自闭电路故障。

（三）故障范围的缩小

当判断出故障范围后，不必急于查找，应该进一步实行控制台操纵，缩小故障范围。

1．改排进路

（1）如果原来排的是列车进路，可以改排与该列车进路相重合的调车进路，如果信号能开放，说明故障不在列车与调车共用的电路部分。

（2）如果原来排的是直行的进路，可以改排相同始端的侧行进路，如果信号能开放，说明局部电路和与原进路重叠部分无故障。

（3）改排与原来进路相重合的反向进路，如果信号能开放，说明网线无故障。

2．分段排列

可以将长进路分段进行排列，进一步缩小故障的范围。

（四）故障的查找与处理

当故障的范围不能再缩小，并且通过对故障现象的分析及在组合架上确定，确定好是哪部分电路故障时，利用万用表测量电路的电压，找出故障点。

（1）进路不锁闭，轨道区段光带灯不亮，去组合架确认如果 XJJ 没吸，查 XJJ 电路，如果 XJJ 吸起，则查 9 线的始端；

（2）进路锁闭，始端 AD 没灭，查 XJ 电路；

（3）如果始端 AD 已灭，但复示器显示信号开放又关闭，说明 XJ 没自锁，故障可能是：

① XJ 自锁电路故障；

② XJJ 自锁电路故障；

③ 信号机点灯电路故障（复示器会有闪灯现象）。

XJJ 不自锁与 XJ 不自锁在控制台上无法区分，必须到组合架上确认，哪个继电器先落下，就说明哪个继电器自锁电路故障，查该电路即可。

任务三　锁闭与解锁电路故障处理

一、任务描述

学会根据控制台的现象以及锁闭与解锁电路各继电器的工作原理分析故障范围，并且能够通过控制台的实验尽量缩小故障范围；确定故障范围以后，通过测量电路电压的方法找出故障点、恢复故障、进行试验。

二、所需设备与工具

6502 电气集中系统设备，万用表，短路线。

三、实操方法与步骤

（一）控制台现象描述

锁闭与解锁电路工作是否正常，是通过轨道光带显示的。轨道光带点亮白灯，说明该区段已锁闭。轨道光带由白灯变为红灯，说明该区段有车占用。轨道光带熄灭，说明该区段解锁，各继电器已复原。

由于解锁电路动作非常复杂，有时进路某些区段当车出清后不能自动解锁（遗留白光带），不一定是电路故障的原因。只是有的轨道区段分路不良，使有关区段的 DGJ 或 FDGJ 未能正常动作，造成进路不能正常解锁或不能实现中途返回解锁。将未解锁的区段用故障解锁的方法解锁后，如果下一条相同的进路能够解锁，一般都是轨道区段分路不良。

确认不存在轨道区段分路不良情况，而是解锁电路故障时，必须及时处理。处理故障时除了观察控制台的表示外，还必须观察组合架上有关继电器的动作。

（二）根据控制台现象分析电路故障

（1）列车或车列出清本区段后，轨道光带由红光带变白光带，说明该区段不能实现正常解锁。该区段的两个 LJ 至少有一个没吸起，必须到组合架上确认哪个 LJ 没吸；如果两个 LJ

都没吸，故障可能在：

①　先吸起的 LJ 的励磁电路故障；

②　前一区段 FDGJ 不缓放，这样前一个区段的解锁电源送不出。

如果是后吸起的 LJ 没吸起，故障可能在：

（1）后吸起的 LJ 的励磁电路故障；

（2）下一个区段 FDGJ 的励磁电路故障；

（3）下一个区段的 QJJ 提前落下，车压入时 FDGJ 不吸；10 线故障。

（2）取消解锁或人工解锁时不能解锁。

①　如果是整条进路都没有解锁，则故障在 12 线或 13 线第一个吸起的 LJ。这时要根据 LJ 动作的顺序找出第一个不吸的 LJ 或 CJ，即故障就是第一个开始不吸的继电器励磁电路。

②　如果是部分区段没解锁，说明 13 线没故障，按解锁顺序开始没解的区段的后吸起的 LJ 的励磁电路故障。

（3）调车车列中途折返后，剩余区段不能按中途返回方式解锁。可能是 8 线与 12 线之间的连线接触不良或有关条件未接通等。

（三）故障范围的缩小

也可在控制台上缩小解锁电路的故障范围。

例如排列下行 I G 的接车进路，进路不能解锁。可将未解锁的区段故障解锁后，重新排列 D_3 至 I G 的长调车进路，然后试验每一单元调车进路是否能解锁，从而可以进一步缩小故障范围。应先将原进路取消后，再排列 X 向 I G 的列车进路，如果信号能开放，说明 X/D_3 的 KJ、XJJ、XJ 电路均正常，故障可能是 S_IZJ 未吸等。

（四）故障查找与处理

（1）根据判断的故障范围，采用测试电路电压法进行查找故障点。

（2）由于解锁电源都是短时间供电，所以在测试电路时有时还需要与操纵相配合。

（3）如果是 10 线故障，还必须采用短车运行才能查出故障。

（4）找出故障点后，用短路线对故障进行恢复并做实验。

项目小结

1．进路选排电路

1）工作任务

（1）记录电路：由 AJ 电路和方向继电器电路以及 FKJ（KJ）、ZJ 电路来分别记录按压按钮的动作和进路的性质、方向以及确定进路的始、终端位置。

（2）选岔电路：由进路上各组道岔的 DCJ 和 FCJ 按照操纵意图自动地选出进路上的道岔

位置；由 JXJ 来选出进路上始、终端信号点（包括中间信号点）的位置；由 JXJ 发出反馈信号使 AJ 和方向继电器自动复原。

（3）道岔控制电路：由进路上的各道岔控制电路按照选岔电路的指令自动地完成转换道岔、排通进路的任务。

（4）开始继电器电路：由 KJ 来检查进路选排的一致性和接续记录进路始端的任务，并由 KJ 向下一级的信号控制电路发出指令，使信号控制电路执行指令而开始工作。

2）进路选排电路各环节之间的逻辑关系

（1）由进路的始、终端 AJ 电路来记录按压按钮的动作，即记录进路的命令。

（2）由始端 AJ 的吸起条件使对应的方向继电器励磁吸起；由终端 AJ 的吸起条件使该方向继电器自锁。这样由方向继电器来记录进路的性质和方向，并且给 JXJ 的自锁电路准备方向电源 KF—共用—Q。

（3）当进路两端的 AJ 吸起后，向选岔网络送出 KZ 和 KF 电源，使进路上各道岔的 FCJ 或 DCJ 和信号点 JXJ 从左向右顺序传递吸起，自动地选出进路上的道岔位置，并且选出进路始、终端信号点（包括中间信号点）的位置。

（4）当选岔电路工作以后，会使下列三个电路环节开始工作：

① 每当选出一组道岔的位置时，则由 FCJ 或 DCJ 的吸起条件接通道岔控制电路，使相应的道岔自动转换到进路所要求的位置，并给出相应的道岔表示（DBJ 或 FBJ 励磁吸起）。

② 当始端信号点选出之后，由始端的 JXJ 吸起条件与相应的方向电源配合，使始端 FKJ 励磁吸起且自锁；当调车进路终端信号点选出之后，由终端的 JXJ 吸起条件与相应的方向电源配合，使 ZJ 励磁吸起；若进路上有中间信号点，则由中间信号点的 JXJ 吸起条件与方向电源配合，使中间信号点的 FKJ 和 ZJ 按进路要求也励磁吸起。

③ 当进路全部选出后，分别由始、终端的 JXJ 吸起条件向记录电路发出反馈信号，使 AJ、方向继电器和 JXJ 自动复原。即所有的 JXJ↑→所有的 AJ↓→方向继电器落下→JXJ↓，从而缩短记录时间，为办理其他平行进路准备条件，提高设备运行效率。

④ 当检查进路选排一致以后，通过 FKJ 和 ZJ 的吸起条件，使进路始端的 KJ 励磁吸起，从而由 KJ 将进路选排电路的指令传给后续的信号控制电路，以便执行命令。

应当指出：在办理变通进路时，选岔电路不但需要始、终端的 AJ 吸起条件，而且还需要变通按钮或有关调车按钮的 AJ 吸起条件。在办理列车进路时需要动作 LKJ，而办理调车进路时不动作 LKJ，一般只有办理调车进路时才动作 ZJ。

3）六线制选岔网络电路

（1）各网路线的分工：

① 1、2 线用来选八字第一笔双动道岔的反位；

② 3、4 线用来选八字第二笔双动道岔的反位；

③ 5、6 线用来选单、双动道岔的定位、单动道岔反位和进路中所有的信号点。

（2）各网路线的送电规律：

① 1、3、5 线由左向右送 KZ，然后按照顺序向右传递，一直传送到所选进路的右端；

② 2、4、6 线由右向左送 KF，它不是传递式的，由进路右端直接送到进路的左端。

（3）道岔选出顺序：

① 在进路中有双动道岔时，先选出双动道岔反位，然后才能选出信号点和道岔定位（包括单动道岔反位）；

② 不论是双动道岔反位，还是信号点及道岔定位，都是由左至右顺序选出的，电路动作与进路方向无关。

2. 信号控制电路

（1）根据进路选排电路的 KJ、FKJ 和 ZJ 传来的指令，由信号检查继电器 XJJ 来检查进路空闲、道岔位置正确、敌对进路未建立三项基本联锁条件，当这三项基本联锁条件满足后使进路始端的 XJJ 经由 8 线励磁吸起。

（2）XJJ 励磁吸起后，便使进路上各区段的 QJJ（有的还包括 GJJ）经由 9 线励磁吸起，从而为锁闭进路准备条件。

（3）当进路上各区段的 QJJ 励磁吸起后，使各区段 1LJ、2LJ 失磁落下，从而使各区段的 CJ 和各道岔的 SJ（有的还包括 ZCJ）失磁落下而锁闭进路。

SJ 落下后，一方面使 KJ 和 ZJ 自锁，另一方面还使 DCJ 和 FCJ 复原。

（4）当进路锁闭（即 SJ 和 CJ 落下）后接通 11 网络线，经由 FKJ、KJ、ZJ 的吸起条件，并且检查开放信号的所有联锁条件满足后使 XJ（LXJ 或 DXJ）励磁吸起且自锁。XJ 吸起后使 FKJ 复原，并给 10 网络线提供 KF 电源，使进路上各区段的 QJJ 自锁保持吸起状态。

（5）当 XJ 励磁吸起后，便接通有关信号机的点灯电路而开放信号，并使 DJ 保持吸起状态，反过来 DJ 的吸起又使 XJ 自锁。

3. 锁闭与解锁电路

1）解锁网络的结构与动作规律

两条解锁网络是对称的，不论在继电器的接法上还是在控制条件的接法上都完全对称，所以，当运行方向相反时，能做到各继电器的动作顺序恰好相反。顺便指出，解锁网络之所以要用两条网络线，每个区段之所以要设两个进路继电器，都是由此解锁网络的对称性决定的。

根据 12 线和 13 线的网络结构，可总结出解锁网络的动作规律如下：

（1）运行方向从左到右时，不论解锁方式如何，进路继电器 1LJ 的励磁电流总是经由 12 线迎着运行方向流，而进路继电器 2LJ 的励磁电流总是经由 13 线顺着运行方向流；运行方向从右到左时，则进路继电器 2LJ 的励磁电流总是经由 12 线迎着运行方向流，而进路继电器 1LJ 的励磁电流总是经由 13 线顺着运行方向流。

（2）正常解锁时，如果运行方向是从左到右，则进路继电器 1LJ 先励磁吸起，同区段的进路继电器 2LJ 后励磁吸起，第一个区段解锁后，第二个区段解锁，由进路始端至终端逐段解锁；如果运行方向是从右到左，则进路继电器 2LJ 先励磁吸起，同区段的进路继电器 1LJ 后励磁吸起，也是第一个区段解锁后，第二个区段解锁，由进路始端至终端逐段解锁。

（3）人工解锁、取消进路和调车中途返回解锁时，如果运行方向是从左到右，则各区段的进路继电器 1LJ 由进路始端至终端顺序传递励磁吸起，而后，进路继电器 2LJ 由进路终端至始端顺序传递励磁吸起，进路中的各区段由终端到始端依次相继解锁；如果运行方向是从右到左，则各区段的进路继电器2LJ由进路始端至终端顺序传递励磁吸起。而后进路继电器1LJ由进路终端至始端顺序传递励磁吸起，进路中各区段也是由终端至始端依次相继解锁。

（4）不论解锁方式如何和运行方向怎样，总是由进路始端部位向12线供出解锁电源，先12线工作，证明12线工作正常后13线才开始工作。12线和13线协调工作才能使进路解锁。

（5）解锁网络是按照正常解锁的工作程序工作，或是按照人工解锁等的工作程序工作，取决于进路上有没有车。有车时，传递继电器具有第一个特性，使解锁网络按正常解锁工作程序工作；无车时，传递继电器具有第二个特性，使解锁网络按人工解锁等的工作程序工作。

2）正常解锁

（1）解锁条件的检查：

① 本区段的前一区段是道岔区段时，本区段解锁能实现完整的三点检查。进站内方第一区段是无岔区段时，接车进路第一道岔区段解锁也能实现完整的三点检查。

② 调车进路的接近区段是无岔区段时，其第一区段解锁能实现不完整的三点检查。

③ 列车进路的第一区段能实现两点检查。

④ 一条调车进路只有一个道岔区段，且接近区段和最末区段均停有车辆时，该区段解锁只能实现一点检查。

（2）解锁时机：

① 本区段的前一个区段是道岔区段时（包括接车时进站内方的无岔区段），车完全进入本区段，第一个LJ吸起；其他情况，车刚一压入本区段，第一个LJ吸起。

② 第二个LJ在车出清本区段时吸起。

（3）解锁电源：

① 第一个区段先吸的LJ由本区段FDGJ前接点及后吸的LJ后接点经13线转入12线送出，其他区段先吸的LJ由前一区段1LJ、2LJ前接点和CJ后接点送出。

② 后吸的LJ除最末区段外，均由下一区段FDGJ前接点沿13线送出；最末区段与股道、区间或无岔区段相邻时，其解锁电源由本区段FDGJ前接点及下一区段GJF后接点送来。

③ 以咽喉区为终端的调车进路，最末区段后吸的LJ由ZJ前接点及下一区段DGJ后接点送来KF。

3）取消解锁和人工解锁

（1）解锁条件的检查：

① 进路空闲——用XJJ前接点证明；

② 办理了解锁手续——用QJ前接点证明；

③ 进路处于预先锁闭——用JYJ前接点证明；进路处于完全锁闭——用JYJ后接点证明；

④ 人工解锁时，用"KF-3分""KF-30秒"，证明达到了延时时间。

（2）LJ吸起的时机：

① 办理完解锁手续，12线各LJ由始端到终端吸起；

② 13线各LJ由终端到始端吸起（人工解锁时达到延时时间），进路由终端向始端顺序解锁。

（3）解锁电源：

① 12 线各 LJ 由始端接 KF。

② 13 线最末区段后吸的 LJ 由 GJJ 前接点或经 ZJ 前接点返 12 得 KF，其他区段由远方一个区段送 KF。

4）调车进路中途返回解锁

（1）中途返回解锁的两种方式。

调车折返作业对牵出进路的解锁可能产生的两种情况。转线调车作业，包括牵出和折返两个过程。在牵出时，往往走不完牵出进路的全程，车就根据反向的调车信号折返了。这时需要用调车中途返回解锁电路，使未能正常解锁的牵出进路解锁。这可能有两种情况：一是牵出进路全部区段都没有解锁；二是牵出进路有一部分区段已经正常解锁，还留有一部分区段没有解锁。

（2）解锁条件的检查。

第一种解锁方式：

① 用 XJJ 后接点证明车压入了进路；

② 用 8 线接通证明车已退出进路；

③ 用 XJ 后接点证明信号已关闭；

④ 用 JYJ 前接点防止错误解锁；

⑤ 用接近区段 FDGJ 前接点控制短时间供电。

第二种解锁方式：

① 用折返信号点 KJ 前接点和 XJJ 后接点证明车已折返；

② 用待解锁区段（牵出进路未正常解锁的部分）的 8 线接通证明车已退出了需中途返回解锁的区段。

（3）解锁时机。

第一种解锁方式：

① 如果车未完全进入进路内方，车退出接近区段 3 s 内进路解锁；

② 如果车已完全进入进路内方，车退出进路 3 s 后，CJ 吸起，进路解锁。

第二种解锁方式：在车退出要解锁的区段 3 s 后，进路解锁。

中途返回解锁是在正常解锁基础上的解锁，未能按正常解锁吸起的 LJ 的动作规律与取消解锁完全相同，只是解锁电源不同。

（4）解锁电源。

① 第一种解锁：由原进路 ZJ 前接点接 KF，沿 8 线在原牵出进路始端将 KF 转入 12 线。

② 第二种解锁：由原进路 ZJ 前接点接 KF，沿 8 线在折返信号点始端经其 KJ 前接点和 XJJ 后接点将 KF 转入 12 线。

4. 6502 电气集中电路综合简析

6502 电气集中电路很复杂，关键是要掌握各主要电路环节的作用、设置及动作时机，下面用表 3-2 进行综合简析。

表3-2　6502电气集中电路综合简析

序号	继电器名称	作　用	设　置	所在组合	电路动作时机 吸起时机	电路动作时机 落下时机
1	方向 J	记录进路按钮的按下顺序，确定进路按下的方向和性质	对应每一咽喉区设置四个方向 J（LJJ, LFJ, DJJ, DFJ）	F	按下进路始端按钮，始端 LAJ 或 DAJ↑→方向 J↑	始端、(变通)、终端所有的 AJ↓→方向 J↓
2	AJ	记录进路按钮的按下动作	设置每一进路接钮对应 AJ（单置 DA 除外），每一单置 DA 设置三个 AJ（1AJ, 2AJ, AJ）	LXF DX DXF	按下进路按钮对应 AJ。单置 DA 作始端 1AJ↑→AJ↑，作终端 1AJ↑→2AJ↑，作变通 1AJ↑→2AJ↑→AJ↑	该信号点选出 JXJ↑→AJ↓
3	DCJ FCJ	选出进路中单动道岔设 DCJ、FCJ，控制道岔转换	对应每一单动道岔设 DCJ, FCJ; 对应每一双动道岔设两个 DCJ，两个 FCJ（左1，右2）	DD SDF	左、右端有 AJ，选岔网络接通，DCJ、FCJ 按规律顺序吸起	道岔锁闭 SJ↓→DCJ（FCJ）↓
4	JXJ	证明该信号点选出	对应每一信号点（单置调车除外）设一个 JXJ，单置调车设两个 JXJ	LXZ DX DXF	左、右端有 AJ，选岔网络 5、6 线接通，JXJ 按规律顺序吸起	进路全部选出，最右端 JXJ↑→AJ↓→方向 JJ↓→所有 JXJ↓
5	FKJ	(1) 接续记录信号点; (2) 防止信号自动复开放	对应每一信号点设一个 FKJ	LXZ DX	作调车进路始端时，JXJ且J方向有电 FKJ↑，作列车进路始端时，LKJ↑→FKJ↑; 重复开放信号时，按下始端按钮 FKJ↑	信号开放后 LXJ（或 DXJ）↑→FKJ↓
6	LKJ	在列车兼调车信号点，记录作列车进路始端	对应每一列车兼调车信号点设一个 LKJ	LXZ	作列车进路始端时，JXJ且J方向有电源 LKJ↑	进路内方第一道岔区段锁闭 KJ↓→LKJ↓
7	ZJ	接续记录调车进路终端	对应每一调车进路终端设一个 ZJ	LXF DX	该信号号点作调车进路终端时，JXJ且J方向电源有电 ZJ↑	进路最末道岔解锁，SJ↑→ZJ↓
8	DBJ FBJ	监督道岔位置	对应每一组单动或多动道岔设一套 DBJ, FBJ	DD SDZ	道岔密贴，自动开闭器表示接点接通，对应 DBJ↑或 FBJ↑	道岔开始启动 1DQJ↑→DBJ↓或 FBJ↓
9	KJ	(1) 接续 FKJ 继续记录进路始端; (2) 校核进路选排的一致性	对应每一信号点设一个 KJ	LXZ DX	进路排通，各道岔选排一致（DCJ、DBJ↑或 FCJ、FBJ↑）7 线接通→KJ↑; 调车信号点 KJ 由远至近顺序吸起	进路内方第一道岔区段解锁 1LJ↑、2LJ↑→KJ↓; 长列车进路 SJ↑→KJ↓; 调车进路 SJ↑→KJ↓
10	QJ	记录取消进路的命令，实现取消进路记录、关闭信号、解锁进路	对应每一信号点设一个 QJ	LXZ DX	按下 ZQA 或 ZRA 使 ZQJ↑，且按下进路始端 LA 或 DA 使 LAJ 或 DAJ↓→QJ↑	进路解锁，XJJ↓→QJ↓
11	XJJ	(1) 检查开放信号前的基本联锁条件; (2) 取消或人工解锁时进路空闲	对应每一信号点设一个 XJJ	LXZ DX	(1) 开放信号前，检查道岔位置正确，进路空闲，改对进路未建立，8 线接通，KJ↑→XJJ↑; (2) 办理取消解锁 QJ↑→XJJ↑; (3) 办理人工解锁 QJ↑，且 KZ-RJ-H有电→XJJ↑	车压入进路内方第一区段 XJJ↓; 列车进路解锁，XJJ↓; 调车进路解锁，ZJ↑→XJJ↓; 取消进路及人工解锁断开→XJJ↓; 锁断时：KJ↓→XJJ↓, ZJ↓→XJJ↓

序号	继电器名称	作 用	设 置	所在组合	吸起时机	落下时机
12	QJJ	执行锁闭进路的命令	每一道岔区段有列车进路或差置信号机之间的无岔区段组合设一个Q，每一Q组合设一个QJJ	Q	1.开放信号前，XJJ↑→9线接通，进路、进路入进路内方第一区段中各XJJ，但车压入进路内方第一区段未压入的区段QJJ靠第10线；2.按进路锁闭引导接车时，YAJ↑→9线接通，进路中各QJJ同时↑	车压入本区段时DGJ→FDGJ↑→QJJ↓；引导接车时，办理引导解锁YJJ↑→YAJ↓→QJJ↓
13	GJJ	(1)证明向股道建立了进路以该信号点为终端接车时检查对信号机未建立；(2)引导接车时检查对进路未建立	对应每一双向运行的列车信号机设一个GJJ	LXF	向股道建立双向运行的列车信号机为终端建立进路时，9线接通，XJJ↑→GJJ↑	车压入进路内方第一区段，XJJ↓→GJJ↓
14	JYJ	反映进路的锁闭状态	对应每一信号点设一个JYJ	LXZ DX	平时吸起。车出清接近区段有占用DGJ↑→JYJ↓；进路人工解锁后KJJ→JYJ↑	信号开放XJJ↑，且接近区段有占用DGJ(或DGJ↓)→JYJ↓
15	ZCJ	反映信号点为双向建立进路或该信号点双向喉建立进路，信号锁闭对方喉敞放进路	对应每一双向运行的列车信号机设一个ZCJ	LXF	平时吸起。进路最末道岔解锁SJ↑→ZCJ↑	进路最末道岔解锁SJ↑→ZCJ↓
16	LXJ DXJ	检查开放信号的所有条件，控制信号开放	对应每一列车信号机的所有条件个LXJ，对应每一调车信号机设一个DXJ	LXZ DX	进路锁闭，开放信号，LXJ或DXJ接通，信号开放，车进路入进路内压入进路内方的DXJ不落，白灯保留	(1)列车信号车压入进路内方，第一区段8线断开→XJJ↓→LXJ信号关闭，JYJ↑→DXJ信号关闭；(2)调车信号车出清接近区段DGJ→DXJ信号关闭；接近区段留车时，DGJ→DXJ信号关闭。(3)办理进路取消及人工解锁时，QJJ↑→LXJ或DXJ信号关闭。(4)同时按下ZRA及DXJ信号强电关闭的SGA，CJ↑→LXJ或DXJ信号关闭。
17	SJ	检查道岔的锁闭条件，控制锁闭道岔	对应每一单动道岔设一个SJ；对应每一双动道岔设两个SJ(左1，右2)	DD SDZ	平时吸起。解除单独锁闭的各种条件时，SJ↑	建立进路时，QJJ↑→1LJ、2LJ→SJ↓；进路有车DGJ→SJ↓；引导总锁闭按下YZSA、YZSJ→SJ↓
18	FDGJ	反映车列是否正常压入锁闭的区段	每一道岔区段之间信号机之间的无岔区段设一个FDGJ	Q或L	反映车列正常压入锁闭区段时，在QJJ的条件下，DGJ→FDGJ↑	车出清本区段DGJ→FDGJ↓ (缓放3 s)
19	CJ	控制解锁电源的传递	每一Q组合设一个CJ	Q	平时吸起。正常解锁时，FDGJ↓→CJ↑ (缓动)；中途返回解锁时，(1LJ或2LJ)↑→CJ↑ (快动)；故障解锁时，同时按下SGA→CJ↑	经该区段建立进路时，QJJ↑→1LJ和2LJ→CJ↓
20	1LJ 2LJ	检查各种解锁的条件，控制进路和道岔解锁	每一Q组合设一个1LJ，一个2LJ	Q	平时吸起。满足解锁条件时，由13线控制第一个LJ↑，由13线控制第二个LJ吸，由左至右建立进路1LJ先吸，2LJ后吸；由右至左建立进路2LJ先吸，1LJ后吸)	经该区段建立进路时，QJJ↑→1LJ和2LJ同时落下

项目四　道岔控制设备维护

【知能目标】

（1）熟练掌握车站联锁道岔控制电路的技术要求。

（2）熟练掌握 ZD6 型电动转辙机的参数测试调整及其各种控制电路（四线制单动和多动、六线制）的工作原理。

（3）熟练掌握 S700K 型电动转辙机、ZYJ7 型电液转辙机以及 ZD（J）9 型电动转辙机参数测试调整及五线制道岔控制电路的工作原理。

（4）掌握 ZD6 型电动转辙机各种控制电路（四线制单动和多动、六线制）的故障分析处理方法。

（5）掌握五线制道岔控制电路的故障分析处理方法。

（6）熟练掌握道岔表示灯及故障报警电路的原理。

（7）能够按照《铁路信号维护规则（技术标准）》要求和标准化作业程序进行道岔控制电路的维护和故障处理。

（8）树立"安全第一"的责任意识，培养遵章守纪的工作作风。

【知能链接】

一、转辙机的设置及控制电路分类

道岔的转换和锁闭，是直接关系行车安全的关键要素。道岔由转辙机来牵引，而转辙机又由道岔控制设备直接控制。道岔的辙叉号不同或采用的转辙机类型不同，安装的转辙机数量也不同，根据转辙机类型和数量选用不同的道岔控制电路。

（一）转辙机的设置原则

转辙机的设置数量要视道岔辙叉号、固定辙岔还是可动心轨、电动转辙机还是电液转辙机而确定。

在非提速区段车站及提速区段车站的非正线道岔，大多采用 9 号或 12 号道岔，一般每组道岔的岔尖安装一台转辙机。当采用 12 号 AT 道岔时，因为其尖轨加长且有弹性，需要采用 2 台或 3 台转辙机来转换道岔，第一牵引点用 ZD6-E 型电动转辙机，第二及第三牵引点采用 ZD6-J 型电动转辙机；若为可动心轨，其心轨需另设 1 台或 2 台转辙机牵引。18 号可动心轨道岔采用岔尖 3 个牵引点、岔心 2 个牵引点的牵引方式。复式交分道岔的两组尖轨和两组可动心轨分别由一台转辙机牵引，即一组复式交分道岔需要安装 4 台转辙机。

在提速区段车站的正线上，均采用可动心轨的提速道岔。较大的辙叉号为 30 号、38 号道岔，一般采用岔尖 6 个牵引点、岔心 3 个牵引点的牵引方式；目前辙叉号最大的道岔是 62 号，采用岔尖 8 个牵引点、岔心 4 个牵引点的牵引方式。

（二）转辙机的类型选择

不在正线上的非提速道岔采用 ZD6 型转辙机牵引；对于有的双动道岔，一端在正线为提速道岔，一端不在正线为非提速道岔，仍采用 ZD6 型转辙机牵引。

提速道岔均采用分动外锁闭方式，牵引的转辙机有 S700K 型电动转辙机、ZYJ7 型电液转辙机及 ZDJ9 型电动转辙机三种类型。采用 S700K 或 ZDJ9 型电动转辙机时，每个牵引点安装一台电动转辙机；采用 ZYJ7 型电液转辙机时，18 号及以下道岔的岔尖或心轨均由一台电液转辙机带一个或两个 SH6 型转换锁闭器，岔尖或心轨超过 3 个牵引点的 30 号及以上提速道岔，不用 SH6 型转换锁闭器，每个牵引点用一台 ZYJ7 型电液转辙机。

（三）道岔控制电路分类

转辙机按供电电源种类可分为直流转辙机和交流转辙机，ZD6 系列电动转辙机是直流转辙机，采用直流电动机，工作电源为 220 V 直流。S700K 型电动转辙机、ZYJ7 型电液转辙机及 ZDJ9 型电动转辙机为交流转辙机，由三相异步电动机作为动力，采用三相交流 380 V 电源。

直流道岔控制电路主要包括四线制道岔控制电路和六线制双机牵引道岔控制电路，四线制道岔控制电路有单动道岔控制电路，也有多动道岔控制电路，所带动的转辙机主要为 ZD6 系列电动转辙机。交流道岔控制电路为五线制道岔控制电路，所带动的转辙机有 S700K 型电动转辙机，有 ZYJ7 型电液转辙机（配合 SH6 转换锁闭器），也有 ZDJ9 型电动转辙机。

二、直流道岔控制电路

（一）技术要求

直流道岔控制电路由道岔启动电路和道岔表示电路两部分组成，其中启动电路是动作电动转辙机转换道岔的电路，而表示电路是反映道岔位置的电路。为了确保行车安全，道岔启动电路和表示电路需满足以下技术要求。

1. 启动电路技术要求

（1）进路锁闭时，进路上的道岔不应再转换。在控制台或显示器上用进路上点亮白光带来表示已经对进路范围内的道岔实行了进路锁闭。

（2）区段锁闭时，该区段内道岔不应再转换。道岔区段有车占用或道岔区段轨道电路发生故障的锁闭称为区段锁闭，在控制台或显示器上用进路上点亮红光带来表示。

（3）故障停转。道岔启动电路接通后，由于自动开闭器接点、电动机炭刷接触不良、电路等故障使道岔未能转动，这时应能自动断开启动电路，防止邻线列车振动等原因使故障消除后道岔自行转换。

（4）道岔一经启动，就应转换到底，不受车辆进入影响。若道岔在车辆进入道岔区段时停转，可能造成脱轨或挤岔事故。

（5）道岔转换途中受阻应能操回原位。当因尖轨与基本轨的轨缝夹有道砟等原因使道岔不能转换到底时，应保证经值班员操纵能使道岔转回原位。

（6）道岔转换完毕，应能自动断开启动电路。

2．表示电路技术要求

（1）当道岔转换锁闭后，道岔控制电路应能自动接通道岔表示电路，将室外站场上道岔的实际位置反映到信号楼内。

（2）用道岔表示继电器的吸起状态对应道岔的正确位置，不准用一个继电器的吸起和落下状态表示道岔的两种位置。

（3）道岔在转换过程中，当发生挤岔、停电、断线等故障时，道岔表示继电器必须落下。

（4）当室外联络电路发生混线或混入其他电源故障时，必须保证表示继电器不会错误吸起。

（二）四线制单动道岔控制电路

1．四线制单动道岔控制电路的组成

四线制单动道岔控制电路由道岔启动电路和道岔表示电路两部分组成，如图 4-1 所示，各部分的主要设备如下。

1）道岔启动电路

道岔启动电路主要由第一启动继电器 1DQJ（ JWJXC-H125/0.44 型 ）、第二启动继电器 2DQJ（ JYJXC-135/220 型 ）、电缆（ X1、X2、X4 ）、断路器（ RD1 ~ RD3 ）、ZD6 型电动转辙机等组成。

2）道岔表示电路

道岔表示电路主要由表示变压器 BB（ BD₁-7 型 ）、道岔定位表示继电器 DBJ（ JPXC-1000 型 ）、道岔反位表示继电器 FBJ（ JPXC-1000 型 ）、限流电阻 R（ 750 Ω ）、电容 C（ 4 μF，500 V ）、二极管 Z、电缆（ X1 ~ X3 ）、ZD6 型电动转辙机等组成。耐压为 500 V 的电容器 C 与 DBJ 和 FBJ 线圈并联。

ZD6 型电动转辙机的电动机采用直流串激式，激磁线圈（定子线圈）分开使用，在结构上采用线圈双线并绕的措施。四线制道岔控制电路室内外四根走线，X1 线和 X2 线为道岔启动电路和道岔表示电路共用线，X3 线为表示电路专用线，X4 线为启动电路专用线。

2．电路的动作过程

单独操纵或进路操纵使道岔转换（假定原道岔在定位，自动开闭器 1、3 排接点闭合，向反位操纵），电路的动作过程如下：

（1）1DQJ 吸起，随着 1DQJ 的吸起，DBJ 落下，DBD 绿灯熄灭。

（2）1DQJ 吸起后，2DQJ 由定位吸起状态转极至反位打落状态。

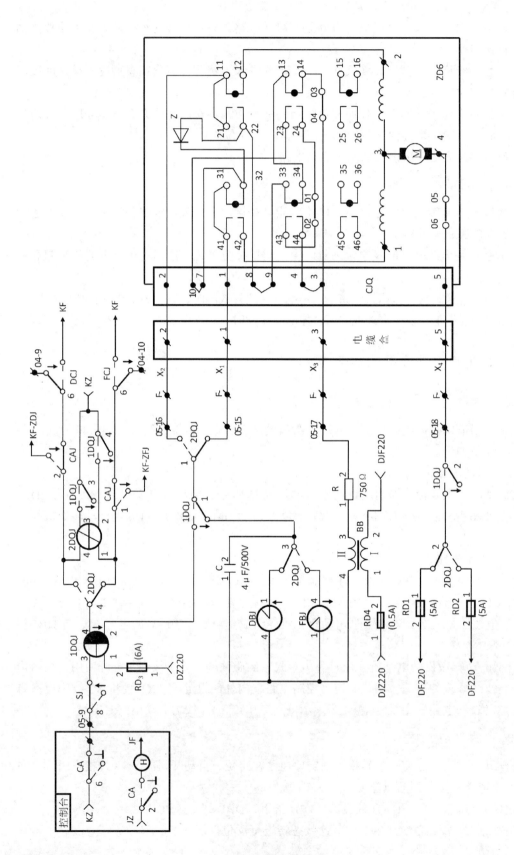

图 4-1 四线制单动道岔控制电路

（3）接通电机动作电路，电机电路也即构成了 1DQJ 的自闭电路，电机动作电路接通后，ZD6 型电动转辙机中的电动机开始旋转。

（4）随着电机的旋转，道岔完成解锁、转换、锁闭的过程。

① 在解锁前，自动开闭器第 1、3 排接点闭合；

② 在解锁过程中，自动开闭器第 3 排接点断开；

③ 在道岔转换过程中，自动开闭器第 1、4 排接点闭合；

④ 道岔到达规定位置密贴并锁闭之后，自动开闭器的第 1 排接点迅速断开，接通自动开闭器的第 2 排接点。

（5）切断电机电路，1DQJ 缓放落下，接通反位表示电路，FBJ 随之吸起，点亮 FBD 黄灯。

3. 电路动作原理

1）启动电路原理

道岔启动电路采用分级控制方式，首先由 1DQJ 检查联锁条件；然后由 2DQJ 控制电动机旋转方向，确定道岔向定位转换还是向反位转换；最后由直流电动机转换道岔。图 4-1 中所示为道岔在定位状态的电路。（假定原道岔在定位，自动开闭器第 1、3 排接点闭合，向反位操纵）

（1）第一启动继电器 1DQJ 励磁。

① 当采用进路式操纵方式办理进路时，使选岔网络中的 FCJ 自动吸起，用 FCJ 第 6 组前接点接通道岔启动电路的 1DQJ 励磁电路，其接通公式为：$KZ—CA_{61-63}—SJ_{81-82}—1DQJ_{3-4}—2DQJ_{141-142}—CAJ_{11-13}—FCJ_{61-62}—KF$。

② 当采用单独操纵方式时，按压道岔按钮 CA，同时按压本咽喉道岔总反位按钮 ZFA，道岔按钮继电器 CAJ 和道岔总反位继电器 ZFJ 励磁吸起，条件电源 KF-ZFJ 有电，接通 1DQJ 励磁电路，其接通公式为：$KZ—CA_{61-63}—SJ_{81-82}—1DQJ_{3-4}—2DQJ_{141-142}—CAJ_{11-12}—KF—ZFJ$。

注：6502 继电集中联锁车站在 $1DQJ_{3-4}$ 线圈励磁电路中接有单独锁闭道岔按钮 CA_{61-63}，在维修电动转辙机、轨道电路区段故障时，拉出该按钮，断开道岔启动电路，对道岔实行单独锁闭。

（2）第二启动继电器 2DQJ 转极。

1DQJ 励磁后，由其前接点接通 2DQJ 的转极电路。

① 当采用进路式操纵方式办理进路时，2DQJ 转极电路接通公式为：$KZ—1DQJ_{41-42}—2DQJ_{2-1}—CAJ_{11-13}—FCJ_{61-62}—KF$。

② 当采用单独操纵方式时，2DQJ 转极电路接通公式为：$KZ—1DQJ_{41-42}—2DQJ_{2-1}—CAJ_{11-12}—KF—ZFJ$。

（3）电动机动作电路接通。

当 1DQJ 励磁吸起和 2DQJ 转极后，接通电动机动作电路，其电路接通公式为：$DZ220—RD3—1DQJ_{1-2}—1DQJ_{12-11}—2DQJ_{111-113}$—组合侧面端子 05-16—分线盘端子—电缆 X_2—电缆盒 2 端子—CJQ_2—自动开闭器 11-12—电机定子线圈 2—电机转子线圈 3-4—遮断器接点 05-06—CJQ_5—电缆盒 5 端子—电缆 X_4—分线盘端子—组合侧面端子 05-18—$1DQJ_{21-22}—2DQJ_{121-123}—RD_2—DF_{220}$。

由于 1DQJ 的 1—2 线圈和电动机线圈串接在同一电路中，所以电动机动作电路也即 1DQJ

的自闭电路。

（4）电机电路断开。

当道岔转至反位后，自动开闭器 11－12 接点断开，使电动机停转。同时断开 1DQJ 的 1—2 线圈的自闭电路，由于 1DQJ 为缓放型继电器，1DQJ 缓放落下，接通道岔表示电路。

注：若要再将道岔转回定位，当采用进路式操纵方式办理进路时，使选岔网络中的 DCJ 自动吸起，接通道岔启动电路；当采用单独操纵方式时，按压道岔按钮 CA，同时按压本咽喉道岔总定位按钮 ZDA，道岔按钮继电器 CAJ 和道岔总定位继电器 ZDJ 励磁吸起，条件电源 KF-ZDJ 有电，接通道岔启动电路。其动作原理与道岔由定位向反位转换相似，在这里不再赘述。

2）表示电路原理

当道岔启动电路工作完毕，由电动转辙机的自动开闭器接点自动接通道岔表示电路。即用定位表示接点接通道岔定位表示继电器 DBJ 电路；用反位表示接点接通道岔反位表示继电器 FBJ 电路。道岔表示电路如图 4-1 所示，道岔表示电路所用电源由变压比为 2∶1 的表示变压器 BB 供给，其初级输入电压为交流 220 V，次级输出电压为 110 V；耐压为 500 V 的电容器 C 与 DBJ 和 FBJ 线圈并联；室外转辙机内二极管 Z 与表示继电器线圈串联。

（1）道岔定位表示继电器 DBJ 电路。

当道岔转换到定位后，自动开闭器动作接点自动切断 $1DQ_{1-2}$ 线圈自闭电路（电机动作电路），使 1DQJ 失磁落下，用 1DQJ 第 1 组后接点接通道岔表示电路。道岔在定位时，DBJ 的励磁电路接通公式为：BB_{II3}—R_{1-2}—X_3—CJQ_3—移位接触器 04-03—自动开闭器 14-13—自动开闭器 34-33—二极管 1-2—自动开闭器 32-31—自动开闭器 41—CJQ_1—X_1—$2DQJ_{112-111}$—$1DQJ_{11-13}$—$2DQJ_{131-132}$—DBJ_{1-4} 线圈—BB_{II4}。

从上面的道岔表示电路中可以看出，通过电动转辙机自动开闭器的定位表示接点接通电路，经二极管 Z 将交流电进行半波整流，整流后的正向电流方向与偏极型的 DBJ 励磁方向一致，使 DBJ 励磁吸起，在交流电负半周，由于电容器 C 的放电作用，能使 DBJ 保持稳定可靠吸起。

（2）道岔反位表示继电器 FBJ 电路。

当道岔转换到反位后，自动开闭器反位表示接点接通，二极管反接在表示电路中，改变了半波整流后电流的方向，使 FBJ 励磁吸起。道岔在反位时，FBJ 的励磁电路接通公式为：$BBII_3$—R_{1-2}—X_3—CJQ_{3-4}—自动开闭器 44-43—移位接触器 02-01—自动开闭器 24-23—二极管 2-1—自动开闭器 22-21—自动开闭器 11—CJQ_2—X_2—$2DQJ_{113-111}$—$1DQJ_{11-13}$—$2DQJ_{131-133}$—FBJ_{4-1} 线圈 – $BBII_4$。

4．电路分析

1）启动电路分析

根据电动转辙机的特性，四线制道岔控制电路的启动电路从控制用继电器的类型选择、电路结构等方面采取措施，来满足道岔启动电路的技术要求。

（1）第一道岔启动继电器 1DQJ 选 JWJXC-H125/0.44 型，其 3—4 线圈电阻值较大，属电压型继电器，其电路中接有锁闭继电器 SJ 第 8 组前接点，用于检查道岔区段是否空闲，进路是否在解锁状态。证明道岔既未受区段锁闭又未受进路锁闭，实现启动电路技术要求（1）、（2）两项。

若道岔区段有车或办理了经由该道岔的进路，则 SJ 落下，用 SJ 前接点切断 1DQJ 的励磁电路，1DQJ 就不能吸起，道岔就不会转换。

（2）1DQJ 的 1—2 线圈电阻值很小，属电流型继电器，它与电动机线圈串联，监督电动机的动作，只有道岔启动动作使电动机转动，有较大电流流过 1DQJ 的 1-2 线圈才能保持 1DQJ 自闭吸起；若启动后电路某处接触不良使电流减小，1DQJ 会落下从而断开电动机电路。实现启动电路技术要求（3）。

在 1DQJ 从励磁电路转换为自闭电路的过程中，2DQJ 在接点转换时 1DQJ 线圈瞬间断电，为保证 1DQJ 可靠自闭，1DQJ 采用缓放型继电器。

（3）1DQJ 的 1—2 线圈与电动机线圈串联构成电动机电路，该电路脱离 SJ 和 CA 的控制条件，使电动机启动后不受进路锁闭和区段锁闭的影响，保证道岔启动后能转换到底。实现启动电路技术要求（4）。

（4）自动开闭器的两组动接点动作时机受表示杆密贴检查缺口的控制，当道岔由定位向反位转换，电机启动后自动开闭器第 2 组动接点动作，使自动开闭器第 1、4 排接点在道岔转换过程中为闭合状态，这就为电机反转电路做好准备（自动开闭器 41—42 闭合），随时可单独操纵道岔，使道岔转回原位。实现启动电路技术要求（5）。

在 1DQJ 的 3—4 线圈励磁电路和 2DQJ 转极电路中，道岔按钮继电器 CAJ 后接点在 DCJ 或 FCJ 接点的前面，这样若进路式操纵时道岔不能转换到底，可及时采取单独操纵方式使道岔转回原位。这种结构表明对道岔的单独操纵优先于进路操纵。但需要注意的是，操纵时首先按压 ZQA，将进路上道岔操纵继电器复原，然后再单独操纵道岔，使道岔转回原位。

在 DF220 电源处分别设有定位熔丝 RD1 和反位熔丝 RD2。一旦道岔转换中途受阻，电动机摩擦空转烧断一处熔丝，仍能保证电动机转回原位。

（5）以自动开闭器接点作为电动机电路控制条件。当道岔转换完毕（如由定位向反位转换）道岔尖轨与基本轨密贴后，自动开闭器第 1 组动接点使自动开闭器 11-12 接点断开，自动切断电动机电路，使电动机停转，同时使 1DQJ 的 1-2 线圈断电，1DQJ 落下，接通道岔表示电路。实现启动电路技术要求（6）。

（6）第二道岔启动继电器 2DQJ 选用 JYJXC-135/220 型极性保持继电器。其两线圈分开使用，有利于构成道岔向定位或向反位转换的两种控制命令，3—4 线圈通正向电流为接受向定位转换的命令，1—2 线圈通反向电流为接受向反位转换的命令。

（7）1DQJ、2DQJ 接在电动机电路中的接点均采用带有灭弧装置的加强接点。因电路中电流较大，接通或断开电路时，防止产生电弧和火花。

（8）在电动机电路中接入遮断器接点。当维修人员打开电动转辙机机盖时，遮断器接点 05—06 切断电动机电路，防止维修、清扫电动转辙机时电动机转动对维修人员造成伤害。

2）表示电路分析

（1）当道岔转换到位后，自动开闭器动作接点动作自动接通表示接点，并切断 1DQJ 1—2

线圈自闭电路（电机动作电路），使 1DQJ 失磁落下，接通道岔表示电路。实现表示电路技术要求（1）。

（2）在道岔表示电路中，自动开闭器定位表示接点接通 DBJ 电路；自动开闭器反位表示接点接通 FBJ 电路，使 DBJ 和 FBJ 的励磁吸起和道岔的位置相对应，实现表示电路技术要求（2）。

为了确切反映道岔位置，在 DBJ 励磁电路中不仅检查了自动开闭器第 1 排定位表示接点 13—14 的接通，而且检查了第 3 排定位表示接点 31—32、33—34 的接通，确认 1、3 排接点动作一致及接点接触良好后 DBJ 才励磁吸起。同样，FBJ 的励磁吸起也检查了自动开闭器 2、4 排接点动作一致及接点接触良好。

在道岔表示电路中接入 2DQJ 第 3 组接点的作用是区分 DBJ 和 FBJ，保证同时只能有一个吸起，检查表示继电器状态与道岔位置的一致性。这样不仅能反映道岔的正确位置，还能及时反映故障的发生。

（3）道岔转换过程中，由 1DQJ 第 1 组前接点断开表示电路，使 DBJ 或 FBJ 失磁落下。当发生挤岔故障时，一方面，因表示杆的移动使检查柱上升，自动开闭器的表示接点（2 排或 3 排）会自动断开；另一方面，由于在表示电路中串接有移位接触器接点，因动作杆的移动使顶杆上升，移位接触器接点被顶开，使 DBJ 或 FBJ 均落下。当电容器 C 被击穿时，DBJ 和 FBJ 线圈被短路而不会吸起；当电容器引接线断线时，失去滤波作用，DBJ 或 FBJ 不能可靠吸起。当自动开闭器接点发生断裂或松脱时，也会将表示电路断开。上述防护措施实现了表示电路技术要求（3）。

（4）当电动转辙机室外混线时，设在室外的二极管 Z 被短路而失去作用，DBJ 或 FBJ 线圈只有交流通过，不会励磁。对每组道岔还设置了表示变压器 BB，除了起降低电源电压的作用外，还对电路起到变压器隔离作用。当室外连线混入其他电源时，因不能构成闭合回路，DBJ 或 FBJ 不会错误吸起。实现表示电路技术要求（4）。

表示电路是在启动电路工作完毕后才开始工作，并由 1DQJ 第 1 组接点作为启动与表示电路区分条件，两部分电路合起来构成道岔控制的室内电路，共用 X1 和 X2 两条外线，X3 为表示电路专用线，X4 为启动电路专用线，之所以叫四线制道岔控制电路正是因为其共有 4 条外线。外线与电动转辙机采用插接器 CJQ 联结起来，为更换电动转辙机提供方便。

5. 计算机联锁系统四线制单动道岔控制电路

前面以 6502 继电集中联锁四线制单动道岔为例，介绍了道岔启动电路和道岔表示电路的动作原理，分析了道岔启动电路和道岔表示电路技术要求的实现。

对于计算机联锁系统，道岔控制电路室外部分与 6502 继电集中联锁电路完全相同，室内部分与 6502 继电集中联锁存在两点区别，如图 4-2 所示。

（1）无论是采用进路操纵还是单独操纵方式操纵道岔，都控制 DCJ 或 FCJ 吸起，由其前接点接通道岔启动电路，转换道岔至规定位置。

（2）在 1DQJ 励磁电路中，除了用到 DCJ 或 FCJ 的接点条件外，还串接 SJ（或 YCJ）的前接点。该 SJ 的前接点和 6502 继电集中联锁用的道岔控制电路中的 SJ 前接点的作用不一样，只是在操纵道岔时，SJ（或 YCJ）才吸起，表明联锁条件构成，允许操纵道岔。

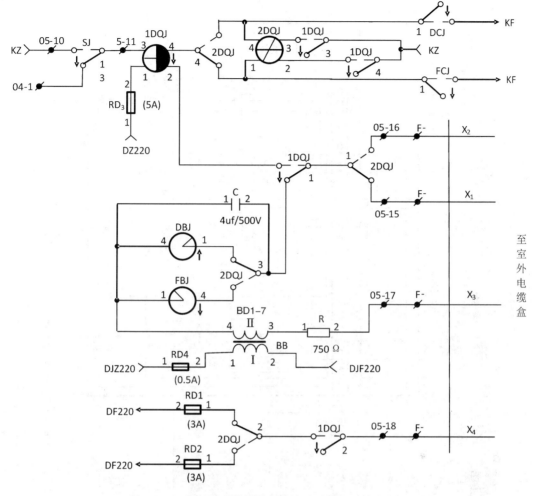

图 4-2　四线制单动道岔控制电路（计算机联锁车站）

（三）四线制双动道岔控制电路

双动道岔的两个道岔位置必须是一致的，当道岔启动电路控制电动转辙机转换两个道岔时，两个道岔必须是按规定的顺序动作到相同的位置。我们把先动作的道岔称为第一动道岔，后动作的道岔称为第二动道岔，同时规定双动道岔中距离信号楼近的为第一动道岔，距离信号楼远的则为第二动道岔。这样可以节省室外电缆，避免迂回走线。由于双动道岔的两个道岔位置总是一致的，动作也应一致，因此，双动道岔可共用一套道岔控制电路。图4-3是四线制双动道岔控制电路。

1. 四线制双动道岔控制电路的组成

四线制双动道岔控制电路的组成与四线制单动道岔控制电路基本一致，只是在其基础上增加了一台 ZD6 型电动转辙机。

2. 电路动作过程

单独操纵或进路操纵使道岔转换（假定原道岔在定位，自动开闭器第 1、3 排接点闭合，向反位操纵），电路的动作过程如下：

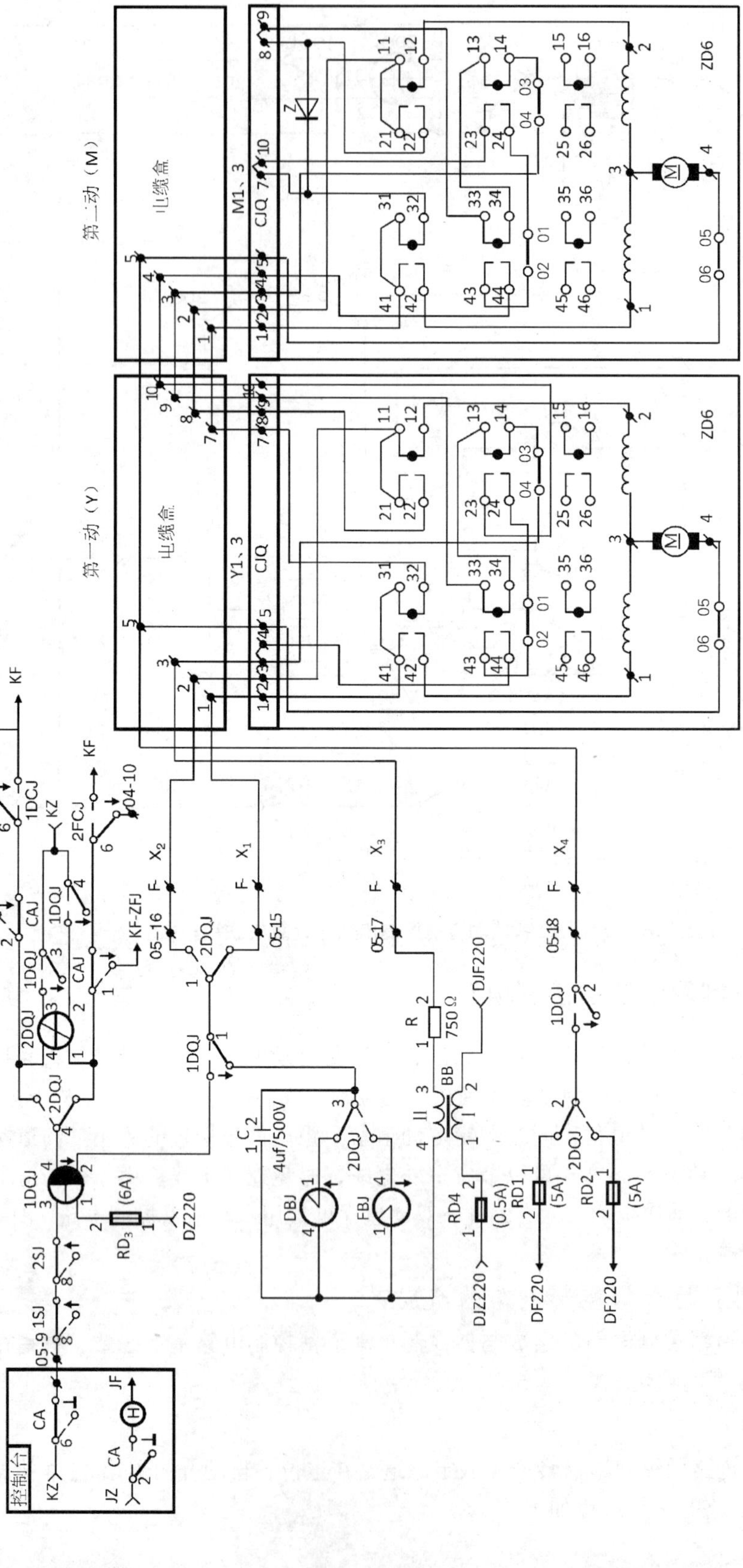

图 4-3 四线制双动道岔控制电路

（1）1DQJ 吸起，随着 1DQJ 的吸起，DBJ 落下，DBD 绿灯熄灭。

（2）1DQJ 吸起后，2DQJ 由定位吸起状态转极至反位打落状态。

（3）接通第一动转辙机的电机动作电路，电机电路也即构成了 1DQJ 的自闭电路，电机动作电路接通后，ZD6 型电动转辙机中的电动机开始旋转，完成解锁、转换、锁闭的过程。

（4）第一动转辙机动作到位后自动切断第一动转辙机电机动作电路，接通第二动转辙机的电机动作电路。

（5）第二动转辙机动作到位，道岔到达规定位置密贴并锁闭之后，自动开闭器的第 1 排接点迅速断开，切断电机电路也即 1DQJ 的自闭电路，1DQJ 缓放落下，接通反位表示电路，FBJ 随之吸起，点亮 FBD 黄灯。

3. 电路动作原理

双动道岔控制电路与单动道岔控制电路动作原理基本相同。因为双动道岔控制电路的控制对象是两个道岔，其启动电路和表示电路与单动道岔不同之处主要有以下几个方面：

1）启动电路原理

① 在进路式操纵的电路条件中，将单动道岔的 DCJ 接点换成双动道岔的 1DCJ 和 2DCJ 接点并联条件；将单动道岔的 FCJ 接点换成双动道岔的 2FCJ 接点。这是因为双动左边道岔设置的 1DCJ 和右边道岔设置的 2DCJ 分别在平行进路的上、下两条平行网络中，在进路操纵选双动道岔定位时，它们不一定同时被选出，所以应将两个 DCJ 接点并联起来；而选双动道岔反位时，双动道岔的 1FCJ 和 2FCJ 动作一致，而且 2FCJ 总是最后吸起，所以只需用 2FCJ 接点。

② 1DQJ 的 3—4 线圈励磁电路上串接有两个锁闭继电器 1SJ 和 2SJ 的前接点。这是因为双动道岔设有两个 SJ，而且分属于不同的道岔区段，左边道岔为 1SJ，右边道岔为 2SJ，当任意一个道岔处于区段锁闭或进路锁闭状态时，1SJ 或 2SJ 落下，1DQJ 的励磁电路被切断，该双动道岔不得转换。

③ 在启动电路室外部分，两个道岔顺序动作，第一动道岔转换完毕才能接通第二动道岔的电机电路。双动道岔由定位向反位转换时，第一动道岔转到反位后，第一动道岔的自动开闭器第一排动作接点动作，断开 11-12 接点，切断了第一动的电机电路，同时接通 21-22 接点，将 DZ220 电源经第一动自动开闭器 21-22 接点和第二动自动开闭器 11-12 接点送至第二动道岔电机定子线圈 2 端子上。电源 DF220 经 X4 及第一动与第二动道岔之间的连线送至第二动道岔电机转子线圈 4 端子上，构成第二动道岔的电机电路。当第二动道岔转换到反位后，自动开闭器第一排动作接点将 11-12 断开，第二动道岔电机停转，1DQJ 失磁落下，断开双动道岔启动电路。

2）表示电路原理

双动道岔表示电路接通要检查两个道岔自动开闭器的表示接点，当启动电路控制第一动道岔和第二动道岔转换完毕后，两个道岔位置一致，自动开闭器表示接点均接通。二极管 Z 设于第二动道岔处。由于其电路原理与单动道岔相同，不再详述。

4. 带动道岔

在实际的站场中，为了增加平行进路，提高作业效率，经常有带动道岔的情况。例如，举例站场中，经 17/19 反位建立进路时，为了不影响经 23/25 定位建立进路，应将 23/25 带动到定位。但选路时 17/19 的 1FCJ 和 2FCJ 吸起，17/19 道岔可向反位转换，而这时 23/25 的 1DCJ 和 2DCJ 并未吸起，因此，将 17/19 的 2FCJ 前接点接入 23/25 道岔的定位启动电路中。这样，在 17/19 向反位转换的同时，23/25 道岔也可转换到定位。

（四）六线制双机牵引道岔控制电路

当采用 12 号 60 kg/m AT 道岔时，用一台 ZD6 型电动转辙机转换道岔已不能满足转换力和密贴力要求，所以，用两台 ZD6 型电动转辙机作为牵引动力，实行两点牵引。设在第一牵引点的 ZD6-E 型电动转辙机称为主机；设在第二牵引点的电动转辙机 ZD6-J 型电动转辙机称为副机。要求两台电动转辙机同步动作，主机和副机动程不同，当尖轨与基本轨密贴后，两机同时锁闭道岔。

1．六线制双机牵引道岔控制电路的组成

六线制双机牵引道岔控制电路的组成如图 4-4 所示，与四线制单动道岔控制电路基本一致，只是在其基础上增加了 2DQJF（JYJXC-135/220 型）；转辙机采用的是 ZD6-E 型、ZD6-J 型 2 台电动转辙机。

2．电路动作过程

单独操纵或进路操纵使道岔转换（假定原道岔在定位，自动开闭器第 1、3 排接点闭合，向反位操纵），电路的动作过程如下：

（1）1DQJ 吸起，随着 1DQJ 的吸起，DBJ 落下，DBD 绿灯熄灭。

（2）1DQJ 吸起后，2DQJ 由定位吸起状态转极至反位打落状态。

（3）2DQJ 转极后，2DQJF 也转极至反位打落状态。

（4）同时接通两台转辙机的电机动作电路，电机电路也即构成了 1DQJ 的自闭电路。电机动作电路接通后，电动机开始旋转，完成解锁、转换、锁闭的过程。

（5）当两台转辙机都动作到位，道岔到达规定位置密贴并锁闭之后，电机电路也即 1DQJ 的自闭电路断开，1DQJ 缓放落下，接通反位表示电路，FBJ 随之吸起，点亮 FBD 黄灯。

3．电路动作原理

六线制双机牵引道岔控制电路控制主机和副机并联同时工作，其原理与四线制单动道岔控制电路原理基本相同，启动电路和表示电路不同之处主要有：

1）启动电路原理

在道岔双机牵引方式中，要求两个牵引点的电动转辙机同步动作，这样电机动作电路中 2DQJ 的接点不够用，因而增加了 2DQJF。2DQJF 随着 2DQJ 的转极而转极，将 2DQJF 的第一组、第二组极性接点并联后从室内引向室外，当 2DQJF 转极后同时接通主、副机的电机动作电路。

2）表示电路原理

六线制双机牵引道岔控制电路表示电路接通要检查两个道岔自动开闭器的表示接点，当启动电路控制主机和副机转换完毕后，1DQJ 失磁落下，自动开闭器表示接点均接通，使 DBJ 或 FBJ 吸起，给出道岔位置的正确表示。这里二极管 Z 设于副机内。

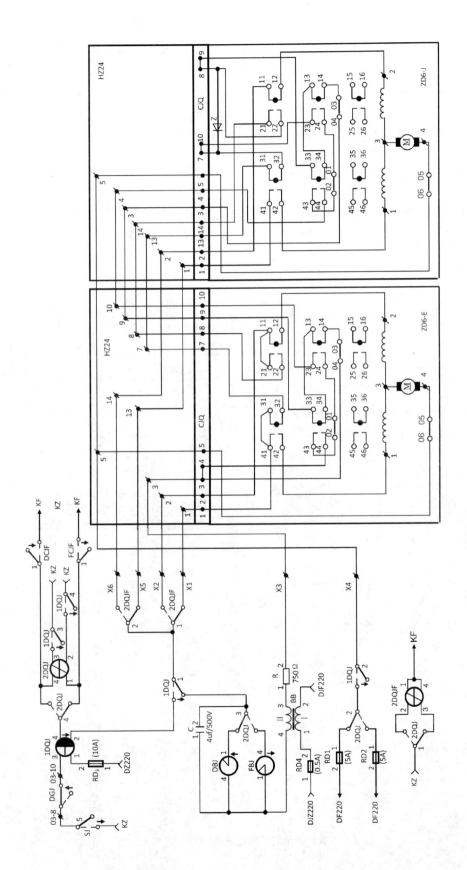

图 4-4 六线制双机牵引道岔控制电路

131

道岔定位表示继电器 DBJ 电路的接通公式为：BB$_{II3}$—R$_{1-2}$—X$_3$—主机 CJQ$_3$—主机移位接触器 04-03—主机自动开闭器 14-13—主机自动开闭器 34-33—主机 CJQ$_9$—副机 CJQ$_3$—副机移位接触器 04-03—副机自动开闭器 14-13—副机自动开闭器 34-33—二极管 1-2—副机自动开闭器 32-31—副机 CJQ$_{13}$—主机 CJQ$_7$—主机自动开闭器 32-31—主机自动开闭器 41—CJQ$_1$—X$_1$—2DQJF$_{112-111}$—1DQJ$_{11-13}$—2DQJ$_{131-132}$—DBJ$_{1-4}$线圈 – BB$_{II4}$。

（五）道岔表示灯及挤岔报警电路

当道岔发生挤岔或因尖轨与基本轨之间有障碍物，致使道岔转换中途受阻时，为了使车站值班员和信号维修人员能及时发现，6502 继电集中联锁车站全站设置一套挤岔报警电路，如图 4-5 所示。

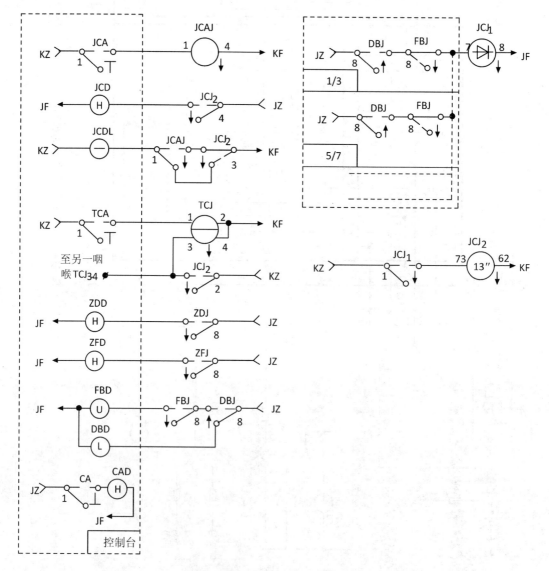

图 4-5　道岔表示灯及挤岔报警电路

1. 电路的组成

1）相关表示灯

挤岔报警电路中的表示灯包括道岔定位表示灯 DBD（绿色）、道岔反位表示灯 FBD（黄色）、道岔总定位按钮表示灯 ZDD（绿色）和道岔总反位按钮表示灯 ZFD（黄色）、道岔按钮内表示灯 CAD（红色），另外，还有共用的挤岔表示灯 JCD（红色）。

2）相关按钮及继电器

挤岔报警电路中的按钮主要包括切断挤岔电铃按钮 JCA、接通道岔按钮 TCA、单独操纵道岔按钮 CA；继电器主要包括接通道岔继电器 TCJ、挤岔继电器 JCJ1、挤岔继电器 JCJ2（JSBXC-850 型）、切断挤岔电铃按钮继电器 JCAJ。

另外还设有声音报警的挤岔电铃 JCDL。

2. 电路的原理

1）道岔位置表示灯电路

道岔位置表示灯平时都不点灯，只有在按下接通道岔按钮 TCA 后才能点灯。如图 4-5 所示，按下 TCA 后，接通了接通道岔继电器 TCJ 的电路，TCJ 吸起后，条件电源"JF—TCJ"被接通，通过 DBJ 或 FBJ 的前接点接通表示灯电路。这时，各道岔位置表示灯分别点亮绿灯或黄灯；拉出 TCA 后，电路全部复原，各道岔位置表示灯熄灭。

2）道岔总定/反位按钮表示灯电路

按压道岔总定位按钮 ZDA，总定位操纵继电器 ZDJ 励磁吸起，该按钮上方的总定位表示灯绿灯亮灯。如果按压总反位按钮 ZFA，则总反位操纵继电器 ZFJ 励磁吸起，其上方的道岔总反位表示灯黄灯亮灯。

3）道岔按钮内表示灯电路

在维修电动转辙机时，"要点"后拉出单独操纵道岔按钮 CA，使该道岔处于单独锁闭状态。这时该道岔按钮中 CAD 红灯亮灯。在红灯点亮期间，禁止再单独操纵该道岔或利用该道岔排列任何进路（引导接车除外）。在道岔维修完以后，首先使该道岔按钮复原，红灯熄灭；然后试验道岔的动作是否正常。

应当注意，红灯亮灯虽然表示该道岔被锁，但这时用进路式操纵，仍能利用该道岔的被锁位置排出进路。因此，为保证行车安全和人身安全，应当禁止再利用该道岔排列进路。

4）挤岔报警电路

① 将全站各组道岔的 DBJ 和 FBJ 的第 8 组后接点串联后再并联，接入挤岔继电器 JCJ1 电路中。平时每组道岔的 DBJ 和 FBJ 总有一个处于吸起状态，JCJ1 电路不通。

② 当某一道岔失去表示时，该道岔的 DBJ 和 FBJ 都落下，接通 JCJ1 电路，使其励磁吸起（道岔在正常转换过程中，DBJ 和 FBJ 约有 3 s 的时间也是处在同时落下状态。为了区别道岔是在正常转换还是发生挤岔，又增设一个挤岔继电器 JCJ2，它采用 JSBXC-850 型半导体时间继电器）。用 JCJ1 的前接点接通 JCJ2 电路，13 s 后 JCJ2 励磁吸起。JCJ2 吸起后，用其第 4 组前接点接通挤岔表示灯 JCD，使其红灯亮灯；又用 JCJ2 第 3 组前接点接通挤岔电铃 JCDL，

使其鸣响，以引起值班员注意；与此同时，还通过 JCJ2 前接点接通 TCJ 的励磁电路，以便自动接通道岔位置表示灯电路，用以确认被挤的道岔是哪一个。

③值班员按下切断挤岔电铃按钮 JCA，使切断挤岔电铃按钮继电器 JCAJ 励磁，用其第 1 组后接点切断电铃电路，使电铃停响。

④待被挤道岔修复后，由于 DBJ 或 FBJ 有一个吸起，使挤岔继电器 JCJ1 和 JCJ2 都复原，所以又接通电铃电路，挤岔电铃再次鸣响，通知值班员道岔已修复。值班员再拉出 JCA 后，电铃停止鸣响，至此，挤岔报警电路复原。

除发生挤岔外，当道岔尖轨与基本轨间有障碍物，使道岔转换途中受阻时，由于电动机空转，1DQJ 在吸起状态不能接通表示电路，超过 13 s 后，JCD 红灯亮灯、JCDL 鸣响。这种情况下，值班员确认后，可单独操纵道岔，使之转回原位，以免长时间空转烧坏电动机。

对于计算机联锁系统，是通过采集两表示继电器的接点条件，然后利用软件来实现道岔表示灯及挤岔报警，这里不作介绍。

（六）直流四线制道岔控制电路故障分析

四线制道岔控制电路在全国铁路乃至地方铁路中应用广泛，控制电路室外部分工作环境差，而且电路使用频繁，故障时有发生。当道岔控制设备发生故障时，要按照相关技术要求迅速及时地予以处理，以保证道岔控制设备的运行安全。处理故障的基本步骤首先是分析故障现象，然后根据故障现象判断故障范围，还可以进一步缩小故障范围，最后是具体查找故障点。处理故障时，一般本着先表示电路后启动电路的原则进行，下面就分别分析道岔表示电路和道岔启动电路故障。

1．表示电路故障

对于四线制道岔控制电路，要快速分析处理故障，首先必须知道无故障时正常的现象。正常情况下道岔控制电路表示电压为：交流 70V 左右，直流 60V 左右（在分线盘上或电缆盒处对应的端子上进行测试）。

1）控制台故障现象

道岔位置表示灯熄灭，控制台挤岔表示灯点亮，挤岔电铃鸣响。

2）判断故障范围

在道岔失去表示时，在分线盘上进行测试，可以确定道岔控制电路的故障范围，定位测 X1，X3，反位测 X3，X2。

①若测得交流 110 V 左右电压，无直流电压，则说明室外发生了断线故障。

②若测得的交流和直流均为 0 V，则说明室内断线。

③若测得交流接近 0 V，无直流电压，则可能是室外发生了短路故障。

④若测得交流约 2 V，无直流电压，则可能是二极管击穿。

⑤若测得交流 10 V 左右，直流 8 V 左右的电压，则说明电容器断线。

⑥若测得交流 55 V 左右电压，直流 45 V 左右电压，则说明电容器短路。

⑦若测得直流 150 V 左右，交流 160 V 左右的电压，则说明表示继电器或有关连线断。

⑧若测得交、直流电压正常，则可能为二极管接反。

3）断路故障查找方法。

以道岔在定位，电源已经送出室外为例。将万用表置于交流 250 V 挡位，在电缆盒 1、3 端子进行测量。

① 若有交流 110 V，说明电缆盒至电动转辙机内部断线。

a. 在室内操纵道岔，并将道岔放在无表示的位置上。

b. 将万用表置于交流 250 V 挡位，一表笔放在 X3 上。另一表笔从 X1 开始，沿表示电路逐点测量，电压从有到无的临界点即为故障点。

注意：测试点在 X1 至二极管之间，测得的是 110 V；测量点越过二极管后，电压会有所降低。

② 若无交流 110 V，应断开 CJQ。

a. 若出现 110 V，说明电动转辙机内部短路。

b. 若无电，说明电缆断线。

4）短路故障查找方法

假定电缆盒至转辙机内部有短路故障。短路故障的查找方法比较繁琐，要依次用甩线法断开电路中的可能短路点再进行测量判断。将万用表置于交流 250 V 挡位，在电缆盒 1、3 端子上测量。

① 断开 CJQ：

a. 若出现 110 V，说明转辙机内部短路。

b. 若不出现 110 V，说明电缆或电缆盒至 CJQ 的导线或 CJQ 的 1、3 端子之间短路，用甩线法分别进行判断。

② 若为转辙机内部短路，插好 CJQ，断开自动开闭器 41：

a. 若出现 110 V，说明 X1 至 41 间与 X3 无短路。

b. 若不出现 110 V，说明 X1 至 41 间与 X3 存在短路。

③ 之后再断开 31-32 接点：

a. 若出现 110 V，说明 41 至 31 间与 X3 无短路。

b. 若不出现 110 V，说明 41 至 31 间与 X3 存在短路。

④ 断开移位接触器 03-04：

a. 若出现 110 V，说明 X3 至 04 间与 X1 无短路。

b. 若不出现 110 V，说明 X3 至 04 间与 X1 存在短路。

⑤ 断开 33-34 接点：

a. 若出现 110 V，说明 13 至 34 间与 X1 无短路。

b. 若不出现 110 V，说明 13 至 34 间与 X1 存在短路。

经上述判断后，若现象为①a 与⑤a，则说明定反位表示电路的共用部分出现了短路，应用下列方法判断：断开 CJQ，将表置于 R×1k 或 R×10k 挡，分别测量 CJQ 插头的 7 与 8、CJQ 插座的 8 与 10、7 与 9、11 与 12、7 与 8、9 与 10 之间，判断是否接通。接通的两点即为短路点。

2. 启动电路故障

1）控制台的故障现象及故障范围判断（断线故障）

当对道岔进行单独操纵时（假定道岔在定位，向反位单独操纵），道岔控制电路正常时控制台的现象为：道岔定位表示灯绿灯熄灭，监测道岔电流表指针正常偏转后回零，然后道岔反位表示灯黄灯点亮。

当道岔启动电路故障时，故障现象及故障范围判断如下：

① 若道岔定位表示灯绿灯不灭，则说明 1DQJ 未吸起。

② 若道岔定位表示绿灯熄灭，但松开按钮后绿灯又再次点亮（恢复定位表示），则说明 1DQJ↑，2DQJ 未转极。

③ 若定位表示灯绿灯熄灭，松开按钮后绿灯也不再点亮（不恢复定位表示），但控制台电流表不动作，则说明 1DQJ↑，2DQJ 已经转极，电机动作电路断开。

④ 若定位表示灯绿灯熄灭，松开按钮后绿灯也不再点亮（不恢复定位表示），但控制台电流表的读数先为 3 A 左右，下降为 1 A 左右，尔后又上升为 2.8 A 左右，反位表示灯不点亮，则说明道岔电机动作电路正常，故障为道岔卡阻。

2）断路故障查找方法

以道岔由定位向反位单操，电机动作电路故障为例。

① 区分道岔控制电路室内外故障范围。

当电机动作电路故障时，可通过在分线盘处测量电压或电阻来区分是室内故障还是室外故障，现场规定用电压法进行测量。

a. 电压法。

将表置于直流 250 V 挡位上，操纵道岔由定位向反位转换，在 1DQJ↑，2DQJ 转极的瞬间，在分线盘上测 X2，X4（当道岔由反位向定位转换时，测 X1，X4）。若表针有较大摆动幅度（200 V 左右），则说明道岔室外电机电路断线故障，否则为室内控制电路故障或室外短路故障。

b. 电阻法。

将表置于 R×1 挡位上，将故障道岔实行单独锁闭，在分线盘上测 X2，X4（反位向定位转换时不启动测 X1、X4）。若电阻为无穷大，说明室外断线；若电阻为 20 Ω 左右（此值为电缆回线电阻、电动机的定子和转子电阻之和，电机单定子线圈阻值为 2.85±0.14×2 Ω，刷间总电阻为 4.9±0.245 Ω），则说明室外正常，室内有故障。

② 室外断路故障查找方法。

设道岔处于定位时自动开闭器第 1、3 排接点闭合。

将万用表置于直流 250 V 挡位上，在室内操纵道岔，在 1DQJ↑，2DQJ 转极的瞬间，在电缆盒 2、5 端子上测量（反位向定位转换时测 1、5）。若有电压，说明电缆盒以后的电路有故障；若无电压，则说明室内启动电压未送出（短路后，熔断器熔断除外）。当发现室外有断线故障时，可采用以下方法进行查找。

a. 借表示电源法。

当确定为室外电机动作电路故障时，1DQJ 吸起、2DQJ 转极后，因原表示电路已断，新的表示电路尚未形成，可采用借表示电源的方法逐一查找断线的位置。

将万用表置于交流 250 V 挡位上，人为地将室内的 2DQJ 的位置置于与室外道岔实际相反的位置上，首先测电缆盒至 CJQ 是否有故障，如无故障则继续查找转辙机内部故障。将一只表笔固定插在 CJQ 的端子 3 上（X3），另一只表笔从 CJQ 的 1（反位向定位转换时不启动测 2）沿电机动作电路逐一测电压，直至测到端子 5，电压从有到无的临界点即为故障点，依此方法可找到断线位置。由于借表示电源时需将室内 2DQJ 的位置置于与室外道岔实际相反的位置，所以此种方法又称为反位电压法。

b. 电阻法。

确定为室外故障时，可将电门打开，将表置于 R×1 挡位，顺着电机动作电路进行断线点的查找，查找时，最好是沿着一侧进行。注意不要混入其他电源，否则将损坏仪表。现场一般不允许使用电阻法查找故障。

注：室内控制电路断路故障的查找方法与项目 3 中所讲方法相同，在这里不再赘述。

3. 室外混线故障分析

以道岔处于定位时自动开闭器第 1、3 排接点闭合为例。

1）X1 与 X2 混线

故障现象：道岔由定位向反位转换时，道岔启动后烧断 RD2，道岔停在四开位置，无表示。

故障分析：X1 与 X2 混线，X1 所接的 DZ220 经自动开闭器 41-42 接点接到电机 1 端子（道岔转换途中自动开闭器为第 1、4 排接点闭合），X2 所接的 DZ220 经自动开闭器 11-12 接点接到电机 2 端子，电路中电流过大使 RD2 烧断。

2）X1 与 X3 混线

故障现象：道岔原在定位，无道岔位置表示；向反位操纵后，道岔能转换完毕，但又会向定位转换，如此往复，无道岔位置表示。

故障分析：道岔转换完毕，自动开闭器第 2、4 排接点闭合，但 1DQJ 缓放，电机电路尚未断开，于是电源 DZ220 经自动开闭器接点 11-21-22—二极管—23-24—移位接触器 01-02—43-44—X3—X1—41-42—电机 1、3、4—电门 05-06—X4—DF220 接通定位启动电路，道岔向定位转换，2、4 排接点断开，1、3 排接点接通，又接通了向反位转换的电机电路，如此循环，出现上述故障现象。

3）X2 与 X3 混线

故障现象：道岔原在定位，有定位表示；向反位操纵时，道岔能转换完毕，但无反位表示。

故障分析：因 X2 与 X3 相混，将反位表示电源短路，造成反位无表示。若再向定位操纵，可转换完毕。因为 DZ220、DF220 被二极管阻断，所以不会出现 X1 与 X3 相混时出现的现象。

4）X1 与 X4 混线

故障现象：道岔原在定位，有表示；向反位操纵时，先后烧断熔断器 RD1、RD2，道岔不能转换完毕，一直无道岔位置表示。

故障分析：道岔由定位向反位操纵，在 1DQJ↑，2DQJ 尚未转极时，由于 X1 与 X4 混线，直接将 DZ220、DF220 短路，烧断定位熔断器 RD1；当 2DQJ 转极至反位后，DF220 经 RD2 正常供出，道岔启动，但当自动开闭器第 4 排接点接通时，X2 的 DZ220 正常接至定子线圈 2，而 X4 的 DF220 经 X1—自动开闭器 41-42，直接接到定子线圈 1 上，从而将转子线圈短路，导致 RD2 熔断，道岔停止转换，定反位均无表示。

注：若道岔是由反位向定位操纵，当 2DQJ 转极时，会直接将 DZ220、DF220 电源短路，烧断 RD1，道岔不能启动，无位置表示。

5）X2 与 X4 混线

故障现象：道岔原在定位，有表示；向反位操纵后，烧断 RD2，道岔不能启动，无位置表示。

故障分析：道岔由定位向反位操纵，在 2DQJ 转极至反位后，由于 X2 与 X4 混线，直接将 DZ220、DF220 短路，烧断反位熔断器 RD2，道岔停止转换，道岔无位置表示。

注：若道岔原在反位，向定位操纵，其故障现象与原理同 X1 与 X4 混线时定位向反位操纵一样。

6）X3 与 X4 混线

故障现象：道岔原在定位，向反位操纵时，道岔能转换完毕，有反位表示，但反位的 RD2 熔断。

故障分析：当道岔向反位转换完毕后，虽然电机电路被切断，但 1DQJ 还在缓放，由于 X3 与 X4 混线，X2 的 DZ220 经自动开闭器 11—21-22—二极管—23-24—43-44—X3—X4—DF220 构成回路，将 DZ220、DF220 短路，烧断熔断器 RD2。

注：若道岔原在反位，能正常转换到定位，当再次向反位操纵时，出现上述现象。

以上是两线完全短路情况下的故障分析。当不完全短路时，可能不会熔断熔断器，但控制台电流的读数较大。

（七）利用微机监测设备对道岔故障的分析

道岔动作电流曲线是一条以电流为纵轴、时间为横轴，以 10 ms 为测量间隔，将各测量点电流值逐点连接绘制而成的曲线，蕴涵了道岔转换过程中的电气特性和机械特性。现场可利用动作电流曲线帮助快速分析故障，及时发现故障隐患，以便适时进行设备维护，防止故障的发生。

1. 直流道岔正常动作电流曲线

（1）单动道岔正常动作电流曲线。

如图 4-6 所示，该图为普通单动道岔动作电流曲线，曲线各段的含义如下：

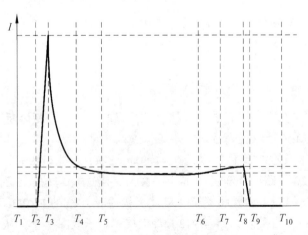

图 4-6　单动道岔动作电流曲线

① $T_1 \sim T_2$ 的时间为 1DQJ 吸起和 2DQJ 转极的时间，此时间小于等于 0.3 s。

② $T_2 \sim T_3$ 的时间为 ZD6 电机上电时间，此时间小于等于 0.05 s。电机启动时 $T_2 \sim T_3$ 段曲

线骤升，形成一个尖峰，峰顶值通常为 6 ~ 10 A。若峰值过高，说明电机有匝间短路故障。

③ T_3 ~ T_4 的时间为道岔机械解锁、密贴尖轨开始动作时间，T_1 ~ T_4 的时间不大于 0.6 s。电流至峰点后在 T_3 ~ T_4 段迅速回落。弧线应平顺，若有台阶或鼓包则为道岔密贴调整过紧造成解脱困难。

④ T_4 ~ T_7 的时间为道岔尖轨移动时间，时间的长短视转换阻力而变。T_4 ~ T_5 段曲线基本呈水平状，略微向下；T_5 ~ T_6 段为一大半径方向朝下的弧；T_6 ~ T_7 段为一略微向上的平顺曲线。

T_4 ~ T_7 段平均值为转辙机工作电流，曲线应平滑。若电流幅值上下抖动，则有可能是滑床板凹凸不平、碳刷与整流子面（换向器）接触不良或有污垢、电机有匝间短路等故障；T_4 ~ T_7 段曲线若有大量的回零点，则为电机转子断线故障；T_5 ~ T_6 段谷底值与 T_4 ~ T_5 或 T_6 ~ T_7 段的平均值之差不应大于 0.4 A，否则说明工务尖轨有转换障碍。

⑤ T_7 ~ T_8 的时间为尖轨密贴至道岔机械锁闭的时间，不大于 0.25 s。T_7 ~ T_8 段为锁闭电流，其电流值对应道岔的密贴力，一般高于 T_6 ~ T_7 段，但不应高出 0.25 A 以上，否则为道岔密贴调整过紧。

⑥ T_8 ~ T_9 的时间为 ZD6 完成机械锁闭，自动开闭器接点断开电机电路的转换时间，该时间小于等于 0.05 s。当道岔进行 4 mm 试验时，在 T_8 后有一串逐渐下滑的波动段，波峰与波谷间的电流之差不应大于 0.35 A，否则为摩擦带不良。

⑦ T_9 ~ T_{10} 的时间为 1DQJ 缓放时间，缓放时间大于 0.4 s。

（2）多动道岔正常动作电流曲线。

如图 4-7 所示，该图为多动道岔正常动作电流曲线。多动道岔的动作过程为传递式，第一动转换完毕，其自动开闭器接点自动切断第一动，同时接通第二动的动作电流，以此类推，因此其动作电流曲线是单动道岔动作电流的组合。

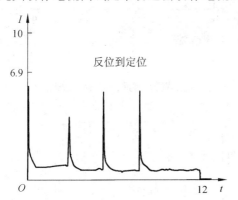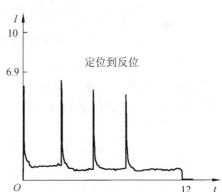

图 4-7 多动道岔动作电流曲线

2. 直流道岔典型异常动作电流曲线

（1）启动延迟曲线。

在启动前有一段时间（大约是零点几秒）道岔动作电流为 0 A，如图 4-8 所示。这可能是由于启动电路中的某一个继电器接点接触不良或继电器本身不良等造成。

（2）自动开闭器动作不灵活曲线。

道岔机械锁闭时，电流曲线延时，如图 4-9 所示。这是由于自动开闭器的几个轴（拐轴、自动开闭速动爪轴、连接板轴）动作不灵活而导致的。处理方法是在各轴上注钟表油或变压器油。

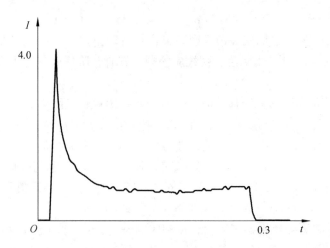

图 4-8　启动延迟曲线

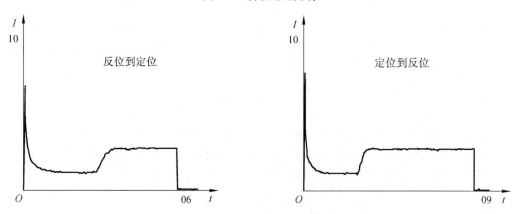

图 4-9　自动开闭器动作不灵活曲线

（3）锁闭电流超标曲线。

道岔锁闭电流增大，如图 4-10 所示。这可能是由于道岔调整过紧或齿条块缺油等原因而造成的。处理方法是密贴调整，注油等。

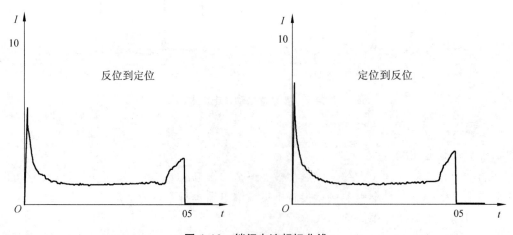

图 4-10　锁闭电流超标曲线

（4）动作电流不平滑曲线。

动作电流呈锯齿状，不平滑，如图 4-11 所示。原因可能有：

① 电机碳刷与换向器面不是圆心弧面接触，只有部分接触，电机在转动过程中，换向器产生环火。

② 电机换向器有断格或电机换向器面清扫不良。

③ 滑床板清扫不良。

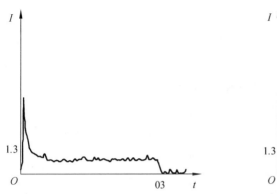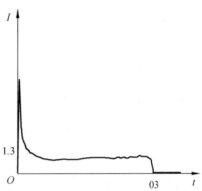

图 4-11　动作电流不平滑曲线

（5）道岔夹异物或故障电流过小曲线。

动作电流曲线长时间在一个固定值范围内，道岔不能锁闭，转换过程超时，如图 4-12 所示。产生原因可能是道岔夹异物或故障电流小。

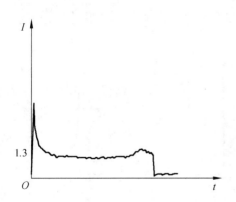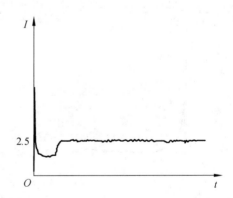

图 4-12　道岔故障电流过小或夹异物曲线

（6）启动电路断线曲线，如图 4-13 所示。

（7）道岔动作电流过小或 1DQJ 不良曲线。

道岔转换过程中，突然停转，控制台无表示，实际道岔在四开状态，如图 4-14 所示。产生原因一是动作电流过小或是电机特性不良，二是 1DQJ 继电器 1-2 线圈工作不良，继电器保持不住。

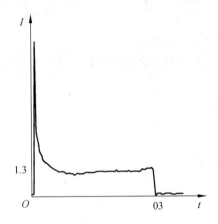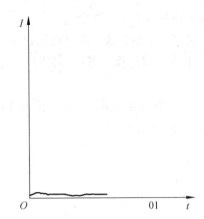

图 4-13　启动电路断线曲线

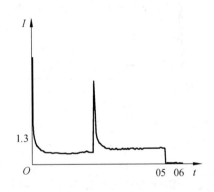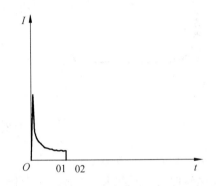

图 4-14　道岔动作电流过小或 1DQJ 不良曲线

（8）转辙机定转子混线曲线，如图 4-15 所示。

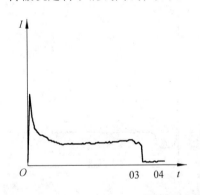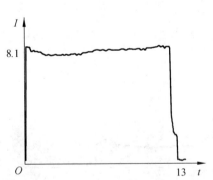

图 4-15　转辙机定转子混线曲线

（9）抱死曲线。

双动道岔的第二动产生抱死曲线，如图 4-16 所示。卸下电机后，用手摇把摇，能摇动，说明为电机抱死；摇不动，是减速器抱死。

（10）启动时空转的曲线。

当启动时，就不能解锁，如图 4-17 所示。处理方法一是振动动作杆；二是松开密贴杆螺丝，再扳动；三是摘下动作杆，再扳动试验，同时削尖齿注油。（电流不小于故障电流）

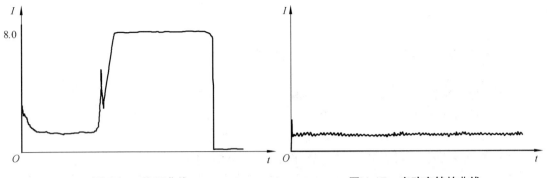

图 4-16　抱死曲线　　　　　　　　　　　图 4-17　启动空转的曲线

（11）道岔滑床板沙子多曲线。

道岔定向反位转换时锁闭电流比动作电流高 0.7 A，如图 4-18 所示。原因为道岔滑床板沙子多，清扫后电流曲线恢复正常。

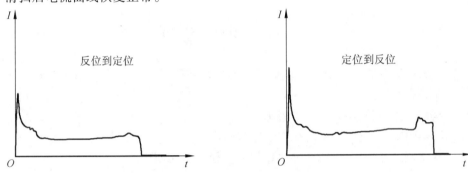

图 4-18　道岔滑床板沙子多曲线

（12）电机烧格时的道岔动作曲线，如图 4-19 所示。

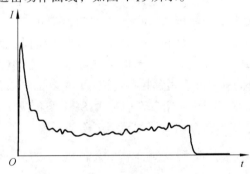

图 4-19　电机烧格时的道岔动作曲线

三、交流道岔控制电路

为了满足列车提速后对行车安全的要求，在车站正线更换为提速道岔后，改用 S700K 型电动转辙机、ZYJ7 型电液转辙机、ZDJ9 型电动转辙机等交流转辙机牵引道岔，由三相异步电动机作为动力，采用三相交流 380 V 电源。其道岔控制电路与直流道岔控制电路有很多不同之处，下面主要介绍由 ZYJ7 型电液转辙机和 S700K 型电动转辙机牵引的五线制交流道岔控制电路。

（一）交流道岔控制电路的主要技术要求

（1）电路必须符合"故障－安全"要求。

（2）方便与现有电气集中电路结合。

（3）联锁道岔应能单独操纵，也能在排列进路时被选动。

（4）当进路锁闭、区段锁闭、人工锁闭时，道岔不能启动。

（5）联锁道岔一经启动应能转换到底，因故受阻不能转换到规定位置时，经操纵有转回原位置的可能。

（6）三相交流道岔电路启动时，一相故障应切断动作电路，并有故障表示。

（7）电路应能防止发生一处故障和一次错误办理同时存在的情况下产生危及行车安全的后果。

（8）控制处所应有道岔位置表示，用于联锁电路中的条件必须检查道岔位置与操作要求的一致性。

（9）反映道岔位置和道岔解锁状态的继电器应经常吸起，并以前接点表示道岔位置和解锁状态。

（10）启动道岔时应先切断其位置表示。

（11）多点牵引时，应使尖轨的动作平稳与同步。

（12）在可动心道岔中，心轨和尖轨作为两个独立单元使用。

（二）ZYJ7 型电液转辙机五线制交流道岔控制电路

提速道岔采用 ZYJ7 型电液转辙机牵引时，12 号道岔尖轨设一台电液转辙机和一台 SH6 型转换锁闭器，心轨设一台电液转辙机和一台 SH6 型转换锁闭器；18 号道岔尖轨设一台电液转辙机和两台 SH6 型转换锁闭器，心轨设一台电液转辙机和一台 SH6 型转换锁闭器；18 号以上道岔有几个牵引点，对应的就有几套道岔控制电路。下面以 12 号提速道岔单机两点牵引（第一牵引点用 ZYJ7 型电液转辙机牵引，第二牵引点由 SH6 型转换锁闭器牵引，两个牵引点间的动力传输用油管进行连接）为例介绍该道岔控制电路的原理。

1. ZYJ7 型电液转辙机五线制交流道岔控制电路的组成

ZYJ7 型电液转辙机五线制交流道岔控制电路与直流道岔控制电路虽有很多不相同之处，但每台转辙机的控制电路也是由启动电路和表示电路组成，如图 4-20 所示。

1）道岔启动电路

道岔启动电路主要由第一启动继电器 1DQJ、一启动复示继电器 1DQJF、二启动继电器 2DQJ、停转继电器 TJ、保护继电器 BHJ、断相保护器 DBQ、ZYJ7 型电液转辙机、SH6 型转换锁闭器等组成，其中 1DQJ 的类型为 JWJXC-H125/0.44 或 JWJXC-H125/80；1DQJF 的类型为 JWJXC-H480；2DQJ 的类型为 JYJXC-135/220，TJ 为 JSBXC1-850 型，选用 30 s 的时间；BHJ 的类型为 JWXC-1700。

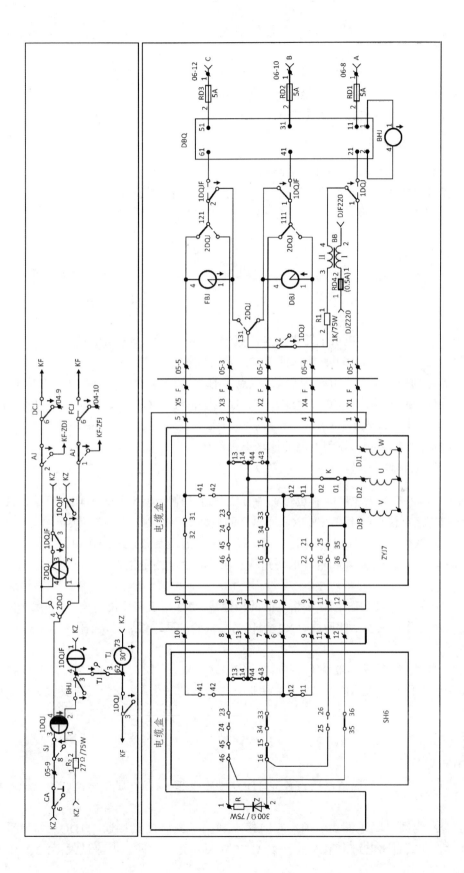

图 4-20 ZYJ7 型电液转辙机单机双点牵引道岔控制电路

2）道岔表示电路

道岔表示电路主要由 DBJ（JPXC—1000）、FBJ（JPXC—1000）、表示变压器 BB（BD1—7）、电阻 R1（1 kΩ/75 W），整流匣（300Ω/75W 电阻 R2 与 4 个二极管串联）、ZYJ7 型电液转辙机和 SH6 型转换锁闭器相关的接点等组成。

2. 电路动作过程

在单独操纵道岔或进路操纵道岔后，电路的整体动作过程如下（以定位向反位操纵为例）：

（1）首先是 1DQJ 吸起。1DQJ 吸起后，DBJ 落下，同时也接通了 TJ 电路，给 TJ 通电（正常情况下，该继电器不会吸起，只有在道岔转换过程中受阻时该继电器才吸起，设定时间为 30 s）。

（2）1DQJ 吸起后使 1DQJF 吸起。

（3）随着 1DQJF 的励磁，接通了 2DQJ 的转极电路，使该继电器转极至反位打落状态。

（4）2DQJ 转极后，接通了电机电路，使 ZYJ7 型电液转辙机中的电机旋转，带动道岔完成解锁、转换、锁闭的过程。

（5）当电机通电时，由于电机电路中有电流流过，DBQ 工作，使 BHJ 吸起。

（6）BHJ 吸起，使 1DQJ 自闭，能保证道岔正常完成转换。

（7）道岔转换到规定位置锁闭后，转辙机接点组的 11-12 和 13-14 断开，切断电机电路，电机停止转动，同时 BHJ 落下，切断了 1DQJ 的自闭电路，使 1DQJ 缓放落下，1DQJF 落下，最后使 FBJ 吸起，给出反位表示。

道岔由反位向定位转换时，控制电路的原理不再赘述。

3. 电路动作原理

交流道岔控制电路有五条电缆线，也可称为五线制道岔控制电路，如图 4-20 所示。其中 X1 通过 1DQJ 的前接点接至 A 相，X2、X4 通过 2DQJ 接点区分定位、反位，接至 B 相；X3、X5 通过 2DQJ 接点区分定位、反位，接至 C 相。控制电路五线制各条线的作用如下。

X1 的作用：一是动作电路 A 相电源的传送线；二是表示电路定位表示、反位表示的共用回线。

X2 和 X4 的作用：一是动作电路 B 相电源的传递线，X2 用于向反位转换，X4 用于向定位转换；二是表示电路定位表示的回线，X2 用作与二极管的联络线，X4 用作定位表示继电器的励磁回线。

X3 与 X5 的作用：一是动作电路 C 相电源的传递线，X3 用于向反位转换，X5 用于向定位转换；二是表示电路定位表示的回线，X3 用作与二极管的联络线，X5 用作反位表示继电器的励磁回线。

1）启动电路原理

（1）1DQJ 电路。

在单独操纵道岔或进路操纵道岔后，首先 1DQJ 励磁吸起，1DQJ 励磁电路与直流道岔控制电路相同。

1DQJ 的 1-2 线圈自闭电路由 BHJ 的前接点和 TJ 的后接点接通。1DQJ 如果采用 JWJXC-125/0.44，在其自闭电路中串入一个 27 Ω/75 W 的电阻，以防止电流过大；1DQJ 如果采用 JWJXC-125/80 时，其自闭电路中就不必串联这个电阻了。

（2）1DQJF 电路。

当 1DQJ 吸起后，经由其第三组前接点及 TJ 第三组后接点接通 1DQJF 的励磁电路，1DQJF 电路接通公式为：KZ—1DQJF$_{1-4}$ 线圈—TJ$_{33-31}$—1DQJ$_{32-31}$—KF。

（3）TJ 电路。

当 1DQJ 吸起后，由其第三组前接点向 TJ 线圈通电，电路接通公式为：KZ—TJ$_{73-62}$ 线圈—1DQJ$_{32-31}$—KF。

道岔正常时，TJ 是总也不吸起的。只有道岔受阻，1DQJ 吸起自闭达 30 s 时，TJ 才能吸起。该继电器吸起后切断 1DQJF 的励磁电路，使 1DQJF 落下，同时切断了 1DQJ 的自闭电路，使 1DQJ 缓放落下，从而切断电机电路，保护电机和道岔尖轨。

目前，在现场实际应用的设备中，TJ 基本已经取消，取代它的是在 DBQ 中加了计时控制电路，即当三相电机电路接通有电流流过时开始计时，当道岔因受阻等原因不能转换到底时，计时控制电路会自动切断 BHJ 的电路，使 BHJ 落下，切断 1DQJ 的自闭电路，最终使 1DQJ 落下，1DQJF 落下，从而切断电机电路。

（4）2DQJ 转极电路。

当 1DQJF 吸起后，由其前接点接通 2DQJ 转极电路，其工作原理与四线制道岔控制电路中 2DQJ 电路相同。

（5）电机电路。

当 2DQJ 转极后，接通电机电路，电机开始动作。假设道岔由定位向反位转换，三相电机电路接通公式为：

A 相电—RD1—DBQ$_{11-21}$—1DQJ$_{12-11}$—05-1—F 端子—X1—电缆盒 1—a 绕组—星形连接点 O。

B 相电—RD2—DBQ$_{31-41}$—1DQJF$_{12-11}$—2DQJ$_{111-113}$—05-4—F 端子—X4—电缆盒 4—接点组 11-12—b 绕组—星形连接点 O。

C 相电—RD3—DBQ$_{51-61}$—1DQJF$_{22-21}$—2DQJ$_{121-123}$—05-3—F 端子—X3—电缆盒 3—接点组 13-14 – 电门 K – C 绕组 – 星形连接点 O。

当道岔转换完毕，接点组 11—12 和 13—14 断开，使电机断电，从而使 BHJ 落下，而后切断 1DQJ 自闭电路，使 1DQJ 和 1DQJF 相继落下。

当道岔由反位向定位转换时，需要改变电机的转向，三相电机只要任意颠倒两相电源的相序就可以使电机反转。这里，正、反转时 A 相电路不变，通过将 B、C 两相电源对调来改变电机转向。

（6）断相保护器 DBQ 及 BHJ 电路。

① 断相保护器 DBQ 的组成。

断相保护器电路主要由三个电压互感器、一个桥式整流电路和一台保护继电器 BHJ 组成，如图 4-21 所示，其中电压互感器和整流器焊在电路板上，置于继电器罩里面，外形同安全型继电器。端子 11、31、51 为三相电源的输入端，端子 21、41、61 为三相电源的输出端，端子 1、2 为直流输出端，接 BHJ 的 1-4 线圈。

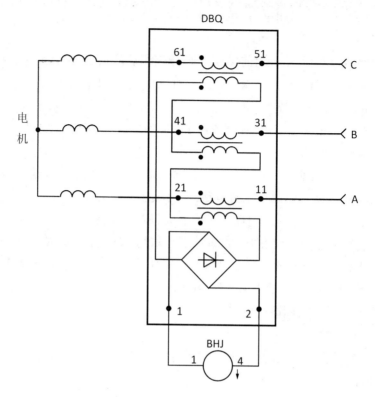

图 4-21　DBQ 电路原理图

② 断相保护器 DBQ 的作用。

第一，当道岔动作电路接通后，出现断相故障时，及时切断控制电路，保护电机。

第二，道岔密贴，转辙机动作杆动作到终点后，切断道岔控制电路。

③ 断相保护器 DBQ 的工作原理。

道岔平时不动作，DBQ 的三个电压互感器输入线圈中无电流流过，桥式整流电路无输出，故 BHJ 平时处于落下状态；当道岔动作三相负载工作正常时，三个电压互感器的输入线圈中有电流流过，在互感器的二次侧除基波外还有其他谐波分量，由于三相基波相位差为 120°，基波分量 $U_{A1}+U_{B1}+U_{C1}=0$，其三次谐波 $U_{A3}+U_{B3}+U_{C3}=3U_{A3}$。由 $3U_{A3}$ 经过桥式整流电路整流输出直流电，使 BHJ 励磁吸起，使 1DQJ 自闭。

若三相交流电源通电过程中出现断相故障，缺相的互感器一次侧相当于开路，电路中无电流流过，所以在其次级无感应。而另两相电源由于三相中缺少了一相，故负载电流的幅值也将变小，相位也发生了变化，与其对应的变压器二次侧的感应电压的幅值及相位也发生了变化，使三个变压器二次侧串联叠加输出电压基本趋于零，故桥式整流电路的直流输出电压也为零，使 BHJ 落下，切断 1DQJ 的自闭电路，使 1DQJ 落下，从而切断电机电路，道岔停止转换，防止因电机缺相运行而损坏。

（7）电动机接续电路。

第一牵引点用 ZYJ7 型电液转辙机牵引，第二牵引点由 SH6 型转换锁闭器牵引，两个牵引点只有一台电机，两个牵引点间的动力传输用油管进行连接，它们之间的同步问题可以通过调整转辙机和转换锁闭器中的液压调节阀来进行。理论上两个牵引点是同步的，但实际设备多数都存在不同步情况，当第一牵引点到达规定位置而第二牵引点还未到达规定位置时，第一牵引点 ZYJ7 型电液转辙机中的电机仍需继续转动，直至第二牵引点到达规定位置时止。在室外控制电路中设计了接续电路来解决不同步问题。如图 4-20 所示，第一牵引点密贴锁闭后，接点组已为 2、4 排闭合，第二牵引点此时仍为 1、4 排闭合，所以，ZYJ7 型电液转辙机中的电机仍然能够通电，其中 A 相电仍然加在 a 绕组上；B 相电经 ZYJ7$_{21-22}$—端子 9—SH6 转换锁闭器 9—SH6$_{11-12}$—端子 6—b 绕组；C 相电经 ZYJ7$_{23-24-45-46}$—端子 8—SH6$_{13-14}$—端子 3—端子 13—电门 K—C 绕组。

以上以单机两点牵引为例，对单机三点牵引电路来说，此电路原理相同，这里不再赘述。

2）表示电路原理

（1）表示电路等效电路。

表示电路的等效电路如图 4-22 所示，DBJ 通过电机绕组与整流匣 R-Z 构成并联电路，在表示电路中一个称为继电器支路，一个称为整流匣支路。当表示交流电源负半周时，电流 I_1 流经 DBJ 的 1—4 线圈，使 DBJ 吸起，此时二极管截止；当表示交流电源正半周时，二极管正向导通，DBJ 线圈两端电压接近于零，但线圈产生的自感电流 I_2 经二极管使 DBJ 保持吸起状态。由表示电路的等效电路可以看出，表示电路两支路任一支路断线，表示继电器都不会吸起。但当电机绕组局部短路时，并不影响表示继电器的正常吸起。

FBJ 电路同 DBJ 电路，这里不再赘述。

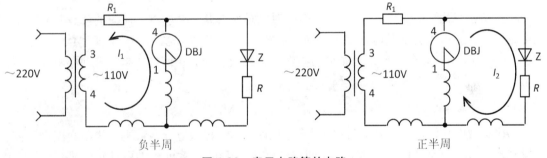

图 4-22　表示电路等效电路

（2）表示电路的接通公式。

道岔转换到规定位置锁闭后才能给出表示，此时 1DQJ、1DQJF 为落下状态；2DQJ 与室外转辙机应在相同位置。DBJ 电路的接通公式为：

① DBJ 线圈支路：BB$_{Ⅱ4}$—1DQJ$_{13-11}$—05-1—F 端子—X1—ZYJ7 电缆盒 1—a 绕组—星形连接点—b 绕组—接点组 12-11—ZYJ7 电缆盒 4—X4—F 端子—05-4—DBJ$_{1-4}$ 线圈—2DQJ$_{132-131}$—1DQJ$_{21-23}$—电阻 R1－BB$_{Ⅱ3}$。

② 整流匣支路：BB$_{Ⅱ4}$—1DQJ$_{13-11}$—05-1—F 端子—X1—ZYJ7 电缆盒 1—a 绕组—星形连接点—c 绕组—ZYJ7 接点组 35-36—ZYJ7 电缆盒 12—SH6 电缆盒 12—SH6 接点组 36-35-46—整流匣 1-2—SH6 接点组 16-15-34-33—SH6 电缆盒 7—ZYJ7 电缆盒 7—ZYJ7 接点组 16-15-34-33—ZYJ7 电缆盒 2—X2—F 端子—05-2—2DQJ$_{112-111}$—1DQJF$_{11-13}$—2DQJ$_{132-131}$—1DQJ$_{21-23}$—电阻 R1—BB$_{Ⅱ3}$。

当道岔到达反位时，接点组为 2-4 排闭合，FBJ 吸起，FBJ 电路接通公式这里不再介绍。

（3）表示电路的几点说明。

①电源：五线制道岔表示电源采用交流 220 V，经 BD1-7 变压器隔离降压为 110 V 供电路使用。

②电阻 R_1：保护电源，防止室外负载短路而损坏电源。

③电阻 R_2：若 X4、X5 发生短路，则道岔转换到位后，电机 c 绕组的电源不能切断，a 绕组由 X1 送电，b 绕组从 X2 或 X3 经整流匣得到电源，这时 b 绕组中有直流电流流过，电机仍能转动，当 TJ 吸起后切断三相电源，但此时电机中三相电流不均衡，如无 R2，它所产生的感应电动势在 1DQJ 缓放时间里发生反转，使道岔逆转解锁。

④整流匣电阻 R：当道岔转换到位时，由于 1DQJ 具有缓放作用，在转辙机接点接通瞬间，室内 380 V 动作电源将会送至整流匣（定位向反位为 X1、X3，反位向定位为 X1、X2），如果不接电阻 R，则有可能击穿二极管。

⑤DBJ 线圈支路中只检查接点组的 12-11 接点，FBJ 线圈支路中只检查接点组的 41-42 接点，虽然 DBJ、FBJ 线圈支路未全部检查接点，但整流匣支路进行了检查。当表示接点断开时，整流匣支路不能与 DBJ 或 FBJ 并联，表示继电器通的是交流电流，不能吸起。当外线电缆发生混线时，表示继电器线圈被短路，DBJ、FBJ 也不会吸起。

（二）S700K 型电动转辙机五线制交流道岔控制电路

1. S700K 型电动转辙机五线制交流道岔控制电路的组成

提速道岔采用 S700K 型电动转辙机牵引时，道岔有几个牵引点，对应的就有几套道岔控制电路，每个牵引点的控制电路完全相同，如图 4-23（b）所示。另外，对于 QDJ 和 ZBHJ，如图 4-23（a）所示，道岔如果是非可动心轨时，只设置一套；道岔如果是可动心轨的，需要设置两套，其中尖轨设置一套，心轨设置一套。

1）道岔启动电路

S700K 型电动转辙机每套道岔控制电路的组成与 ZYJ7 型电液转辙机五线制交流道岔控制电路基本一致，只是 TJ 选用 13 s 的时间；转辙机采用的是 S700K 型电动转辙机；多机牵引增加了切断继电器 QDJ（JWXC—1700 型）、ZBHJ（JWXC—1700 型）。

2）道岔表示电路

有几个牵引点就有几套表示电路，每套表示电路的组成如图 4-23（b）所示，与 ZYJ7 型电液转辙机五线制交流道岔控制电路基本一致。另外，还需要设置一台总的 DBJ 和一台总的 FBJ，在总的表示继电器电路中采用双断方式将各个牵引点对应的表示继电器接点串联起来，如图 4-23（a）所示。

2. 电路动作过程

在单独操纵道岔或进路操纵道岔后，电路的整体动作过程如下（以两个牵引点为例）：

（1）A 机：1DQJ↑→DBJ/FBJ↓、1DQJF↑、给 TJ 通电→2DQJ 转极→接通电机电路→1BHJ↑→1DQJ 自闭。

B 机：A 机 1DQJ↑→B 机 1DQJ↑→DBJ/FBJ↓、1DQJF↑、给 TJ 通电→2DQJ 转极→接通电机电路→2BHJ↑→1DQJ 自闭。

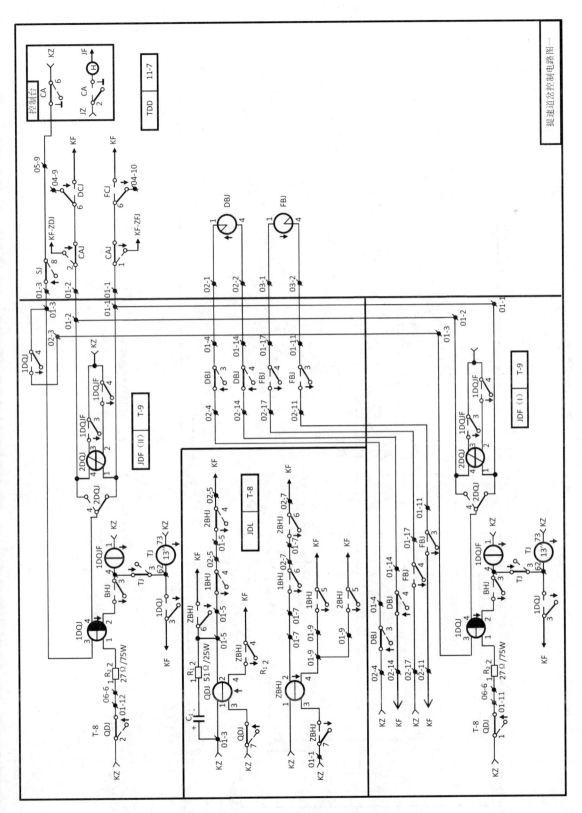

（a）

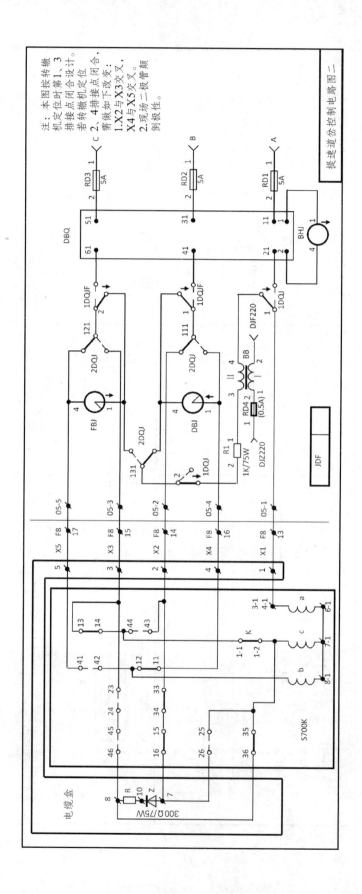

注：本图按转辙机定位时第1、3排接点合设计。若转辙机定位若做点机定位需做如下改变：
1. X2与X3交叉，X4与X5交叉。
2. 现场二极管颠倒极性。

提速道岔控制电路图二

（b）

图 4-23 S700K 型交流道岔控制电路

（2）1BHJ↑和2BHJ↑→ZBHJ↑→QDJ自闭。

（3）道岔转换到位时：

1BHJ↓→A机1DQJ↓→1DQJF↓→DBJ/FBJ↑。

2BHJ↓→B机1DQJ↓→1DQJF↓→DBJ/FBJ↑。

（4）在1BHJ和2BHJ都落下后，接通QDJ的励磁电路，切断ZBHJ的自闭电路使之落下。

（5）A机和B机的DBJ/FBJ都吸起，接通总的DBJ/FBJ的励磁电路，道岔给出相应表示。

另外：道岔卡阻时1DQJ↑→13 s后→TJ↑→1DQJF和1DQJ↓→BHJ↓→ZBHJ↓→QDJ↓。

3. 电路动作原理

1）启动电路原理

（1）1DQJ电路。

第一个牵引点的1DQJ励磁电路工作原理与前面所述道岔控制电路相同，如图4-23（a）所示；而第二个牵引点的1DQJ励磁电路增加了第一个牵引点1DQJ的前接点，这是为了防止道岔同时启动而导致启动电流过大。

1DQJ的1-2线圈自闭电路由QDJ、BHJ的前接点和TJ的后接点接通。当QDJ的前接点、BHJ的第三组前接点或TJ的第三组后接点断开时，切断1DQJ自闭电路。

（2）每个牵引点的1DQJF电路、TJ电路（设定时间为13 s）、2DQJ转极电路以及S700K型电动转辙机的电机电路与ZYJ7型电液转辙机五线制道岔控制电路相同。只是S700K型电动转辙机的电机电路不需要ZYJ7型电液转辙机电机接续电路。

与ZYJ7型电液转辙机道岔控制电路一样，在现场实际应用的设备中，在DBQ中加了计时控制电路（设定为13 s）来取代TJ，以便起到道岔受阻13 s停机的作用。

（3）BHJ电路。

总保护继电器ZBHJ用于监督多机牵引的转辙机全部开始转换和全部转换到底。

ZBHJ平时为落下状态，当第一、二牵引点的电机开始旋转时（以两个牵引点为例），1BHJ和2BHJ励磁吸起，使ZBHJ励磁并自闭；当两个牵引点都到达规定位置后，电机电路断电，1BHJ和2BHJ都落下，切断ZBHJ的励磁及自闭电路，ZBHJ落下。

（4）切断继电器QDJ电路。

切断继电器QDJ用于监督本转辙机1DQJ自闭电路的切断，也用于监督多机牵引的转辙机全部开始转换和全部转换到底。

① 切断继电器QDJ平时通过1BHJ和2BHJ的落下接点保持在吸起状态（以两个牵引点为例）；当第一、二牵引点电机都开始工作时，通过ZBHJ的吸起接点接通QDJ的自闭电路；QDJ线圈电路增设电容C和电阻R支路，在ZBHJ吸起前，靠电容C放电，使QDJ缓放不落下。正常情况下，切断继电器QDJ一直保持在吸起位置。

② 在道岔启动前（以两个牵引点为例），当一个牵引点电机电路正常而另一个牵引点电机电路故障不能正常旋转时，切断继电器QDJ失磁落下，进而使1DQJ落下，1DQJF落下，切断电机电路，道岔停止转换，从而保护道岔尖轨。具体电路分析为：操纵道岔，两台BHJ只有一台吸起，ZBHJ不能吸起（见图4-23），因为只要吸起一台BHJ，就断开了QDJ的1-2线圈励磁电路，所以电容C放电完毕后，QDJ落下（ZBHJ未吸起，QDJ的3-4线圈自闭电路不能接通），切断了未故障牵引点的1DQJ自闭电路，使未故障牵引点的电机停转，道岔停止转换。

注：道岔启动后，若其中一个牵引点电机电路断线故障（以两个牵引点为例），此时故障牵引点的 BHJ 落下，使 1DQJ 落下，1DQJF 落下，切断电机电路，使故障牵引点的电机停止转换；而未故障牵引点的 BHJ 并不落下，QDJ 和 ZBHJ 处于吸起自闭状态，电机继续旋转，该牵引点的 1DQJ 吸起达 13 s 时，TJ 吸起，才切断 1DQJF 的励磁电路和 1DQJ 的自闭电路，电机才停止旋转。

2）表示电路原理

S700K 型电动转辙机五线制道岔控制电路中每个牵引点各设置一台 DBJ 和 FBJ，再设置一套总表示继电器，当各个牵引点表示继电器全部吸起后，通过各个牵引点表示继电器前接点串联给总的道岔表示继电器 DBJ 和 FBJ 通电，如图 4-23（a）所示。每个牵引点的表示电路如图 4-23（b）所示，与前面所述 ZYJ7 型电液转辙机表示电路原理相同，也是由表示继电器线圈支路和整流匣支路组成。表示电路的接通公式如下（以 DBJ 电路为例）：

① DBJ 线圈支路：BB$_{II}$4—1DQJ$_{13-11}$—05-1—F 端子—X1—电缆盒 1—a 绕组—星形连接点—b 绕组—速动开关 12-11—电缆盒 4—X4—F 端子—05-4—DBJ$_{1-4}$ 线圈—2DQJ$_{132-131}$—1DQJ$_{21-23}$—电阻 R1—BB$_{II}$3。

② 整流匣支路：BB$_{II}$4—1DQJ$_{13-11}$—05-1—F 端子—X1—电缆盒 1—a 绕组—星形连接点—c 绕组—速动开关 35-36—电缆盒 8—电阻 R—电缆盒 10—二极管 Z—电缆盒 7—速动开关 16-15—34-33—电缆盒 2—X2—F 端子—05-2—2DQJ$_{112-111}$—1DQJF$_{11-13}$—2DQJ$_{132-131}$—1DQJ$_{21-23}$—电阻 R1—BB$_{II}$3。

当道岔到达反位时，速动开关为 2-4 排接点闭合，FBJ 吸起。FBJ 电路接通公式这里不再介绍。

（三）多机牵引道岔控制电路

高速道岔采用多机牵引（多于三点牵引），在 30 号和 38 号道岔中，尖轨 6 个牵引点，心轨 3 个牵引点，可采用 S700K 型电动转辙机或 ZYJ7 型电液转辙机牵引（不设转换锁闭器），要求每个牵引点设置一台转辙机。

1. 启动电路

其道岔控制电路的原理与前面的 S700K 型道岔控制电路基本相同，在道岔启动过程中，从第一牵引点开始向后面牵引点顺序供电，也就是第一牵引点的 1DQJ 吸起后通过 1DQJ 前接点给第二牵引点 1DQJ 送电，第二牵引点 1DQJ 吸起后再通过第二牵引点 1DQJ 的前接点给第三牵引点 1DQJ 送电，依此类推，形成顺序启动。这种控制方式可以避开转辙机启动电流的峰值，有利于电源系统的选配。

2. 表示继电器电路

每个牵引点各设置一台 DBJ 和 FBJ，再设置一套总表示继电器，当各牵引点的表示继电器全部吸起后，通过各个牵引点表示继电器前接点串联给总的道岔表示继电器 DBJ 和 FBJ 通电。每个牵引点道岔表示电路与 S700K 型道岔表示电路相同。

3. 多机牵引同步保护电路

对于单机牵引的道岔，室内控制电路不设置 QDJ 和 ZBHJ 电路。而对于多机牵引的道岔

（用 ZYJ7 型电液转辙机时不设置转换锁闭器），牵引同一根尖轨或心轨就有多个动力源，在道岔转换过程中，若有的转辙机动有的转辙机不动，就会出现别劲乃至拉坏尖轨。为了检查多机系统各电机动作的一致性，采用道岔同步保护电路，尖轨和心轨各设一套，尖轨用 1QDJ 和 1ZBHJ，心轨用 2QDJ 和 2ZBHJ。当尖轨每个牵引点的 BHJ 都吸起时，1ZBHJ 才能吸起，进而使 1QDJ 自闭。当心轨每个牵引点的 BHJ 都吸起时，2ZBHJ 才能吸起，进而使 2QDJ 自闭。只有所有的 BHJ 均落下时，QDJ 才落下。其原理同 S700K 型电动转辙机控制电路。

（四）交流道岔控制电路故障分析（以 ZYJ7 型电液转辙机五线制道岔控制电路为例）

交流道岔控制电路发生故障时，要根据故障现象仔细分析原因，以便快速处理故障。在处理故障时，无论是启动电路还是表示电路，基本方法都是利用表示电源来查找故障点。

1. 表示电路故障

对于交流道岔控制电路，要快速分析处理故障，首先必须知道无故障时的正常现象。正常情况下道岔控制电路表示电压为：道岔在定位时，X2 与 X1、X4 间的交流电压为 55 ~ 60 V，直流电压为 21 ~ 24 V；道岔在反位时，X3 与 X1、X5 间的交流电压为 55 ~ 60 V，直流电压为 21 ~ 24 V；DBJ 和 FBJ 的线圈交流电压在 58 V 左右，直流电压为 21 ~ 22 V。

1）控制台故障现象

道岔位置表示灯熄灭，控制台挤岔表示灯点亮，挤岔电铃鸣响。

2）判断故障范围

在道岔失去表示时，在分线盘上进行测试，可以确定道岔控制电路的故障范围，定位测 X2 与 X1，反位测 X3 与 X1。

（1）若测得 X2 与 X1（反位为 X3 与 X1）间无电压（为 0 V 或非常小），此时可以测 R1 两端电压。

① 若无电压，则说明是室内表示电源断线故障。

② 若测到较高的交流电压（约为 110 V），则说明室外有混线故障（由于混线的位置和程度不同，X1 与 X2 间可以测到大小不同的低电压。另外，此时的 R1 电阻较正常热）。

（2）若测得 X2 对 X1、X3、X4（反位测 X3 对 X1、X2、X5）有交流 110 V，则为室外整流匣支路断线故障。检查室外开闭器接点是否闭合、遮断开关接点接触是否良好，电机配线和整流匣有无断线。

（3）若测得 X2 与 X1（反位为 X3 与 X1）有交流电压 20 ~ 30 V，没有直流电压，则为室外整流匣中的二极管混线。

（4）若测得 X2 与 X1（反位为 X3 与 X1）有交流电压 65 V 左右，直流电压 35 V 左右，则为室外表示继电器支路断线故障。

注：由于每一台转辙机（含转换锁闭器）设一套表示电路，所以要先确定是总表示电路故障还是哪一台转辙机表示电路故障，然后再进行处理。

3）断路故障查找方法（以道岔在定位，第 1、3 排接点通为例）

（1）室内表示电源断线故障。

首先测表示变压器有无交流电压（110 V）。如无电压则为电源故障，可依次检查电源、断路器、变压器及连线。如有电压则为室内断线故障，可沿表示电路室内部分依次测量，找出故障点。

（2）室外断线故障处理。

① 整流匣支路断线故障处理。

若在分线盘的 X1 与 X2（反位是 X1 与 X3）上有 110 V 交流电压，而电缆盒处测对应端子无电压，则说明电缆断线。此时 X1 与 X4 间如有小电压，说明 X2 电缆断线；如无小电压，说明 X1 电缆断线。

若在分线盘的 X1 与 X2 上有 110 V 交流电压，到电缆盒处也有 110 V 电压，则说明电缆盒至转辙机内部有断线故障。继续用测量 X1 与 X2 之间电压的方法查找，一只表笔固定在 X1，另一只表笔沿整流匣支路依次测量，电压从有到无的临界点就是故障点。

② 表示继电器支路断线故障处理。

若在分线盘 X2 与 X1 之间测得交流电压为 65 V 左右，直流电压为 35 V 左右，X1 与 X4 之间交流电压为 110 V，则为 X4 外线断线。到电缆盒处测量，如无 110 V，说明 X4 电缆断线；如有 110V，继续用测量 X1 与 X4 间电压的方法沿表示继电器支路测量，电压从有到无的临界点就是故障点。

4）混线故障查找方法（假定为室外有混线故障）

查找混线故障，要依次用甩线法断开电路中的可能混线点再进行测量判断。将万用表置于合适挡位，测分线盘电压，定位测量 X1 对 X2、X3 有 5.8 V 左右电压，X1 对 X4 有 2.9 V 左右电压，反位测量 X1 对 X2、X3 有 5.8 V 左右电压，X1 对 X5 有 2.9 V 左右电压，则为混线故障（电缆、电机、接点、整流匣等）。

① 室外 X1 与 X2 或 X2 与 X4 混线故障：首先在电动转辙机处断开 X4，区分是 X1 与 X2 还是 X2 与 X4 混线。若 X1 与 X2 有电压，则为 X2 与 X4 短路；若仍无电压，说明 X1 与 X2 混线。然后依次断开各电缆盒的 X2 端子，测 X1 与 X2 间电压，以确定混线故障点。

② X1 与 X4（反位是 X1 与 X5）混线故障：当 X1 与 X4 混线时，不影响表示电路的正常工作，分线盘上的电压无明显变化，但转换道岔时断路器跳闸。查找方法：首先断开转辙机侧的 X4，测 X1 与 X4 间电压，再依次断开各电缆盒的 X4 端子进行查找。

2．启动电路故障

1）控制台的故障现象及故障范围判断（断线故障）

当对道岔进行单独操纵时（假定道岔在定位，向反位单独操纵），道岔控制电路正常时控制台的现象为：道岔定位表示灯绿灯熄灭，监测道岔电流表指针正常偏转后回零，然后道岔反位表示灯黄灯点亮。

当道岔启动电路故障时，应根据故障现象及电路整体动作过程进行故障范围判断。

（1）若道岔定位表示灯绿灯不灭，则说明 1DQJ 未吸起。

（2）若道岔定位表示绿灯熄灭，但松开按钮后绿灯又再次点亮（恢复定位表示），则说明 1DQJ↑，1DQJF 未吸或 2DQJ 未转极。

（3）若定位表示灯绿灯熄灭，松开按钮后绿灯也不再点亮（不恢复定位表示），但控制台电流表不动作，则说明 2DQJ 已经转极，电机动作电路至少缺两相电。应进一步观察 BHJ 是吸起后再落下，还是根本不吸起。

① 若 BHJ 根本不吸起，应检查组合侧面的 380 V 是否正常，断路器是否良好。若电源正常，但到分线盘测试时电源缺相（X1、X3、X4），则可能是 DBQ 到 1DQJ 及 1DQJF 的相应接点间断线，也可能是 DBQ 内部故障。

② 若在分线盘测试电源正常，则应到室外重点检查转辙机遮断开关及速动开关的接点接触情况。

③ 如果 BHJ 先吸起，然后又落下，说明三相负载部分良好，应重点观察 BHJ 和 1DQJ 落下的先后顺序。若 BHJ 先落下，一般来说可能是 DBQ 不良，可换一台试试；若 BHJ 在 1DQJ 落下后再落下，则说明可能是 1DQJ 自闭电路有问题，包括 QDJ 是否在吸起状态。

（4）若定位表示灯绿灯熄灭，松开按钮后绿灯也不再点亮（不恢复定位表示），但控制台电流表的读数大于正常值很多且马上回零，定位表示灯不再点亮，回操后定位表示灯点亮，则说明道岔电机动作电路单相断线故障。

（5）若定位表示灯绿灯熄灭，松开按钮后绿灯也不再点亮（不恢复定位表示），控制台电流表的读数开始正常后略有增加，延时 13 s 时 JCDL 响，JCD 红灯亮灯，延时 30 s 时电流表读数回零，则说明故障为道岔卡阻。（道岔失去表示 13 s 时挤岔报警电路实现报警，1DQJ 吸起 30 s 时 TJ 吸起切断电机电路。）

2）区分室内外故障范围（道岔由定位向反位转换的电机动作电路）

操纵道岔时，在分线盘测 X1、X3、X4 是否有 380 V 电压。

① 若 X1 与 X3 间有 380 V 电压，X1 与 X4 间无 380 V 电压（有 150 V 左右），则是 X4 断相（定位有表示），故障点在 $1DQJF_{12-11}$ 与 $2DQJ_{111-112}$ 这两组接点之间。

② 若 X1 与 X4 间有 380 V 电压，X1 与 X3 间无 380 V 电压，则是 X3 断相，故障点在 $1DQJF_{22-21}$ 与 $2DQJ_{121-123}$ 这两组接点之间。

③ 若 X1、X3、X4 间有 380 V 电压，则为室外断线故障。

3）室内断线故障处理方法

首先检查 1DQJ、1DQJF 是否吸起，2DQJ 是否转极。如果控制电路部分继电器动作不正常，应按下列动作逻辑关系式进行检查：AJ↑及 ZFJ↑（或 FCJ↑）→1DQJ↑→1DQJF↑→2DQJ 转极。

① 1DQJ 不吸起：故障现象为道岔操不动，表示不断。在确认 SJ、DCJ（FCJ）吸起后，用万用表测量 1DQJ 的励磁电路。

② 1DQJF 不吸起：故障现象为道岔操不动，表示断又恢复。首先确认 1DQJF 线圈 1 有正电源，再用红表笔固定在 06-1 上，黑表笔依次测 $1DQJ_{32-31}$（经 30 s TJ 吸起，说明 $1DQJ_{32-31}$ 良好），TJ_{31-33} 线圈 4 有无负电源。

③ 2DQJ 不转极：故障现象与 1DQJF 不吸相同。固定 KF，沿 KZ、1DQJF、2DQJ 进行测量，故障点就是有无电压的临界点。（经 30 s TJ 吸起，切断 1DQJF 工作电路，1DQJF 落下，2DQJ 就不能转极。）

④ 1DQJ 不能自闭：故障现象为电流表指针动一下马上回零，道岔不能正常启动，表示断。先观察继电器动作情况，包括 BHJ、QDJ 等，条件满足后查 KZ 电源或用电阻挡查找（因为

1DQJF 已经动作，共用电路部分是好的），用负表笔固定在 06-3，正表笔测 BHJ32，正电有后，如果 1DQJ 自闭电路不断，但是 1DQJ 不能自闭，就要检查串联在 1DQJ 1-2 线圈的电阻值（27Ω）有无变化。

⑤ BHJ 不能动作：故障现象为道岔不能正常启动，表示断，1DQJ 不能自闭。若已经在分线盘确定为室内故障，先检查组合侧面的 380 V 是否正常，断路器是否良好；再用万用表测试 BHJ 动作电路中的正反向电阻值（正向 1 350 Ω 左右、反向 1 700 Ω 左右）；再测试 1DQJ12、1DQJF12、1DQJF22 是否有 380 V 电压；沿电机电路室内部分测量，直至分线盘相应端子。

4）室外断线故障处理方法

① 道岔在定位时：在电缆盒测 X2 与 X3（或 X2 与 X4）之间电压，如有电压，说明对应的电缆断线。如无电压，说明故障点在电缆盒端子与电机相对应的端子之间。

② 道岔在反位时：在电缆盒测 X3 与 X2（或 X3 与 X5）之间电压，如有电压，说明对应的电缆断线。如无电压，说明故障点在电缆盒端子与电机相对应的端子之间。

有些故障往往是由于室外设备接触不良所致，经过室内的操纵，故障有时可自然恢复。

（五）利用微机监测设备对道岔故障的分析

1. 交流道岔正常动作电流曲线

正常曲线在 5.3 s 后应该有由两项电源曲线组成的小台阶。这个小台阶大概在 0.5～0.6 A，如图 4-24 所示。

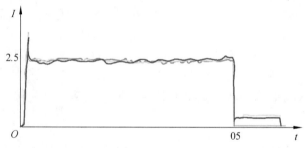

图 4-24　正常动作电流曲线

2. 交流道岔异常动作电流曲线

（1）室外二极管故障动作曲线。

如果室外二极管故障，小台阶上升到 1 A 左右，如图 4-25 所示。

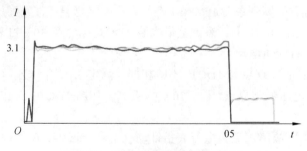

图 4-25　室外二极管故障动作曲线

（2）道岔解锁困难曲线。

由图 4-26 可见，该道岔在解锁时有一个很大的向上的毛刺，且整个动作过程中电流曲线不平滑。检查发现在尖轨处有一枕木歪斜，以至枕木上的滑床板与尖轨底部形成点接触，造成道岔解锁困难。

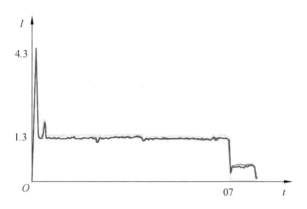

图 4-26　道岔解锁困难曲线

（3）道岔转换途中不畅曲线。

由图 4-27 可见，在道岔动作过程中电流曲线很不规范，动作电流在 4 s 时发生了很大变化，电流急剧上升。检查发现为道岔尖轨左侧第三块滑床板断裂。更换完毕后扳动道岔时曲线良好。

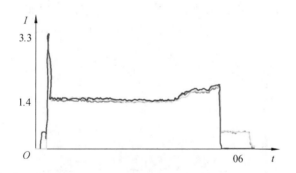

图 4-27　道岔转换途中不畅曲线

（4）启动电路接点接触不良曲线。

动作电流曲线特点是三相电流的其中一相电流为 0，与断相曲线一样，另外两相也因 BHJ 的作用电流很快回 0，从图 4-28 中可以看到它的启动电流时间是很短的，只有不到 0.5 s。检查发现为启动电路接点接触不良。

（5）表示电路故障曲线。

如图 4-29 所示，当道岔从反位往定位操纵时，道岔动作电路正常，动作电流曲线平滑，但道岔在锁闭时，没有正常曲线应该有的由两项电源曲线组成的小台阶。这种曲线基本上是由于道岔自动开闭器动接点没有完全打过去，检查柱没有落到表示杆缺口内造成的，道岔无表示。

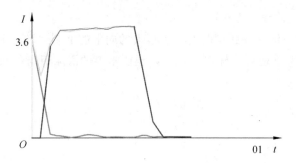

图 4-28　启动电路接点接触不良曲线

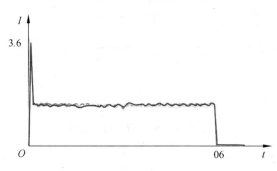

图 4-29　表示电路故障曲线

（6）道岔受阻曲线。

如图 4-30 所示，道岔在转动 2 s 以后，动作电流开始发生变化，出现卡阻曲线。导致这种故障的原因很多，有可能是道岔尖轨处轨距发生改变使锁钩与基本轨过紧；或是道岔锁钩处生锈造成锁钩落不下去不解锁；或是锁钩底部与动作杆之间夹石头造成锁钩落不下去不解锁，等等。

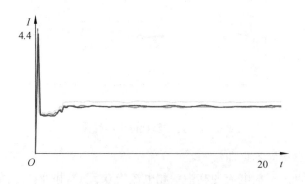

图 4-30　道岔受阻曲线

复习思考题

1. 道岔启动电路和表示电路的技术要求有哪些？是如何实现的？
2. 四线制道岔控制电路由什么组成？写出其电路动作过程。
3. 在四线制道岔控制电路中，加入 SJ 第 8 组前接点的作用是什么？
4. 双动道岔控制电路与单动道岔控制电路有何区别？

5. 画图解释 6502 电路如何实现对带动道岔的控制。

6. 6502 电路当道岔失去表示超过 13 s 后电路上如何实现报警？

7. 六线制双机牵引道岔控制电路由什么组成？该电路用来控制什么道岔？写出其电路动作过程。

8. 如何区分四线制道岔控制电路启动电路和表示电路室内外故障范围？

9. 如何查找四线制道岔控制电路室内外断线故障？

10. 四线制道岔控制电路中表示电路 X1—X3（或 X2—X3）间发生混线时，如何实现故障导向安全？

11. 如何利用微机监测设备对四线制道岔控制电路进行故障分析？

12. ZYJ7 型电液转辙机五线制交流道岔控制电路由什么组成？写出其电路动作过程。

13. 三相交流道岔控制电路中断相保护的控制原理。

14. 对于 ZYJ7 型电液转辙机道岔，当第一牵引点先到位而第二牵引点没到位时，电路如何动作？

15. 画出提速道岔表示电路的等效电路图，并说明当整流匣开路、短路；电机绕组开路、短路时控制台有何现象？为什么？

16. S700K 型电动转辙机五线制交流道岔控制电路由什么组成？写出其电路动作过程。

17. 对于 S700K 型电动转辙机道岔，当遮断器打开时，操纵道岔电路如何动作？

18. 对于 S700K 型电动转辙机道岔，当道岔中途受阻时，电路如何动作？

19. 如何区分五线制交流道岔控制电路启动电路和表示电路室内外故障范围？

20. 如何查找五线制交流道岔控制电路室外断线故障？

21. 如何利用微机监测设备对五线制交流道岔控制电路进行故障分析？

【操作实践】

任务一　直流道岔控制电路故障处理

一、任务描述

根据《铁路技术管理规程》和《铁路信号维护规则技术标准》的要求，熟练掌握各种直流道岔控制设备的基本组成及工作原理，做好道岔控制设备的日常检查和测试工作。当道岔控制设备发生故障时，根据直流道岔控制电路的原理和直流电动转辙机的性能，按照相关技术要求，对直流道岔控制电路进行故障分析、判断及处理，保证道岔控制设备的运用安全。

二、所需设备及资料

（1）ZD6 型电动转辙机道岔控制设备；

（2）道岔控制设备检修及故障处理工具（钳子、大扳子、小扳子、密贴检查锤、万用表、兆欧表）；

（3）道岔控制设备电路图、配线图；

（4）《铁路信号实训教学指导》；

（5）《铁路技术管理规程》和《铁路信号维护规则技术标准》。

三、操作步骤

首先根据控制台故障现象，分析是启动电路故障还是表示电路故障，处理故障时，一般本着先表示电路后启动电路的原则进行。

1. 表示电路故障

正常情况下在分线盘上或电缆盒处对应的端子上进行测试，道岔控制电路表示电压为：交流 70 V 左右，直流 60 V 左右。

（1）控制台故障现象：道岔位置表示灯熄灭，控制台挤岔表示灯点亮，挤岔电铃鸣响。

（2）判断故障范围：在道岔失去表示时，在分线盘上进行测试，可以确定道岔控制电路的故障范围，定位测 X1，X3，反位测 X3，X2。若有交流 110 V，说明是室外断线故障。

（3）断路故障查找方法（以道岔在定位，电源已经送出室外为例）：将万用表置于交流 250 V 挡位，在电缆盒 1、3 端子进行测量。

① 若有交流 110 V，说明电缆盒至电动转辙机内部断线。

a. 在室内操纵道岔，并将道岔放在无表示的位置上。

b. 将万用表置于交流 250 V 挡位，一表笔放在 X3 上。另一表笔从 X1 开始，沿表示电路逐点测量，电压从有到无的临界点即为故障点。

注意：测试点在 X1 至二极管之间，测得的是 110 V；测量点越过二极管后，电压会有所降低。

② 若无电，说明电缆断线，进一步查找断线点。

2. 启动电路故障

（1）控制台的故障现象及故障范围判断（断线故障）。

当对道岔进行单独操纵时（假定道岔在定位，向反位单独操纵），道岔控制电路正常时控制台的现象为：道岔定位表示灯绿灯熄灭，监测道岔电流表指针正常偏转后回零，然后道岔反位表示灯黄灯点亮。当道岔启动电路故障时，故障现象及故障范围判断如下：

① 若道岔定位表示灯绿灯不灭，则说明 1DQJ 未吸起。

② 若道岔定位表示绿灯熄灭，但松开按钮后绿灯又再次点亮（恢复定位表示），则说明 1DQJ↑，2DQJ 未转极。

③ 若定位表示灯绿灯熄灭，松开按钮后绿灯也不再点亮（不恢复定位表示），但控制台电流表不动作，则说明 1DQJ↑，2DQJ 已经转极，电机动作电路断开。

④ 若定位表示灯绿灯熄灭，松开按钮后绿灯也不再点亮（不恢复定位表示），但控制台电流表的读数先为 3 A 左右，下降为 1 A 左右，尔后又上升为 2.8 A 左右，反位表示灯不点亮，则说明道岔电机动作电路正常，故障为道岔卡阻。

（2）断路故障查找方法（以道岔由定位向反位单操，电机动作电路故障为例）。

① 区分道岔控制电路室内外故障范围。

将万用表置于直流 250 V 挡位上，操纵道岔由定位向反位转换，在 1DQJ↑，2DQJ 转极的瞬间，在分线盘上测 X2，X4（当道岔由反位向定位转换时，测 X1，X4）。若表针有较大摆动幅度（200 V 左右），则说明道岔室外电机电路断线故障，否则为室内控制电路故障。

② 室外断路故障查找方法（设道岔处于定位时自动开闭器第 1、3 排接点闭合）。

a. 将万用表置于直流 250 V 挡位上，在室内操纵道岔，在 1DQJ↑，2DQJ 转极的瞬间，在电缆盒 2、5 端子上测量（反位向定位转换时测 1、5）。若有电压，说明电缆盒以后的电路有故障；若无电压，说明电缆断线。

b. 当确定为室外电机动作电路故障时，1DQJ 吸起，2DQJ 转极后，因原表示电路已断，新的表示电路尚未形成，可采用借表示电源的方法逐一查找断线的位置。

将万用表置于交流 250 V 挡位上，人为地将室内的 2DQJ 的位置置于与室外道岔实际相反的位置上，首先测电缆盒至 CJQ 是否有故障，如无故障则继续查找转辙机内部故障，将一只表笔固定插在 CJQ 的端子 3 上（X3），另一只表笔从 CJQ 的 1（反位向定位转换时不启动测 2）沿电机动作电路逐一测电压，直至测到端子 5，电压从有到无的临界点即为故障点，依此方法可找到断线位置。

任务二　交流道岔控制电路故障处理

一、任务描述

根据《铁路技术管理规程》和《铁路信号维护规则技术标准》的要求，熟练掌握各种交流道岔控制设备的基本组成及工作原理，做好交流道岔控制设备的日常检查和测试工作。当道岔控制设备发生故障时，根据交流道岔控制电路的原理和三相交流电动转辙机、电液转辙机的性能，按照相关技术要求，对交流道岔控制电路进行故障分析、判断及处理，保证道岔控制设备的运用安全。

二、所需设备及资料

（1）ZYJ7 型电液转辙机道岔控制设备，S700K 型电动转辙机道岔控制设备；

（2）道岔控制设备检修及故障处理工具（钳子、大扳子、小扳子、密贴检查锤、万用表、兆欧表）；

（3）道岔控制设备电路图、配线图；

（4）《铁路信号实训教学指导》；

（5）《铁路技术管理规程》和《铁路信号维护规则技术标准》。

三、操作步骤

交流道岔控制电路发生故障时，要根据故障现象仔细分析原因。在处理故障时，无论是启动电路还是表示电路，基本方法都是利用表示电源来查找故障点。

1. 表示电路故障处理（断线故障）

正常情况下道岔控制电路表示电压为：道岔在定位时，X2 与 X1、X4 间的交流电压为 55 ~ 60 V，直流电压为 21 ~ 24 V；道岔在反位时，X3 与 X1、X5 间的交流电压为 55 ~ 60 V，直流电压为 21 ~ 24 V；DBJ 和 FBJ 的线圈交流电压为 58 V 左右，直流电压为 21 ~ 22 V。

（1）控制台故障现象：道岔位置表示灯熄灭，控制台挤岔表示灯点亮，挤岔电铃鸣响。

（2）故障判断及查找：在道岔失去表示时，在分线盘上进行测试，可以确定道岔控制电路的故障范围，定位测 X2 与 X1，反位测 X3 与 X1。

① 若测得 X2 与 X1（反位为 X3 与 X1）间无电压，则说明是室内表示电源断线故障。首先测表示变压器有无交流电压（110 V）。如无电压则为电源故障，可依次检查电源、断路器、变压器及连线；如有电压则为室内断线故障，可沿表示电路室内部分依次测量，找出故障点。

② 若测得 X2 对 X1、X3、X4（反位测 X3 对 X1、X2、X5）有交流 110 V，则为室外整流匣支路断线故障。检查室外开闭器接点是否闭合、遮断开关接点接触是否良好，电机配线和整流匣有无断线。在电缆盒处测对应端子。若无电压，说明电缆断线，此时如果 X1 与 X4 间有小电压，说明 X2 电缆断线；如果无小电压，说明 X1 电缆断线；若有 110 V 电压，说明电缆盒至转辙机内部有断线故障，继续用测量 X1 与 X2 之间电压的方法查找，一只表笔固定在 X1，另一只表笔沿整流匣支路依次测量，电压从有到无的临界点就是故障点。

③ 若测得 X2 与 X1（反位为 X3 与 X1）间交流电压为 65 V 左右，直流电压为 35 V 左右，X1 与 X4 间交流电压为 110V，则为室外表示继电器支路断线故障。到电缆盒处测量，如无 110 V，说明 X4 电缆断线；如有 110 V，继续用测量 X1 与 X4 间电压的方法沿表示继电器支路依次测量，电压从有到无的临界点就是故障点。

2. 启动电路故障处理（断线故障）

当对道岔进行单独操纵时：

（1）若道岔定位表示灯绿灯不灭，则说明 1DQJ 未吸起。用万用表测量 1DQJ 的励磁电路。

（2）若道岔定位表示绿灯熄灭，但松开按钮后绿灯又再次点亮（恢复定位表示），则说明 1DQJ↑，1DQJF 未吸或 2DQJ 未转极。检查 1DQJF 能否吸起，若不吸，首先确认 1DQJF 线圈 1 有正电源，再用红表笔固定在 06-1 上，黑表笔依次测 1DQJ$_{32-3}$（经 30 s TJ 吸起，说明 1DQJ$_{32-31}$ 良好），TJ$_{31-33}$，线圈 4 有无负电源；若 1DQJF 能吸起，2DQJ 未转极，则可固定 KF，沿 KZ、1DQJF、2DQJ 进行测量，故障点就是有无电压的临界点。

（3）若定位表示灯绿灯熄灭，松开按钮后绿灯也不再点亮（不恢复定位表示），但控制台电流表不动作，则说明 2DQJ 已经转极，电机动作电路至少缺两相电。应进一步观察 BHJ 是吸起后再落下，还是根本不吸起。

① 若 BHJ 根本不吸起，应检查组合侧面的 380 V 是否正常，断路器是否良好。若电源正常，但到分线盘测试时电源缺相（X1、X3、X4），则可能是 DBQ 到 1DQJ 及 1DQJF 的相应

接点间断线，也可能是 DBQ 内部故障。

②若在分线盘测试电源正常，则应到室外重点检查转辙机遮断开关及速动开关的接点接触情况。

③若 BHJ 先吸起然后又落下，则说明三相负载部分良好，应重点观察 BHJ 和 1DQJ 落下的先后顺序。若 BHJ 先落下，一般来说可能是 DBQ 不良，可换一台试试；若 BHJ 在 1DQJ 落下后再落下，则说明可能是 1DQJ 自闭电路有问题，包括 QDJ 是否在吸起状态。

（4）若定位表示灯绿灯熄灭，松开按钮后绿灯也不再点亮（不恢复定位表示），但控制台电流表的读数大于正常值很多，且马上回零，定位表示灯不再点亮，回操后定位表示灯点亮，则说明是道岔电机动作电路单相断线故障。

操动道岔时在分线盘测 X1、X3、X4 是否有 380 V 电压。若 X1、X3、X4 间有 380 V 电压，则为室外断线故障。查找方法为：

①道岔在定位时：在电缆盒测 X2 与 X3（或 X2 与 X4）间电压，如有电压则说明对应的电缆断线。如无电压则说明故障点在电缆盒端子与电机相对应的端子之间。

②道岔在反位时：在电缆盒测 X3 与 X2（或 X3 与 X5）间电压，如有电压则说明对应的电缆断线。如无电压则说明故障点在电缆盒端子与电机相对应的端子之间。

（5）若定位表示灯绿灯熄灭，松开按钮后绿灯也不再点亮（不恢复定位表示），控制台电流表的读数开始正常后略有增加，13 s 时 JCDL 响，JCD 红灯亮灯，30 s 时电流表读数回零，则说明故障为道岔卡阻。

项目小结

本项目的主要内容是介绍道岔控制设备的组成、工作原理及故障分析处理方法，简要概括如下：

（1）ZD6 系列直流道岔控制电路主要包括四线制单动道岔控制电路、四线制双动道岔控制电路和六线制双机牵引道岔控制电路。直流道岔控制电路由道岔启动电路和道岔表示电路两部分组成，其中道岔启动电路主要由 1DQJ、2DQJ、电缆、RD1～RD3、ZD6 型电动转辙机等组成，是动作电动转辙机及转换道岔的电路；而道岔表示电路主要由 BB、DBJ、FBJ、电阻 R、电容 C、二极管 Z、电缆、ZD6 型电动转辙机等组成，是反映道岔位置的电路。当操纵道岔时，电路的整体动作过程首先是 1DQJ 吸起，表示继电器落下，接着是 2DQJ 转极（六线制双机牵引 2DQJF 转极），2DQJ 转极后，接通了电机动作电路（也是 1DQJ 的自闭电路），电机开始旋转，带动道岔进行转换，完成解锁、转换和锁闭的过程，当道岔到达规定位置后，给出相应的表示。

（2）交流道岔控制电路为五线制道岔控制电路，所带动的转辙机有 S700K 型电动转辙机、ZYJ7 型电液转辙机（配合 SH6 转换锁闭器）、ZD（J）9 型电动转辙机。与直流道岔控制电路一样，交流道岔控制电路也是由道岔启动电路和道岔表示电路两部分组成。启动电路中控制的是三相交流电机，并有断相保护功能；表示电路由继电器和整流匣两条支路构成。当操纵道岔时，1DQJ 先吸起，表示继电器落下，接着给 TJ 通电、1DQJF 吸起、2DQJ 转极，接通电机电路（同时 BHJ 吸起，1DQJ 自闭），道岔开始转换，完成解锁、转换和锁闭的过程，当道岔到达规定位置后，给出相应的表示。

（3）在信号设备维护工作中，对转辙机及道岔控制电路要进行定期的检修和测试。当道岔控制电路发生故障时，首先应该根据故障现象判断故障范围（是电气故障还是机械故障，是室内故障还是室外故障，是短路故障还是断路故障），还可以进一步缩小故障范围，以便快速及时准确地进行处理（此时可借助微机监测设备进行故障分析和处理）。

项目五　信号点灯设备维护

【知能目标】

（1）熟练掌握色灯信号机的各项参数及信号点灯电路的技术要求。

（2）熟练掌握进站信号机、出站信号机、调车信号机信号点灯电路的工作原理。

（3）熟练掌握双丝转换、主灯丝断丝报警电路的原理。

（4）熟练掌握信号点灯电路检修测试和常见故障分析、判断及处理方法。

（5）能够按照作业标准测试信号点灯电路的各项参数、检修信号机，并迅速准确地处理信号点灯电路各种常见故障。

（6）进一步树立"安全第一"责任意识。

【知能链接】

一、概　述

信号机用以指示列车及调车车列的运行条件，是直接关系行车安全的关键要素。信号机的开放要满足一系列的联锁条件，这些联锁条件的检查由电气集中联锁设备来完成，控制相应的信号继电器动作，再由信号继电器控制点灯电路动作，使信号机点亮相应的灯光。

（一）信号点灯电路的基本组成

信号机点灯电路的室内部分主要有交流 220 V 信号点灯电源、灯丝继电器 DJ、断路器等。交流 220 V 信号点灯电源由室内电源屏供给，可减小线路电能损耗；DJ 用来监督信号灯泡灯丝的完整性。

信号点灯电路室外部分主要有信号灯泡、信号点灯变压器、灯丝转换继电器 DZJ 等。对应每一信号灯泡，设有一个信号点灯变压器，置于信号机处的变压器箱内，用以将 220 V 交流电压降为信号灯泡所用的 12 V 电压；信号机采用双灯丝灯泡，由灯丝转换继电器完成主、副灯丝自动转换。

（二）信号灯泡双丝转换原理

为了提高信号点灯电路的可靠性，信号灯泡采用双灯丝灯泡。正常情况下，点亮下方的主灯丝，当主灯丝断丝时，点亮上方的副灯丝。信号灯泡有自动报警的功能，当点灯电路出现故障时，可以给出相应的控制台信号复示器亮灯状态以及报警电铃，以便故障得到及时发现。

图 5-1 所示为红灯点灯局部电路图。在双灯丝灯泡的主灯丝电路中，串接有一个灯丝转换继电器 HDZJ。因平时红灯点灯，所以，平时主丝点亮，HDZJ 在励磁吸起状态；当主灯丝断

丝时，因为 HDZJ 失磁落下，所以通过它的后接点自动地把副灯丝接在电路中，使副灯丝亮灯。由于副丝点亮的回路中没有串联 HDZJ 线圈，所以副丝点灯电压应比主丝点灯电压略低。

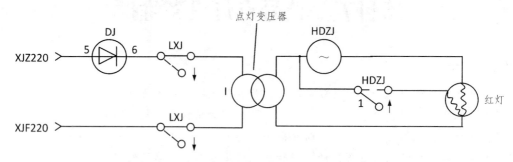

图 5-1　信号机红灯点灯局部电路

（三）信号点灯电路的基本原理

随着信号设备的不断更新，目前在信号点灯电路中大都使用点灯单元和多功能智能点灯单元。

1. DDXL-34 型点灯单元

如图 5-2 所示，DDXL-34 型点灯单元将点灯变压器和灯丝转换设备合一，还配置了一台检流变压器（TS126 型）和一个 LED 发光二极管。它的点灯变压器采用防雷装置，灯丝转换继电器采用 JZSJC 型。其控制原理并未改变，室内提供交流 220 V 点灯电源，送至室外由点灯变压器隔离降压，正常点灯情况下，主灯丝点亮，同时灯丝转换继电器 DZJ 吸起；当主灯丝断丝时，灯丝转换继电器落下，通过其后接点接通副灯丝回路，点亮副灯丝；同时利用另一组接点接通断丝报警电路。

另外，检流变压器的一次线圈串联在副灯丝回路中，二次线圈接一发光二极管，当主灯丝断丝点亮副灯丝时，发光二极管点亮。发光二极管还可以检查副灯丝完好，检查的方法是，在联系、登记、要点后，可将 JZSJC 灯丝转换继电器线圈封连，看点灯单元的 LED 红灯是否点亮，如果点亮则说明副丝完好。此时，一定要采取安全措施，以防发生人为故障。

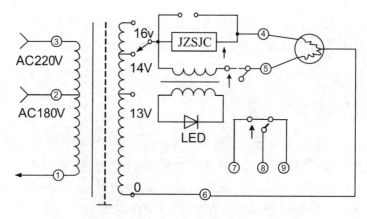

图 5-2　DDXL-34 型点灯单元电路图

2. 多功能智能点灯单元

多功能智能点灯单元如图 5-3 所示，它采用一体化的结构设计，集交流点灯、灯丝转换、故障定位报警为一体。它具有灯丝断丝定位报警功能，在原有点灯及报警电路的基础上，利用原有两根报警线进行传输，在信号楼内进行解码，通过灯丝断丝定位显示器显示断丝灯位。

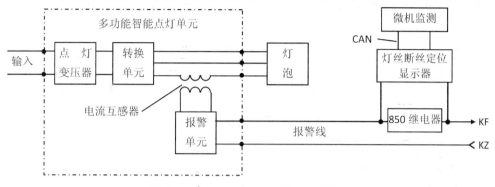

图 5-3　多功能智能点灯单元原理框图

（四）信号点灯电路的防护措施

信号点灯电路用室内有关继电器条件控制各种灯光显示。为了防止信号显示升级，信号点灯电路采取了可靠的断线防护（位置法）和混线防护（双断法），以保证允许灯光灭灯时改点红灯。

（1）用信号继电器的吸起对应信号开放，用信号继电器的落下对应信号关闭，符合故障导向安全。

（2）为了监督信号灯泡灯丝的完整性，每一个信号灯泡都串接有灯丝继电器 DJ，当信号点灯电路断线或灯光双丝均断而灭灯时，对应的灯丝继电器落下，从而控制信号降级显示。

（3）由于采用了室内集中供电，控制条件（继电器）在室内，控制对象（灯泡）在室外，所以能很方便地把控制条件放在控制对象与电源之间，用位置法实现混线防护。这样，如果控制条件未接通而发生电缆混线时，信号灯光不会点亮。

（4）对于列车信号机，为了防止从控制条件一侧混入一个极性的电源，使允许灯光错误点亮而造成信号显示升级，在正负电源的两侧分别加入控制条件，即对信号点灯电路去线和回线采用双断控制，从而提高混线防护的可靠性。

二、信号机点灯电路

地面固定信号机有 11 种，其中站内信号机主要有进站信号机、出站信号机、调车信号机等。

（一）进站信号点灯电路

1. DJ 的配置

进站信号机有 5 个灯位，从上到下为：U、L、H、2U、YB。根据进站信号的 7 种显示可知，5个灯位中有时会有2个灯泡同时点亮，对于能同时亮灯的2个灯泡，不能用一个灯丝继电器进行监督，因为当2个中坏1个时，没有办法区分是哪个坏了；对于不能同时亮灯的几个灯泡，可用同一个灯丝继电器进行监督，用控制灯光的条件进行区分。

灯位中的U、L和H是不会同时亮灯的，2U和YB也不会同时亮灯，只有L和2U、U和2U或H和YB能同时亮灯。所以，如图5-4所示，U、L和H用第一灯丝继电器DJ（JZXC-H18）监督，而2U和YB用另一个第二灯丝继电器2DJ监督。

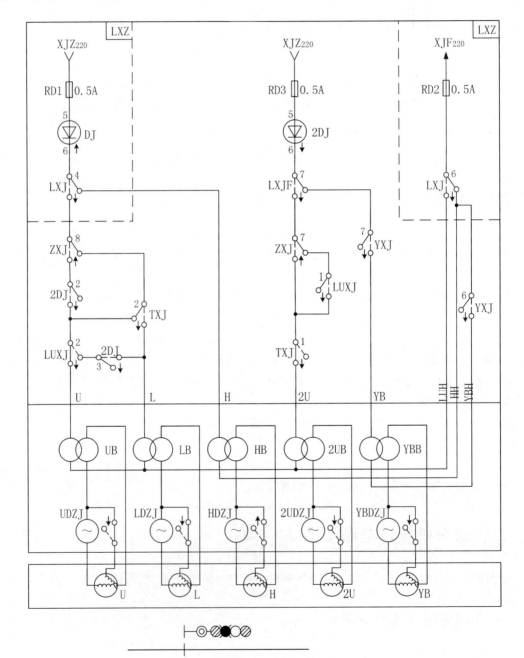

图 5-4　进站信号点灯电路

2. 进站信号点灯电路原理

平时进站信号机点红灯，开放进站信号，在 LXJ 励磁吸起后，使允许灯光点亮。至于具体点哪些允许灯光，则取决于建立的是通过进路，还是向正线接车进路，或是向站线接车进路，也就是由信号辅助继电器（ZXJ、TXJ、LUXJ）的状态决定。

（1）平时 LXJ↓，经 LXJ-H 接点接通红灯点灯变压器 HB，变压器 HB 次级电路闭合有输出，进站信号机点亮红灯。初级线圈电路中串接的 DJ 在励磁吸起条件，假如这时红灯灭灯（主、副灯丝都烧断），则 DJ 将因 HB 的次级断开没有输出，初级线圈电路中的电流大大减少而失磁落下，从而及时反映出红灯已断丝。

（2）正线接车时 LXJ↑、ZXJ↑、TXJ↓、LUXJ↓，由 LXJ-Q、ZXJ-Q、TXJ-H、LUXJ-H 接点接通黄灯点灯变压器 UB，进站信号机点亮黄灯。由于 LXJ 励磁吸起后切断 HB 初级线圈的电路，使红灯灭灯，此时 DJ 仍在励磁吸起状态，用以监督黄灯点灯。

（3）建立通过进路时有两种情况：

① LXJ↑、ZXJ↑、TXJ↑，由其前接点接通的是绿灯变压器 LB 电路，使进站信号机点亮绿灯。

② LXJ↑、ZXJ↑、TXJ↓、LUXJ↑，首先接通的是 2UB 电路，使第二个黄灯先点亮；在 2DJ 吸起后，经 2DJ 前接点接通 LB 电路，使绿灯和第二个黄灯同时点灯。

（4）侧线接车时，LXJ↑、ZXJ↓、TXJ↓、LUXJ↓，首先接通的是 2UB 电路，使第二个黄灯先点亮；在 2DJ 吸起后，经 2DJ 前接点接通 UB 电路，使第一个黄灯和第二个黄灯同时点灯。

（5）引导接车时，LXJ↓，引导信号继电器 YXJ↑，因此，接通的是 HB 红灯电路和 YBB 月白灯电路，红灯和月白灯同时点灯。要注意：在 YBB 月白灯电路中接有 LXJ 第六组后接点和 LXJF 第七组后接点，这样接线就不会出现绿灯或黄灯与月白灯同时点灯的乱显示。

（6）有的车站有经过辙叉号 18 号及以上道岔的侧向通过进路，其电路如图 5-5 所示，此时，LXJ↑、ZXJ↓、CTXJ↑，首先接通的是 2UB 电路，使第二个黄灯先点亮；在 2DJ 吸起后，经 2DJ 前接点及 SNJ 的前接点接通 UB 电路，由于 SNJ 脉动，使第一个黄灯闪光，从而构成进站信号第一个 U 闪光，2U 亮灯，即黄闪黄的信号显示。这里并联 2 kΩ 电阻的目的是保证监督第一个黄灯的 DJ 能够稳定吸起。

能同时点亮两个允许灯光时，在点灯电路中都接有第二灯丝继电器 2DJ 的前接点。例如，同时点一个绿灯和一个黄灯时，在绿灯电路中串接有 2DJ 第三组前接点；又如，同时点两个黄灯时，在黄灯电路中串接有 2DJ 第二组前接点。接入 2DJ 前接点的目的是，当第二个黄灯灭灯时，使绿灯或第一个黄灯也必须跟着灭灯，以便用第一灯丝继电器 DJ 的前接点断开信号继电器 LXJ 的电路，使信号自动改点红灯，防止造成信号显示升级。

在这里，允许信号灯光的 U、L、2U 及引导信号的 YB 都采用了双断法。因此 U、L 和 2U 共用一条回线（LUH），YB 单独用一条回线（YBH），而 H 灯单独用一条回线（HH）。这里所采用的双断法是针对 H 和 YB 或 H 和 L 或 H 和 U 或 H 和 2U 混线的，这样，每一进站信号机室内外的联系线为 8 条电缆线。

对于没有 L 灯或没有 L/U 信号显示的进站信号机，其点灯电路可进行简化，这里不再详述。

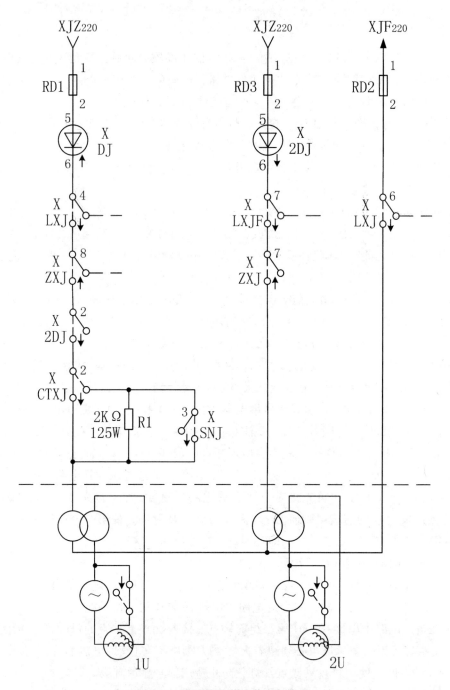

图 5-5　进站信号黄闪黄点灯电路

3. 采用信号点灯单元的进站信号点灯电路

如图 5-6 所示，室内送出 220 V 交流电源至室外，点灯单元集成了点灯变压器与灯丝转换继电器的功能，进行变压和主副灯丝的转换。采用信号点灯单元的进站信号点灯电路的点灯控制原理并未改变。下文所述其他类型的信号点灯电路均与此相同，不再赘述。

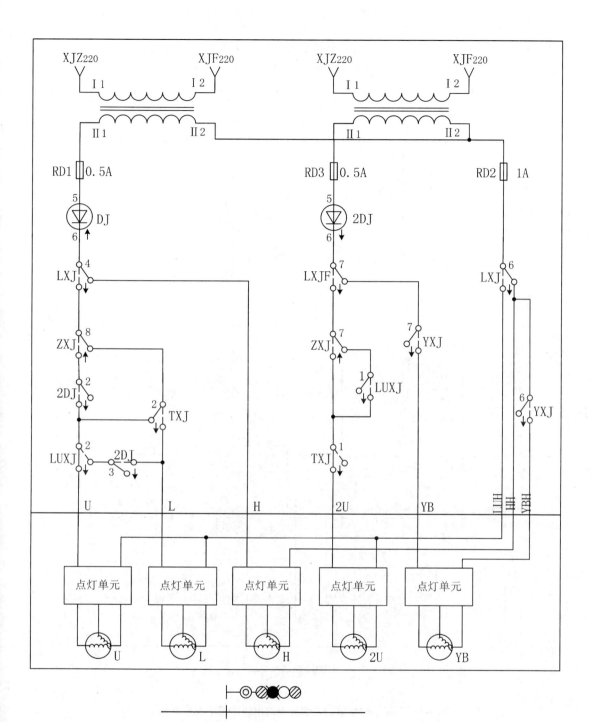

图 5-6　采用信号点灯单元的进站信号点灯电路

（二）出站兼调车信号点灯电路

1. 四显示出站兼调车信号点灯电路（三个发车方向）

图 5-7 是举例站场上行出站兼调车信号机的点灯电路。举例站场为双线双向四显示自动闭塞

区段的中间站，下行咽喉区还有一个东郊支线发车方向。由发车进路表示器区分发车去向，由第二离去继电器 2LQJ 和第三离去继电器 3LQJ 的前后接点区分点一个绿灯、一绿一黄或一个黄灯。

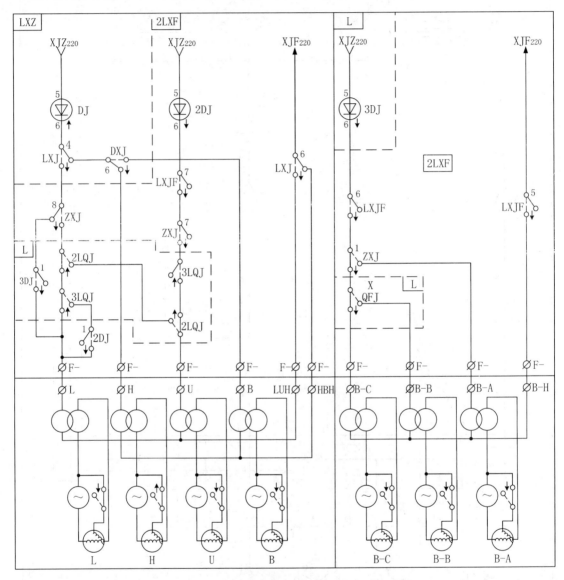

图 5-7　四显示出站兼调车信号点灯电路（三个发车方向）

（1）平时由于 LXJ 和 DXJ 落下，接通 HB 的初级线圈，使出站信号机红灯点亮，其他灯光灭灯。

（2）向主要线路正方向发车，ZXJ 励磁吸起，有三种情况：

① 前方至少有三个闭塞分区空闲，2LQJ 和 3LQJ 吸起，接通 LB 电路，出站信号机显示一个绿灯。

② 前方只有两个闭塞分区空闲，2LQJ 吸起，3LQJ 落下，先经 LXJF、ZXJ、2LQJ 前接点

和 3LQJ 后接点接通 UB 电路，黄灯点亮，使 2DJ 吸起，再经 LXJ、ZXJ 前接点和 3LQJ 后接点以及 2DJ 前接点接通 LB 电路，使出站信号机显示一个绿灯和一个黄灯。

如果 U 断丝，使 2DJ 落下，则切断 LB 电路，使出站信号机改点红灯。

③ 前方只有一个闭塞分区空闲（LXJ 吸起已检查了 1LQJ 的前接点），2LQJ 落下，3LQJ 落下，经 LXJ、ZXJ 前接点和 2LQJ 后接点接通 UB 电路，出站信号机显示一个黄灯。

应该指出的是，向主要线路正方向发车时，发车进路表示器的小白灯 B—A 也点亮，但在出站信号点灯电路中并未检查 B—A 的点亮条件，即 B—A 灭灯不影响出站信号的灯光显示。因此有的车站正方向发车时不点亮发车进路表示器的小白灯，出站信号机下方只设两个小白灯。

（3）向主要线路反方向发车，LXJ 吸起，区间轨道继电器 QGJ 吸起，ZXJ 落下。经 LXJF 前接点、ZXJ 后接点和 QGJ 前接点先点亮发车进路表示器的小白灯 B—B，使 3DJ 吸起，再经 LXJ 前接点、ZXJ 后接点和 3DJ 前接点接通 LB 电路，使出站信号机显示一个绿灯。如果 B—B 断丝，使 3DJ 落下，则切断 LB 电路，出站信号机改点红灯。

（4）向支线发车，LXJ 吸起，ZXJ 和 QGJ 落下，经 LXJ 前接点和 ZXJ、QGJ 后接点先点亮支线对应的发车进路表示器小白灯 B—C，使 3DJ 吸起，再经 LXJ 前接点、ZXJ 后接点和 3DJ 前接点接通 LB 电路，使出站信号机显示一个绿灯。如果 B—C 断丝，使 3DJ 落下，则切断 LB 电路，出站信号机改点红灯。

（5）开放调车信号时，LXJ 落下，DXJ 吸起，经 LXJ 后接点和 DXJ 前接点接通 BB 电路，使出站兼调车信号机显示一个白灯。

2. 四显示出站兼调车信号点灯电路（两个发车方向）

图 5-8 是举例站场下行出站兼调车信号机的点灯电路，其原理与上行出站兼调车信号机相同。因为只有两个发车方向，在上述点灯电路的基础上进行了简化。向主要线路反方向发车，LXJ 吸起，ZXJ 落下，区间轨道继电器 QGJ 吸起。经 LXJF 前接点、ZXJ 后接点和 QGJ 前接点先点亮发车进路表示器的小白灯 B—B，使 3DJ 吸起，再经 LXJ 前接点、ZXJ 后接点和 3DJ 前接点接通 LB 电路，使出站信号机显示一个绿灯。如果 B—B 断丝，使 3DJ 落下，则切断 LB 电路，出站信号机改点红灯。

除采用位置法进行混线保护外，在出站兼调车信号机上的 U 和 L 也都采用了双断法，而对调车信号机用的 B 则降低了要求，没有采用双断法。因为，对月白灯没有采用双断法，所以，每一架出站兼调车信号机都减少了一条联系线路。

有的车站有三个以上发车去向，用出站信号机下方的发车进路表示器小白灯构成组合显示，其点灯电路是在三个发车去向出站信号点灯电路基础上增加条件，其他形式点灯电路都可在图 5-6 的基础上进行简化，其原理不再叙述。

（三）调车信号点灯电路

图 5-9 是调车信号机的点灯电路。平时 DXJ 落下，经其后接点接通蓝灯变压器 AB 电路，点亮蓝灯；开放调车信号时，DXJ 吸起，经其前接点接通白灯变压器 BB 电路，点亮月白灯。调车信号大多数为矮型信号机构，所以变压器都放在机构里，不需要另外设置变压器箱。

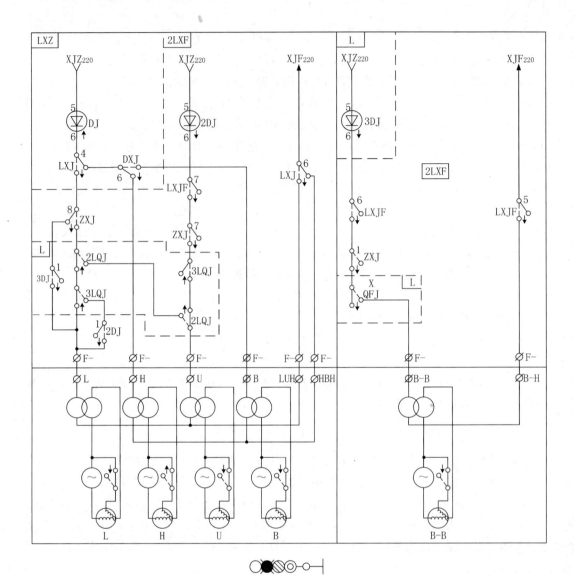

图 5-8 四显示出站兼调车信号点灯电路（两个发车方向）

（四）主灯丝断丝报警电路

当信号灯泡主灯丝断丝时应及时更换灯泡，以确保列车信号机不中断信号显示。主灯丝断丝报警电路是用来监督列车信号机各灯泡主灯丝的完整性。当某列车信号机灯泡主灯丝断丝（或主灯丝回路发生断线故障）时，则控制台上的断丝表示灯闪红光，并使电铃报警引起值班员的注意，以便及时通知信号维修人员更换灯泡。

1. 电路设置及组成

对应每个咽喉设置一套主灯丝断丝报警电路，图 5-10 是下行咽喉主灯丝断丝报警电路（未考虑调车信号主灯丝报警）。报警电路中设一个断丝继电器 XDSJ、一个断丝表示红灯 XDSD、一个断丝报警电铃 XDSDL 和一个断丝报警按钮 XDSA。

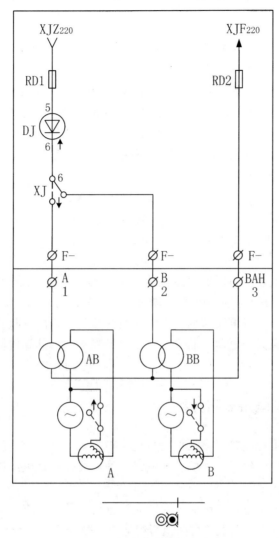

图 5-9　调车信号点灯电路

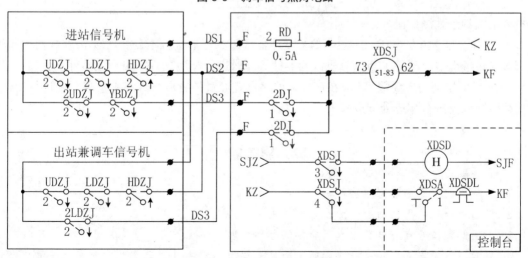

图 5-10　主灯丝断丝报警电路

2. 电路原理

（1）由于红灯的灯丝转换继电器 HDZJ 平时吸起，所以 XDSJ 平时处于失磁落下状态。

（2）当本咽喉内任一列车信号机显示列车信号，而信号灯泡的主灯丝断丝时，该灯泡的灯丝转换继电器 DZJ 落下，经 DZJ 的后接点接通 XDSJ 的励磁电路，3 s 后使 XDSJ 励磁吸起，从而使控制台上的下行咽喉主灯丝断丝表示红灯 XDSD 闪光，电铃 XDSDL 报警。如果信号机显示两个灯光的信号，当第二个灯光的主灯丝断丝时，经该灯的 DZJ 第二组后接点和 2DJ 第一组前接点接通 XDSJ 的励磁电路，也使下行咽喉主灯丝断丝表示红灯 XDSD 闪光，电铃 XDSDL 报警，用以通知值班员。

（3）当确认是灯泡的主灯丝断丝后，值班员可按压 XDSA，使电铃停响。待断丝的灯泡更换好后，则 XDSJ 自动失磁落下，这时 XDSDL 电铃再次鸣响，值班员则可拉出 XDSA 使电铃 XDSDL 停响，到此该断丝报警电路全部复原。

注：XDSJ 采用时间继电器缓吸 3 s，是为了防止在信号机改变信号显示的过程中，熄灭灯光的 DZJ 已失磁落下而显示灯光的 DZJ 还未励磁吸起时造成错误报警。另外，有的车站调车信号也采用双丝转换，其断丝报警电路中增加调车信号主灯丝报警条件。

计算机联锁车站信号点灯电路与继电集中联锁车站基本相同，只是由计算机控制命令输出驱动控制信号点灯的有关继电器；而主灯丝断丝报警条件由计算机输入接口采集，计算机输出报警信息。

（五）信号机点灯电路故障分析

信号机及点灯电路出现故障时，根据信号机故障现象，观察室内控制台上信号复示器亮灯状态及主灯丝断丝报警电铃是否鸣响，在分线盘处对故障回路电缆接线端子进行测试，区分故障在室内还是在室外。

（1）经测试判断确定为室内故障时，应首先检查熔断器，检查电源是否有电，再检查测试控制条件是否满足。室内电路故障可按执行组电路故障分析方法查找。

（2）经确认故障在室外后，对高柱信号机应在信号变压器箱处测试，矮型信号机应在信号机内电缆端子处测试。

① 若有交流 220 V 电压，一般为信号变压器故障、灯泡接触不良、灯泡主/副灯丝均断丝或灯丝转换继电器故障等。当信号机内元器件故障时进行相应处理或更换元器件。

② 若无电压则为电缆故障，应在该故障回路电缆经过的方向盒或终端盒端子处进行测试，找出故障断线点进行相应处理或换上备用芯线。

复习思考题

1. 信号机的检修内容有哪些？
2. 简述信号机的测试项目、测试标准、测试方法。
3. 画图解释信号点灯电路中双丝转换的控制原理？
4. 当两个灯光构成一种信号显示时，为什么要用不同的 DJ 监督？为何先点亮第二个灯光，后点亮第一个灯光？

5. 进站信号最多有几种灯光显示？各种灯光显示是如何点亮的？

6. 两个发车去向的出站兼调车信号机，各个方向发车出站信号机如何显示？

7. 信号点灯电路采取哪些措施实现断线和混线防护？为何采用双断法？

8. 信号开放的过程中，若允许灯光主灯丝断丝，控制台有何现象？信号能否继续开放？如何确定断丝的灯泡？此时应如何处理？

9. 某进站信号机开放下行侧线接车信号时，当第二位黄灯灭灯时，该进站信号机显示如何？为什么？

10. 如何判定信号点灯电路的故障范围？发现信号点灯电路故障时应如何处理？

【操作实践】

任务一　色灯信号机的检修测试

一、任务描述

根据《铁路技术管理规程》和《铁路信号维护规则技术标准》的要求，熟练掌握信号点灯电路的基本要求和基本原理，做好色灯信号机的日常检修和测试工作。发现问题，要查明原因，及时沟通处理，保证信号显示正确无误。

二、所需设备及资料

（1）实习站场控制的色灯信号机设备（进站信号机、出站信号机、调车信号机）；

（2）色灯信号机的检修测试及故障处理工具（钳子、小扳子、螺丝刀、万用表）；

（3）信号点灯电路图、配线图；

（4）《铁路信号实训教学指导》；

（5）《铁路技术管理规程》和《铁路信号维护规则技术标准》。

三、操作步骤

（一）色灯信号机集中检修工作内容

（1）检查、清扫箱盒、机构内部，防尘、防水设施整修。

（2）检查机柱、机构、梯子机械强度、有无裂纹及损伤，螺栓是否坚固，开口销是否齐全。

（3）试验灯泡的主、副灯丝转换及报警。

（4）测试引入线全程对地绝缘。

（5）按周期更换器材。

（6）更换灯泡后检查、调整信号显示距离，测量建筑限界。

（7）电气化区段高柱信号机地线测试整修。

（8）基础培土捣固，机柱整正。

（9）进行 I 级测试记录。

（10）箱盒、机构外部涂油。

（二）色灯信号机的测试

1. 测试内容

色灯信号机的测试内容主要包括：信号变压器一、二次侧电压，主灯丝点灯端电压，副灯丝点灯端电压及副灯丝冷丝电压（采用可控硅灯丝转换装置时需进行冷丝端电压测量）。

2. 测试标准

（1）信号点灯变压器：变压器一次侧额定电压为 220 V，允许范围为额定电压的-20% ~ +15%，即 176 ~ 253 V；变压器二次侧电压应根据信号灯泡的端电压和变压器的型号不同，调整使用端子达到使用标准。

（2）灯泡端电压：色灯信号机灯泡的额定电压为 12 V，信号灯泡的端电压应为额定值的 85% ~ 95%（调车信号灯泡端电压为 75% ~ 95%，容许信号灯泡端电压为 65% ~ 85%）。

3. 测试方法

（1）用 MF14 型万用表交流 250 V 挡，测试点灯变压器一次侧电压输入端子，测出一次侧电压。

（2）用万用表交流 50 V 挡，测试点灯变压器二次侧电压引出线端子，测出变压器二次侧电压。

（3）在被测灯泡点亮的情况下测量端电压。用万用表交流 50 V 挡，一个表笔接在灯泡公共端上，另一只表笔接在主丝灯座端子上，测出主丝端电压；然后人工切断主灯丝回路，改点副灯丝，公共端上表笔不动，另一只表笔接在副丝灯座端子上，测出副灯丝端电压。

对不符合标准的点灯变压器二次侧端子进行调整。

任务二　信号点灯电路故障处理

一、任务描述

根据《铁路技术管理规程》和《铁路信号维护规则技术标准》的要求，熟练掌握站内各种信号机点灯电路的工作原理。发现信号机点灯故障，能够根据控制台现象和测试结果，按照相关技术作业要求，对信号点灯电路室内外各种常见故障进行分析、判断和处理，保证信号机能正确点亮各种灯光。

二、所需设备及资料

（1）实习站场控制的色灯信号机设备（进站信号机、出站信号机、调车信号机）；
（2）色灯信号机的检修测试及故障处理工具（钳子、小扳子、螺丝刀、万用表）；
（3）信号点灯电路图、配线图；
（4）《铁路信号实训教学指导》；
（5）《铁路技术管理规程》和《铁路信号维护规则技术标准》。

三、操作步骤

（一）信号点灯电路故障分析与判断

（1）某调车信号复示器在没有办理进路时闪光，可进行排路试验，按下列步骤判断故障：
① 如果调车信号正常开放，复示器显示正常，不再闪光，可能是室外蓝灯灯泡断丝、灯泡与灯座接触不良或蓝灯点灯变压器故障。
② 如果调车信号不能正常开放，白灯复示器一直闪光，则可判断为信号点灯电路中断路器脱扣，白蓝灯共用部分断线。
（2）如果信号复示器平时正常，当排列进路开放调车信号时，复示器闪一下白灯又灭，可判断为白灯点灯电路故障。
（3）当发现几架信号机的复示器同时闪光，或有轨道区段的故障显示红光带点亮，此现象不是信号机点灯电路故障，可能是信号点灯电源断路器断开。
（4）列车信号每一种灯光都有灯丝转换器监督，一个咽喉共用一套主灯丝断丝报警设备，当发现报警时，要确认是哪架信号机、哪一灯位主灯丝断丝。应进行改变信号显示试验，使各列车信号机变换灯光显示，看到断丝报警灯灭灯，即可确定该架信号机对应灯泡的主灯丝断丝。

（二）信号点灯电路故障处理

当确定为信号机的某一灯光点灯电路故障后，可以用万用表交流 250 V 电压挡在分线盘上测量该灯光点灯回路对应两端子之间的电压。注意若为允许灯光点灯电路故障时，应在重复开放信号（LXJ 或 DXJ 吸起）的瞬间测量。
（1）若分线盘端子间有电压，则为室外开路故障，检查处理程序如下：
① 打开信号机构，检查灯泡是否断丝，如果断丝，应立即更换灯泡。
② 如果信号灯泡完好，则用万用表交流 25 V 挡测量点灯变压器二次侧端子是否有电压。

如果有电压，则为变压器二次侧至灯座之间断线。

③ 如果点灯变压器二次侧端子没有电压，则用万用表交流 250 V 电压挡测量点灯变压器一次侧端子是否有电压，如果有电压则为点灯变压器故障，应更换变压器。

④ 如果点灯变压器一次侧端子没有电压，则为分线盘至点灯变压器之间电缆断线，应用万用表交流 250 V 电压挡沿电缆路径顺序查找故障点。

（2）若分线盘端子间无电压，检查处理程序如下：

① 检查室内点灯电路断路器是否脱扣，若断路器完好，采用借电源法查找室内断线点。

② 若断路器脱扣，则应甩开分线盘上的电缆线，然后更换断路器。如果新更换的断路器又断，则为室内短路，应设法查找短路点。

③ 若新更换的断路器不断，则为室外短路，应先甩掉点灯变压器，用兆欧表测量点灯变压器一次侧是否短路；如果变压器正常，则应查找电缆短路地点。

项目小结

本项目主要介绍色灯信号机的检修测试及信号点灯电路的技术要求、工作原理和常见故障分析、判断及处理方法。简要概括如下：

（1）信号机检修的主要任务：检查信号机的外观是否有异常、信号的显示距离是否符合要求；测试的主要任务：测试信号点灯变压器及信号灯泡的端电压是否符合标准，信号灯泡是否完好，双丝转换是否良好。当发现信号机及信号点灯器材失格时，应及时更换或调整。

（2）信号点灯电路的基本原理：室内提供交流 220 V 点灯电源，由相关信号继电器控制送至室外点灯变压器隔离降压，点亮相应信号灯光。正常点灯情况下，主灯丝点亮，同时灯丝转换继电器 DZJ 吸起；当主灯丝断丝时，灯丝转换继电器落下，通过其后接点接通副灯丝回路，点亮副灯丝，同时利用另一组接点接通断丝报警电路。为了保证信号机可靠点亮对应灯光，当列车信号主灯丝断丝时，应立即确定断丝灯泡并及时更换。

（3）信号点灯电路用有关继电器条件控制各种灯光显示，为了防止信号显示升级，信号点灯电路采取了可靠的断线防护（位置法）和混线防护（双断法），以保证允许灯光灭灯时改点红灯。

（4）当信号机及点灯电路发生故障时，应根据控制台现象和相关的测试，准确判断故障范围，迅速处理设备故障。

项目六　计算机联锁设备维护

【知能目标】

（1）掌握计算机联锁系统的基本原理和基本功能。

（2）掌握计算机联锁系统的基本结构、基本功能、基本原理及安全性、可靠性实现方法。

（3）掌握国内应用的主要类型计算机联锁系统的功能特点、设备组成和控制原理。

（4）掌握几种主要类型计算机联锁系统的维护常识和常见故障分析处理方法。

（5）通过学习计算机联锁系统，进一步加深对联锁控制技术内涵的理解。

（6）能够按照故障处理程序迅速准确地处理计算机联锁系统的常见故障。

【知能链接】

一、计算机联锁基础

（一）计算机联锁系统概述

车站信号联锁设备是一个很复杂的自动控制系统，它经历了从机械联锁到继电联锁的发展过程。采用继电联锁固然有很高的安全性和可靠性，但是继电联锁设备造价高、信息少、体积大，而且不便于与其他自动控制系统进行信息交换。随着计算机技术的不断发展，世界各国正采用计算机设备来实现对车站信号设备的联锁控制，即计算机联锁。目前铁路新线建设和既有线改造中，车站信号联锁设备都选用计算机联锁系统，它已成为铁路信号技术设备自动化、信息化的标志，是保证铁路运输安全高效的关键设备。下面对计算机联锁的基础知识作以介绍。

1. 计算机联锁系统的基本原理

6502 电气集中系统是靠继电器的线圈、接点组成一套复杂的开关量控制电路，实现对信号设备的联锁控制。继电联锁的逻辑结构如图 6-1 所示。

计算机是能对二进制代码进行各种复杂运算的智能设备，用 1、0 相间的二进制代码替换 6502 电气集中系统中继电器状态开关量，计算机系统就可以实现 6502 电气集中系统的逻辑功能。

图 6-2 是计算机联锁系统的逻辑结构框图，实现联锁控制主要经过信息输入、联锁运算和信息输出三个环节。计算机系统是联锁系统的核心，它一方面接收操作设备（鼠标）产生的操作信息；另一方面通过输入接口电路采集室外信号设备的状态信息，将继电器的状态开关量变为二进制代码送入计算机。计算机依据操作信息和状态信息，按照联锁程序的要求进行逻辑运算（这里称为联锁运算），其结果形成了对信号设备的控制信息和各种表示信息。控制信息通过输出接口电路控制道岔转换和信号变换显示；表示信息则通过显示器进行显示。

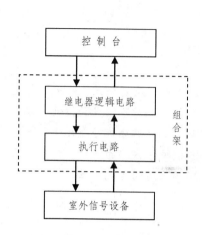

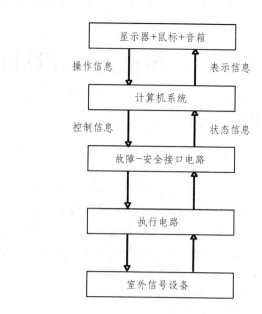

图 6-1 6502 电气集中系统逻辑结构框图

图 6-2 计算机联锁系统逻辑结构框图

2. 计算机联锁系统的基本功能

1）联锁控制功能

计算机联锁系统具有 6502 电气集中联锁系统的所有功能，主要包括：

① 对进路的控制：能够实现进路的自动选排、锁闭及解锁。

② 对信号的控制：能够实现信号的自动开放、关闭及防止信号因故关闭后的自动重复开放。

③ 对道岔的控制：能够实现对道岔的单独操纵、单独锁闭及单独封锁。

2）显示功能

采用大屏幕显示器，计算机联锁系统能够提供非常直观、清晰、形象的各种显示。

① 站形显示：在显示器上，平时用蓝色的线条显示出车站的站形，当道岔位置改变时，显示器上的道岔开通方向会随之改变。进路锁闭时，进路范围内的线条变为白色；有车占用时，变为红色。

② 现场信号设备状态显示：显示器上不但能清晰地显示道岔的位置，还能显示轨道区段的状态和信号机的各种显示。

③ 按钮操作提示：值班员点击某一按钮后，在显示器上有相应的提示，以确认操作动作是否正确。

④ 系统的工作状态、故障报警显示：在屏幕上，不但能够显示系统的工作状态，而且当系统发生故障时，显示器上还有报警提示。

3）记录储存和故障诊断功能

计算机联锁系统最突出的优点是储存信息，具有记忆功能，系统不但能够及时提供当前的信息显示，而且还能提供历史的信息。

① 自动记录功能：计算机联锁系统能够自动记录车务人员的操作、现场信号设备的状态

变化、车列的运行情况。上述所有的信息均保存不少于 48 小时或一个月（甚至更长的时间）。

②提供图像作业再现功能：计算机联锁系统不但能保存信息，当需要查询设备的动作或分析系统的故障时，还可以将记忆期限内任一时间的作业情况重新再现。

③集中监测报警功能：计算机联锁系统一方面能够自动监测系统自身运行状况；另一方面，能在室外信号机、道岔或轨道电路等信号设备发生故障或参数异常时及时给出报警提示，以便及时处理。

4）结合功能

计算机联锁系统可以与调度集中、集中监测、列车运行控制等远程自动化系统直接进行数据交换，可以灵活地与其他系统结合，以实现多网合一，节省设备。

实践证明，计算机联锁系统与 6502 电气集中系统相比还有很多优越性：在技术上，计算机联锁系统功能完善，设备可靠性强，安全性高，灵活性大，便于维护；在经济上，设备投资成本低，占地面积小，可节省基建费用。计算机联锁系统由于具有较高的性能价格比，因此应用前景十分广阔。

3. 计算机联锁系统的特点

（1）人-机对话设备更新：计算机联锁系统操纵设备已由过去操纵表示合一的按钮式控制台，变为用大屏液晶显示器显示，输入采用鼠标操作，形象直观，方便灵活，安装简单，维护方便。

（2）软、硬件设计模块化：各种计算机联锁系统，在软、硬件设计时，均以信号设备即信号机、道岔、轨道区段为设计对象，根据站形选择不同数量的数据模块进行链接，便于系统的设计和调试。

（3）硬件高可靠性：为了提高计算机联锁系统的可靠性，各个环节的计算机均采用高可靠性的工业控制机，在系统设计时，采用设备冗余配置及故障系统重组等方式，减少系统停机的概率，保证系统可靠工作。

（4）软件采用双套程序：在软件设计时，采用不同版本、不同思路的两套软件。输入相同的信息，两套程序同时分别运行，结果比较，若两结果一致，才可以输出。这样可以防止程序运行发生错误时导致联锁系统误动作。此外，各种信息采用冗余编码，即用多个码元表示一个信息，这样可以防止在信息传输错误时产生错误结果。

（5）信息传输快：采用光缆或通信电缆作为传输线路，通信速度快；用同步或异步通信的方式传输信息，可以大大减少信息的传输错误。

（6）抗干扰能力强：计算机联锁系统采用隔离变压器和高抗干扰稳压电源，外部设备和计算机之间采用光电耦合，保证系统不受外界干扰。

（7）功能扩展：计算机联锁系统除了具有较强的联锁控制和显示功能外，还增加了较完善的系统自动测试和故障诊断功能。

（8）便于结合：计算机联锁系统预留的接口可以与其他信息化设备直接连接，交换信息非常方便。

随着计算机技术在自动控制领域的不断应用，计算机联锁技术也得到迅速发展，它的功能不断增强，成本不断降低。计算机联锁设备的应用已由点到线不断扩展，并将与 TDCS/CTC、CTCS、集中监测等系统同步发展，成为代表中国铁路信号现代化水平的标志。

（二）计算机联锁系统的硬件组成

1. 计算机联锁系统硬件基本结构

各种型号的计算机联锁系统由于设计思路不同，所采用的硬件也不完全相同。即使同一种型号的系统，其控制的车站规模不同，所需要的硬件数量也不相同。但各种系统的基本功能和基本任务大致一样，因此它们硬件的基本形式差异不大。

计算机联锁系统主要由人-机对话设备、联锁控制计算机系统（简称主机）、输入/输出接口电路、继电器结合电路及其监控对象（信号机、道岔、轨道电路）等五部分组成。图 6-3 是计算机联锁系统的硬件结构框图。下面对各组成部分作以简要说明。

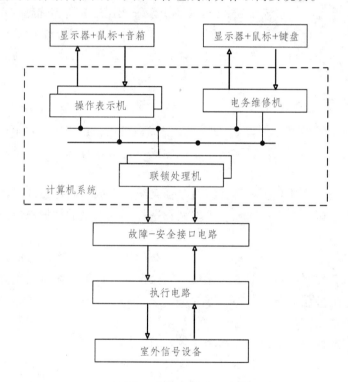

图 6-3　计算机联锁系统硬件结构框图

1）主　机

主机是计算机联锁系统的核心，它要完成所有信息的处理、接口管理及与外部设备的信息交换。由于计算机联锁系统接收和处理的信息很多，而且许多信息在时间上重叠，为了保障信息安全，提高系统的运行速度，目前应用的各种型号的计算机联锁设备均采用多机系统，即分布式计算机系统，将人-机对话、联锁运算、系统监测等功能分别用不同的计算机来处理。因此，图 6-3 所示虚线框中的计算机系统（主机）由几个子系统组成，一般包括上位机（也称操作表示机、控制显示机或监视控制机）、下位机（也称联锁处理机）、电务维修机（也称监测机）等。而且，为了提高系统的可靠性，上位机采用双机冗余控制，联锁机采用双机热备、三机表决或 2×2 取二控制。

各部分计算机的功能介绍如下。

① 上位机：一是接收操作人员的操作命令，将操作信息通过网络通信传给联锁机；二是接收来自联锁机的状态信息和提示信息等，在显示器上显示系统和监控对象的状态及各种提示信息和报警信息；三是将各种状态信息、表示信息、报警信息及时转发给电务维修机。

② 联锁机：一方面接收上位机发送的操作信息，另一方面通过输入接口采集现场信号设备的状态信息。对输入的信息进行逻辑处理、联锁运算。根据运算结果，形成控制命令和表示信息。控制信息通过输出接口电路控制组合架的继电器动作。表示信息是将现场信号设备的状态信息、提示信息、报警信息等及时传给上位机。

③ 电务维修机：它是专门为电务维修人员配备的机器。其主要任务是接收操作表示机发来的状态信息、操作信息、提示信息和报警信息等，通过显示器及时显示。同时将各种信息的数据储存记忆，以便查询。

2）人-机对话设备

先前使用的计算机联锁系统，其人-机对话设备常采用操纵与表示分离的方式，操纵设备主要有按钮盘或数字化仪、鼠标等，表示设备有大屏幕显示器及大屏幕表示盘。现在的计算机联锁系统大多采用操作表示合一的界面，显示器显示状态，鼠标输入命令，音箱提供语音报警。维修机上还有供电务维修人员维护监测使用的键盘、鼠标、显示器及打印机等。

3）输入/输出接口电路

由于在现有的计算机联锁系统中，监控对象的执行部件仍然是继电器，因此输入/输出接口电路就是计算机与继电器执行电路之间的纽带。在计算机联锁系统中，主机控制输入接口电路采集现场设备的状态，将继电器接点的开关状态变换成计算机能够接收的数字信号送入计算机；逻辑运算后形成的控制命令，通过输出接口电路变换为驱动继电器的直流电平。

外部设备与主机之间的连接还需完成两者之间诸如工作速度匹配、通信联络、串/并转换等任务。

主机与人-机对话设备间传送的操作信息和表示信息与安全不直接相关，因此，称这类信息为非安全性信息。传输非安全性信息的人-机对话接口通常采用通用的标准接口。而表示现场设备状态的信息和计算机输出的控制信息直接关系到行车的安全，因此，称这类信息为安全性信息。传输安全性信息的计算机与监控对象之间的接口，必须采用为计算机联锁系统专门设计的故障-安全接口。

4）继电器结合电路

由于铁路信号对系统的安全性要求非常高，而目前国内的计算机联锁系统受到软、硬件技术水平的限制，所以还不能完全取消继电器。控制、监督室外信号设备的最后一级执行部件仍然用继电器。一般的系统主要设置以下继电器：对应轨道区段保留轨道继电器（GJ）；对应信号机保留信号继电器（XJ）和灯丝继电器（DJ）等；对应道岔控制电路保留道岔操纵继电器（DCJ、FCJ）、道岔启动继电器（1DQJ、2DQJ）和表示继电器（DBJ、FBJ）等。这样可以保证继电器对室外信号设备的控制与6502电气集中基本一样。

此外，还有控制系统实现双机转换的有关继电器。

因此，一般的计算机联锁系统所用的继电器的数量仍为6502电气集中联锁系统的三分之一左右。

2. 计算机联锁系统的冗余结构

1）冗余结构的概念

所谓冗余结构是指为了提高系统的可靠性、安全性而增加的结构。

① 可靠性冗余结构：如图 6-4 所示，模块 A 和模块 B 经或门输出，两个模块只要有一个模块正常输出即可保证整个系统不停机，提高了系统工作的可靠性。在实际应用中，对安全性要求不高的处理人-机对话信息的上位机一般采用可靠性冗余结构。

② 安全性冗余结构：如图 6-5 所示，模块 A 和模块 B 经与门输出，两个模块同步工作，只有两个模块输出一致才能保证整个系统不停机。只要有一个模块故障，系统将不能正常输出。这样，提高了系统工作的安全性，减少了危险侧输出的概率。在实际应用中，对安全性要求较高的联锁控制机采用安全性冗余结构。

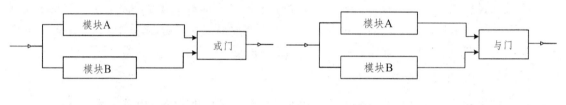

图 6-4　可靠性冗余结构　　　　　　　图 6-5　安全性冗余结构

2）双机储备系统

（1）双机储备系统的基本结构

图 6-6 是双机储备系统的结构框图，图中的 A、B 是两台完全相同的计算机，其中一台处于在线运行状态，它的输出通过切换开关引向外部，称之为主用机或工作机；另一台处于待命接替状态，称为备用机（简称备机）。由故障检测机构对系统的运行进行检测，当主用机运行发生故障时，通过控制切换开关切除主用机，将备用机结果向外输出。

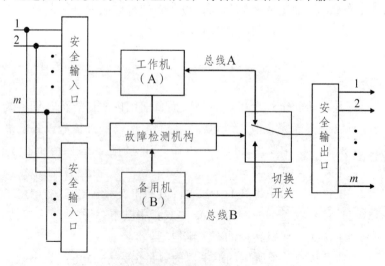

图 6-6　双机储备系统的结构框图

188

（2）双机储备系统的工作方式。

双机储备系统具有两种工作方式，一是双机冷备，二是双机热备。所谓双机冷备是指工作机加电运行时，备用机停机；当主用机发生故障时，再启动备用机。这种方式的缺点一是启动时间长，二是故障切换时容易造成信息的丢失。一般对安全性能要求不高的上位机采用这种工作方式，而对安全性能要求较高的联锁控制机必须采用双机热备的方式。所谓双机热备是指主用机、备用机输入相同的信息，两机同时独立运行相同的程序，定期同步，主用机经输出口输出，备用机假输出。系统运行前，先打开的联锁机为主用机，当主用机发生故障时，自动切换到备用机输出。这样故障切换时，可不影响系统工作，理想的系统可以实现"无缝切换"。

采用双机储备方式的计算机联锁系统，各子系统之间一般采用局域网通信，为保证系统的通信及时可靠，一般均采用双重冗余网络结构。

（3）双机储备系统的故障检测。

双机储备系统的核心是故障检测环节。采用故障检测的目的，一是保证系统发生故障不产生危险侧输出，提高系统的安全性；二是保证能及时实现切换，提高系统的可靠性；三是给出报警信息，以便及时排除故障，使系统迅速恢复正常的工作状态。

（4）双机储备系统主备机的同步过程。

由双机动态切换实现冗余的方式，称为动态冗余。采用双机动态冗余方式的关键是 A、B 机传送给比较器的信息应当同时送到，因此，要求 A、B 机必须同步工作，只有同步才能及时交换信息。为了实现同步，一般的系统采用半双工的通信方式，备机定期向主机呼叫，扫描一个周期，交换一次信息，即握手一次。双机热备系统同步过程可用图 6-7 表示。

（5）双机储备系统的状态转换。

双机热备系统的工作状态可用图 6-8 表示。

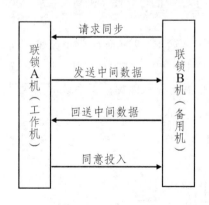

图 6-7　双机同步过程

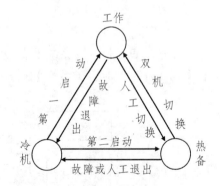

图 6-8　联锁机双机状态转换图

3）三机表决系统

三机表决系统也称三取二系统，图 6-9 是三机表决系统的结构框图，系统共有 A、B、C 三个相同的主机，每个主机可以看成是系统中的一个模块。三个模块执行相同的操作，其输出送到表决器的输入端，将表决器的输出作为系统的输出。

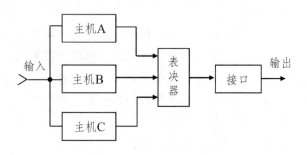

图 6-9　三机表决系统结构框图

三机表决系统首先承认"多数模块的输出是正确的"，按照"少数服从多数"的原理，用三取二的表决结果作为系统的正确输出。这样有一个模块发生故障，不影响系统的输出，可以屏蔽任一个模块的故障对系统的影响。

三机表决系统是利用故障屏蔽技术组成的冗余结构，称这种冗余方式为静态冗余。这种方式既提高了系统的可靠性又提高了系统的安全性。但由于增加了系统的硬件，因此系统的造价也相应提高了。

应当指出，当两个模块发生共模故障时，表决器将输出故障的结果。设计时，可以采用单机自检或主机间互检的方法，消除共模故障。

4）2×2 取二系统

（1）2×2 取二系统的概述。

所谓二取二是在一套子系统上集成两套 CPU，两 CPU 严格同步，实时比较，只有双机运行一致，才对外输出运算结果。

用两套完全相同的二取二子系统构成双机并用或热备系统，每一子系统内部为安全性冗余控制，两子系统形成可靠性冗余控制，这样，既提高了系统的可靠性又提高了系统的安全性。

（2）2×2 取二系统的结构原理。

如图 6-10 所示，系统Ⅰ或系统Ⅱ只要有一个系统正常输出，即可保障整个系统正常工作，从而提高了系统的可靠性。在系统Ⅰ或系统Ⅱ子系统均由主机 A 和主机 B 构成，只有 A、B 两个主机同时工作正常时，子系统Ⅰ或子系统Ⅱ才能有输出，从而提高了系统的安全性。

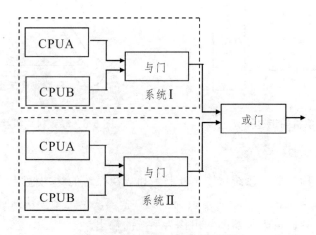

图 6-10　2×2 取二系统原理框图

（3）双系热备。

在实际应用中，计算机联锁系统的联锁机采用 2×2 取二系统，输入-输出处理机采用两个二取二子系统并用方式，两环节主用机为 I 系，备用机为 II 系。每环节为双系四主热备控制，两环节构成四系八主系统，两环节之间采用光纤双冗余网络通信。联锁机发生故障时，可自动完成主备系切换。

I 系和 II 系的输入-输出处理机同时接收主用联锁机的输出信息，备用联锁机的输出信息只作校核用不作为输出；两输入-输出处理机同时运行，两输出并行同时控制执行继电器。

（三）计算机联锁系统的接口电路

1. 计算机联锁信息与接口的类型

计算机与外部设备进行信息交换时，必须经过输入/输出接口电路将信息进行变换处理。同时，为了防止外部电路的干扰信号进入计算机，必须通过接口电路实现计算机与外部设备电路的隔离。

计算机联锁系统接口电路一部分是人-机对话接口，这一接口传送操作信息和表示信息，这两种信息属于非安全性信息，因此人-机对话接口可以采用计算机标准接口。

计算机联锁系统接口电路的另一部分是计算机与监控对象之间的接口，需要这部分接口采集设备状态信息和输出对现场信号设备的控制信息，这两种信息都属于安全性信息，因此这部分接口不能采用通用的接口，而必须采用专门为计算机联锁设计的故障-安全接口，这也是计算机联锁系统不同于其他领域自动控制系统的特点。

对于通用的人机对话接口，在《计算机原理》有关教材中已介绍过其原理，这里只介绍计算机联锁系统专用的故障-安全接口。

2. 状态信息采集接口电路

状态信息采集接口电路有两种形式，一种是静态信息采集，另一种是动态信息采集。两种电路都是故障-安全输入接口电路，下面分别介绍。

1）静态故障-安全输入接口

静态故障-安全输入接口电路的设计思想是采用冗余编码方式，将反映监控对象状态的二值开关量用多元代码来表示。假设代码的码长为 n，取其中一个作为危险侧代码，一个作为安全侧代码，那么其余 $2^n - 2$ 个代码为非法。当 n 足够大发生故障时，一个安全侧代码错成危险侧代码的概率极小，而错成非法码的可能性很大。系统对非法码均作安全侧信息处理，利用这种非对称的出错性质，就可以实现二值信息在存储、传送和处理过程中的故障-安全。

静态故障-安全输入接口电路结构如图 6-11 所示。图中以采集轨道继电器（GJ）的状态为例。当 GJ 励磁吸起时，四个光电耦合器全部导通，各端输出均为高电平。这样轨道电路的危险侧状态由电平信息变成代码 "1111"，经由通用并行输入口送入计算机。反之，当 GJ 失磁落下时，光电耦合器全部截止，其输出端均为低电平，轨道电路的安全侧状态变换成代码 "0000"，经由通用并行输入口送入计算机。计算机对四个码元进行 "与" 运算，结果为 "1" 则说明轨道电路在空闲状态；如果结果为 "0" 则说明轨道电路在占用状态。显然电路发生故障时，运算的结果为 "0" 的概率远远大于运算结果为 "1" 的概率，从而实现了故障导向安全。

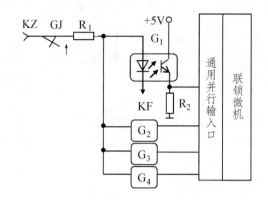

图 6-11　静态故障-安全输入接口电路

从理论上讲，这是一种信息冗余技术。冗余程度愈高，即码元数愈多，安全性愈高，但可靠性和经济性也愈低。实际应用时，一般选 4 位或 8 位码元代表一个信息。

2）动态故障-安全输入接口

动态故障-安全输入接口电路如图 6-12 所示，仍以采集轨道继电器的状态为例。图中用了

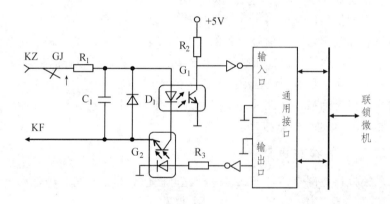

图 6-12　动态故障-安全输入接口电路

两个光电耦合器 G_1 和 G_2。G_1 的输入级和 G_2 的输出级串联。G_2 导通时，由 GJ 前接点控制 G_1 的导通与截止。G_2 的输入级由计算机的输出口控制通断，G_1 的输出则接向计算机的输入口。在 GJ 前接点闭合的情况下，若计算机输出高电平"1"信号，则使 G_2 导通，从而使 G_1 亦导通。于是 G_1 输出端输出一个低电平"0"信号送入计算机。反之，若计算机输出一个低电平"0"信号，则 G_2 截止，G_1 亦截止，读入计算机的则是高电平"1"信号。因此，计算机的输入与输出互为反向关系。

当系统需要采集 GJ 的状态信息时，由计算机输出脉冲序列，例如"10101010"，在 GJ 前接点闭合（危险侧）且电路未发生故障的情况下，返回计算机的必然是反向脉冲序列"01010101"；而当 GJ 落下（安全侧）或电路任何一点发生故障时，G_2 的输出端必然呈稳定电平（1 或 0）。计算机读入该稳定信号，则表明收到了安全侧信息。

从计算机输入与输出的关系看，动态输入采集接口实际上是一个闭环形式的动态脉冲电路。它是通过计算机校验输入代码是否畸变来判断输入电路是否故障，从而实现故障导向安全。

3．控制信息输出接口电路

计算机输出控制信息的目的是要控制执行部件即信号继电器，为了实现故障导向安全，大多数情况下均采用动态输出驱动的方式，即采用动态继电器。

图 6-13 所示为动态继电器原理图。其工作原理是：在电路正常情况下，当计算机没有控制命令输出时，A 端为低电平，光电耦合器 G_1 截止，电源经由 R_2、D_1 和 D_2 向电容器 C_1 充电。当充电电压接近电源电压时，充电过程结束，此刻电路处于稳态。由于 R_3、C_2 没有电流流过，电容器 C_2 两端没有电压，此时偏极继电器 J 处于释放状态。当有控制命令输出时，传送到 A 端的则是脉冲序列。当 A 端处于高电位时，G_1 导通，电容器 C_1 放电，C_1 放电的电流一方面通过 G_1 的集电极、偏极继电器 J 的线圈、D_3 形成回路；另一方面经 R_3 向电容器 C_2 充电。当 A 端由高电平变为低电电平时，G_1 又重新截止，电容器 C_1 恢复充电。经过几个周期后，当 C_2 两端的电压达到 J 的吸起值时，使 J 吸起。这样，在脉冲序列作用下，随着 A 端电平的高低变化，G_1 不断地导通截止，C_1 和 C_2 也就不断地充放电，使继电器励磁并保持吸起，直到 A 端无控制命令（脉冲序列）输入，G_1 截止，C_2 得不到能量补充，待其端电压降到继电器落下值时，J 才失磁落下。该电路不仅能防止一两个脉冲的干扰而使继电器误动；而且由于 J 采用了偏极继电器，能够鉴别电流方向，因此还可以防止当 C_1 和 D_3 都击穿时造成继电器错误吸起。

各厂家实际的动态继电器控制电路虽然不尽相同，但都是基于上述电路的基本原理设计的。

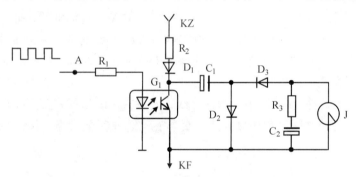

图 6-13　动态继电器原理图

（四）计算机联锁系统的信息传输

计算机联锁系统在硬件设计上均采用多主机系统，子系统内部及各子系统之间要实现信息共享就必须进行大量的信息传输，而信息传输的速度和质量直接影响计算机联锁系统的安全性和可靠性。下面简要介绍计算机联锁系统的几种信息传输方式。

1．总线传输

1）总线及总线标准

总线是计算机系统各部件连接到一组公共信息的传输线。通过总线，可以方便快捷地实现计算机控制系统各模块或各子系统之间的信息共享与交换。为了保证安全规范地传输信息，必须对总线信号、传输规则、物理介质和机械结构等制定统一的标准，各系统共同遵守，这一标准一般由计算机标准化国际组织批准，被称为总线标准。

2）总线的类型

用于计算机联锁系统的总线一般分为三类，即系统总线、通信总线和现场总线。

（1）系统总线。

系统总线也称内总线、板际（级）总线。在计算机联锁系统所采用的工控机箱内用系统总线来实现各模板插件之间的信息传输。系统总线是最重要的总线，常用的系统总线标准有STD总线、ISA/PCI总线、VME总线等。

① STD总线。

STD总线是一种面向工业控制的8位微型计算机总线，它定义了8位微处理器总线标准，可以兼容各种8位微处理器。STD总线应用于16位微处理器时，采用周期窃取和总线复用技术来扩充数据线和地址线。现在又定义了STD32总线标准，能够与32位微处理器兼容。

STD总线共有56条信号线，它可以细分四种小总线，即8根数据线、16根地址线、22根控制线和10根电源线。STD总线具有板型小、高度模块化、兼容性强、可靠性高等特点。

② ISA总线。

ISA总线标准是IBM公司为PC/AT机推出的一种具有开放式结构的计算机总线。ISA总线共定义了98个引脚，具有16位数据总线、24位地址总线、16级中断和8通道DMA，主板与接口卡的数据传输速率为8 MB/s。

③ PC/104栈接式总线。

PC/104栈接式总线是一种嵌入式的总线规范，是ISA总线标准的延伸。即PC机的CPU和标准的PC机芯片组装在一个面积很小的印刷电路板上，制作成嵌入式计算机模块。选择适当的模块组装起来即可形成一套体积很小的计算机控制系统，这样的系统靠自然通风可正常工作，一般不需要在机箱内增加电风扇。

PC/104栈接式总线标准采用104根信号线，它没有总线母板，不用插槽滑道，模块采用层叠式封装结构，模块之间采用栈接方式，它与ISA总线完全兼容，只比ISA总线增加6根电源线。

④ PCI总线。

PCI总线是由Intel公司推出的一种局部总线，是为充分发挥Pentium系列处理器优点而设计的。它定义了32位数据总线（120个引脚），且可扩展为64位（184引脚）。PCI支持突发读写操作，最大传输速率可达132 MB/s，在连续模式中，PCI传输速率可达80 MB/s，并且同时支持多组外围设备。

⑤ VME总线。

VME总线是起源于Motorola公司的Versa总线，Versa总线是为了各模块之间的接口和充分发挥16/32位微处理器MC68000的功能而设计的。后将Versa总线的模板改为欧洲式模板，成为VME（Versa-Module-Eurocard）标准。

VME总线地址线宽度为16/24/32/40/64位，数据线宽度为8/16/24/32/64位，系统可动态选择。数据传输速率为0～500 Mb/s。VME总线具有寻址空间大、数据传输速度高等特点，特别是在多处理器的系统中，其中断机构能够保证各个处理器间的相互通信，提高多处理器系统的性能。VME总线采用DIN416型连接器，具有良好的机械和电气特性，计算机联锁系统的许多模板均采用这种类型连接器。

（2）通信总线。

通信总线也称外总线，用来实现计算机系统之间或计算机系统与其他系统（如仪器、仪表、控制装置）之间的信息传输。它往往借用电子工业已有的总线标准。通信总线有并行通信总线和串行通信总线两类。

① 并行通信总线。

并行通信即在信息传输过程中，每次同时传送一个数据字节。并行总线传输速度高，但抗干扰能力差。一般用于短距离（数十米）的快速传输。

② 串行通信总线。

串行通信即在信息传输过程中，每次传送一个比特（1bit）的信息。串行总线传输速度低，使用的电缆少，抗干扰能力强，一般是用于较远距离的数据传输。常用的串行通信总线有RS-232C 总线、RS-422 总线、RS-485 总线等。

RS-232C 总线标准共有 25 条信号线，包括一个主通道和一个辅助通道。RS-232-C 标准规定，驱动器允许有 2 500 pF 的电容负载，因此通信距离将受此电容限制。例如，采用 150 pF/m 的通信电缆时，最大通信距离为 15 m；若每米电缆的电容量减小，则通信距离可以增加。RS-232C 总线传输距离短的另一原因是 RS-232 属单端信号传送，存在共地噪声和不能抑制共模干扰等问题，因此一般用于 20 m 以内的通信。RS -232C 传输速率低，一般不超过 20 Kbit/s。

RS-422 总线是一种平衡方式传输的总线，即双端发送和双端接收，差模传输。这种方式抗干扰能力强，最大传输速率可达 10 Mbit/s（15 m），最大传输距离能达 1 200 m（90 Kbit/s）。

RS-485 总线与 RS-422 传输方式相同，它与 RS-422 总线兼容且扩展了 RS-422 总线的功能。两者主要区别在于 RS-422 总线只允许电路中有一个发送器，而 RS-485 总线允许在电路中有多个发送器，且一个发送器驱动多个负载设备。

（3）现场总线。

现场总线是连接智能现场设备和自动化系统的全数字、双向、多站的通信系统，主要解决工业现场的智能化仪器仪表、控制器、执行机构等现场设备间的数字通信以及这些现场控制设备和高级控制系统之间的信息传递问题。

CAN（ControllerAreaNetwork 控制器局域网）是现场总线的一种典型应用，由德国 BOSCH 公司推出，广泛用于离散控制领域，其总线规范已被 ISO 国际标准组织制定为国际标准。CAN 协议分为物理层和数据链路层。CAN 的信号传输采用短帧结构，传输时间短，具有自动关闭功能，具有较强的抗干扰能力。CAN 总线通信距离最远可达 10 km/5 Kbps，传输速率最高可达 40 Mb/s，网络节点数实际可达 110 个。JD-1A 联锁机与操作表示机之间采用这种连接方式。

2. 局域网传输

局域网（Local Area Network，LAN）是指在某一区域内由多台计算机互联成的计算机网络，局域网的覆盖范围一般为方圆几千米以内。局域网可以实现资源共享、通信服务等功能。局域网有以太网、令牌总线、令牌环和无线接入等多种连接方式。以太网是一种常见的局域网组网方式，在日常生活和工业控制中应用普遍。

自动控制系统中所有的计算机通过各自的网络接口板（网卡）直接连到局域网上。每一网卡均有不同的网络地址，通过网络集线器完成信息交换。许多计算机联锁系统的子系统之间均采用双冗余网络并联的通信方式。即每一子系统均设置两块网卡，每一网卡均采用不同的节点地址，分别与 A 网、B 网相连，两网同时传输数据，保证有一个网卡或一条网络故障时不影响系统的通信。例如 TYJL-Ⅱ型计算机联锁和 JD-ⅠA 型计算机联锁中，上位机与维修机间采用以太网方式互联。

3. 光纤信息传输

光纤信息传输即用光纤作为传输介质，每一子系统设置两块光通信卡，完成光电信号的转换，用光集线器完成信息交换。由于光纤的信息传输速度快、抗干扰能力强，因此这种信息传输方式更加迅速、安全、可靠。计算机联锁系统的信息传输特别是远距离传输时均采用光纤传输方式。

二、JD-1A 型计算机联锁系统的维护

（一）JD-1A 型计算机联锁系统的体系结构

JD-1A 型计算机联锁系统是分布式计算机控制系统，也称集散型测控系统，其特点是分散控制、集中信息管理。系统的体系结构如图 6-14 所示。

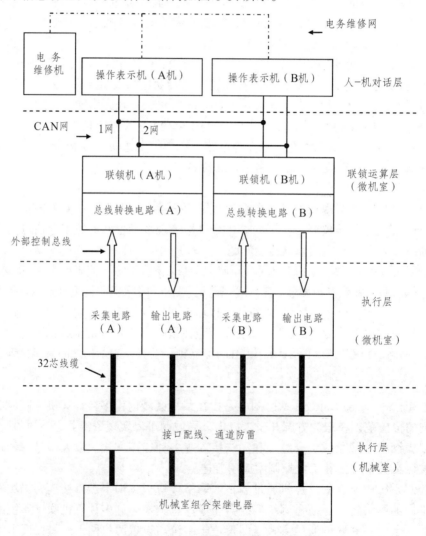

图 6-14　JD-ⅠA 计算机联锁系统体系结构

196

系统包括人-机对话层（也称操作表示层）、联锁运算层和执行层。人-机对话层与联锁层之间采用双 CAN 通信，双网同时工作，有一网故障时，另一网可保证系统正常通信。联锁层和执行层之间采用外部控制型总线控制器，实现了与计算机总线的分离。

系统所用的联锁机、操作表示机和电务维修机可根据需要选择不同的规格和档次。

联锁机通过两套故障安全型动态采集电路采集组合架有关继电器接点的状态，通过双套动态驱动电路输出执行对动态继电器的控制，并由动态检测电路对输出电压进行回读检测。

（二）JD-1A 型计算机联锁系统的硬件组成与功能

1. JD-1A 型计算机联锁系统的硬件

JD-1A 型计算机联锁系统的硬件分设在运转室、微机室、机械室。

在运转室，车务前台监视器、音箱、输入设备（鼠标）等为车站值班员提供操作表示界面及语音报警。运转室还可以设置后台监视器，以便车站值班员监视前台操作及站场运行情况。

在微机室，对于通用型车站（少于 40 组多于 15 组道岔车站）有联锁 A 柜、联锁 B 柜、防雷接口柜、单独设置的维修机以及终端设备。

如图 6-15 所示，A 联锁机柜正面包括：5 V、12 V、32 V 直流电源（采集、驱动机箱电路板工作电源、采集电路电源、驱动电路电源），操作表示机 A，联锁微机 A，采集机箱和输出驱动检测机箱。机柜背面包括：联锁机倒机电路，操作表示 A 机接口面板，网络交换机，联锁 A 机接口面板，采集机箱母板及采集电缆接线端子，驱动机箱母板及驱动电缆接线端子。

如图 6-16 所示，B 联锁机柜中操作表示机 B、联锁机 B、采集机箱、输出驱动检测机箱与 A 机柜位置一致，在 A 柜网络交换机位置安装操作表示机 A、B 的倒机单元。倒机单元正面包括切换按钮及各种表示灯面板；背面包括操作表示机 A、B 的显示器，鼠标，音箱的接入线；切换单元至运转室的输出线。

如图 6-17 所示，防雷接口柜最上部为两个不间断电源 UPSA、UPSB，分别向 A、B 两个机柜供电；正面中部为 A 机柜采集通道防雷，背面中部为 B 机柜采集通道防雷；正面下部是驱动分线端子及防雷短路监督电路，背面下部是电源配线、熔断器及电源防雷模块。

2. JD-1A 型计算机联锁系统的功能

1）操作表示机的功能

本系统的操作表示机采用双机热备的工作方式。上位机 A 位于 A 联锁机中，上位机 B 以及上位机倒机电路都放在 B 联锁机柜中。系统运行时，两台上位机同时工作，先开启的为主用机，后开启的为备用机，当主用上位机发生故障时，自动切换到备用上位机。

操作表示机具有以下功能：

① 操作功能：接收车务人员的操作信息，将操作信息通过网络通信传送给联锁机。

② 显示功能：接收来自联锁机的站场状态数据和提示信息等，控制显示器显示站场情况、系统工作状况、提示信息、报警信息等，对主要的错误或故障提供相应的语音报警。

③ 信息转发功能：将站场状态数据及提示信息、报警信息、系统状态等信息转发给电务维修机。

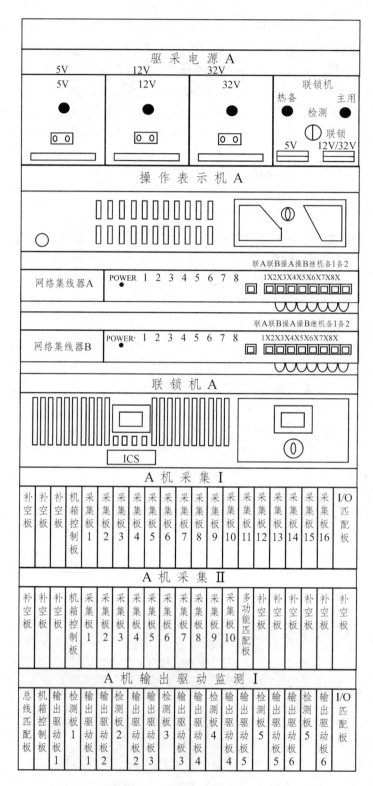

图 6-15　A联锁机柜正视图

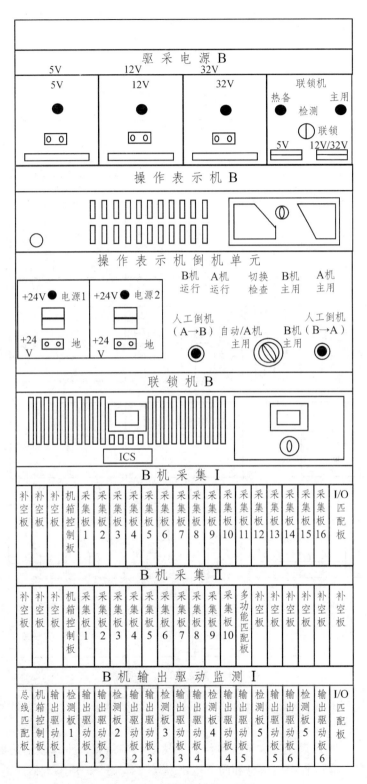

图 6-16　B 联锁机柜正视图

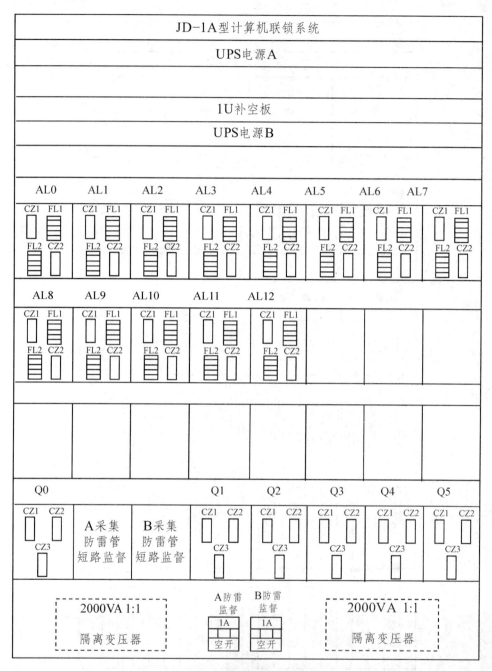

图 6-17　防雷接口柜正视图

主用上位机运行时，接收鼠标操作，向下位机（联锁机）发送车务人员的操作命令，播放语音提示信息。

备用上位机运行时，只能接收下位机传来的站场状态信息，跟踪显示站场运行情况、系统运行情况等，它不能接收操作信息和向下位机发送操作命令，也不能播放语音提示信息。

2）联锁机的功能

本系统的联锁机采用双机热备的工作方式。系统运行时，两台上位机同时工作，先开启的为主用机，后开启的为热备机，当主用机发生故障时，自动切换热备机升至主用。主、备机均接收上位机的操作信息，均采集设备状态，并进行联锁运算，主用机驱动驱电器，备用机假输出。

联锁机完成如下功能：

① 接收操作表示机下发的操作信息。

② 通过输入接口电路采集站场状态。

③ 将接收到的信息进行分析处理，即联锁运算。

④ 根据运算结果，通过输出接口电路控制组合架继电器动作。

⑤ 将信号设备的状态信息、提示信息、故障报警信息等传送给操作表示机。

（三）JD-1A 型计算机联锁系统的接口电路

本系统的接口电路控制原理如图 6-18 所示，接口电路由总线控制板、机箱控制板和输入/输出接口三级电路组成。后两级电路采用外部控制总线（CRTP 总线）方式。外部控制总线通过插在联锁机箱中的总线控制板（IOBC 电路板）与计算机 ISA 总线交换信息。

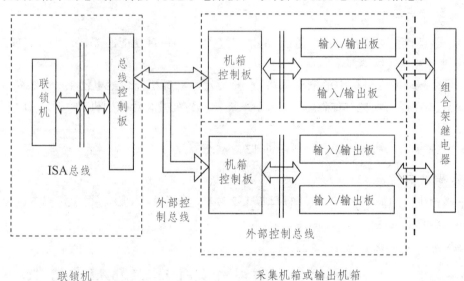

图 6-18　JD-1A 系统接口电路控制原理示意图

从组合架室内分线盘到输入/输出防雷接口柜之间，以及防雷接口柜到联锁机柜间均通过 32 芯电缆相连，防雷接口柜加装有通道防雷器件。

联锁机和采集、输出电路相对独立，I/O 电路与联锁机采用光电隔离。外部控制总线可以在 15 m 内并行扩展多达 16 个机箱，每个机箱可插 16 块采集板，每板 32 个采集单元；也可插入 6 组输出驱动板和回读检测板，每组由 2 块 16 路输出驱动板和一块 32 路检测板固定组成，可驱动 32 个控制对象，它能够提供测试返回信号，由检测板对输出电路进行回读检测。

1. 接口电路板的功能与控制原理

1）总线控制电路板

总线控制电路板也称总线转换板（IOBC 板），安装在联锁机箱内，实现 ISA 总线和 CRTP 总线转换，将输入电路采集到的信息传给联锁机，将联锁机的控制命令传送给输出电路。IOBC 板通过采集/驱动机箱母板上的 64 路标准 DIN 连接器，采用级连方式与所有采集机/驱动机箱相连。

2）I/O 母板

每个机箱后面安装有一块 I/O 母板，用以提供外部控制总线。机箱内各种电路板从正面通过机箱插槽插在 I/O 母板上，机箱对外的采集/驱动电缆通过后面的接插件连接。I/O 母板提供 CRTP 控制总线，机箱内电路板都通过 16 位数据线和 CRTP 总线交换数据。

3）机箱控制电路板

每个采集或驱动机箱插一块机箱控制板，用以对本机箱电路板选址，选中的电路板通过 16 位数据线和 CRTP 总线交换数据。机箱控制板的面板上有工作指示灯，正常工作时 ADR1、ADR2、ADR4、ADR8 指示灯不断闪亮，循环选址。

4）I/O 匹配电路板

每一机箱的 I/O 母板上插入一块 I/O 匹配板，一般插在机箱末端，用于实现机箱中 CRTP 总线的终端匹配。

5）多功能匹配电路板

每一个联锁机柜必须有一个机箱的 I/O 母板上插入一块多功能匹配板，它有三项功能：

① 提供母板总线终端匹配。

② 采集、驱动联锁机柜中的倒机电路。包括驱动本联锁机监督继电器 JJ、倒机继电器 DJ、本联锁机 JJ、DJ 以及切换继电器 QJ 的状态采集，以及对另一台联锁机 JJ、DJ、QJ 和检测开关的状态采集。

③ 产生本联锁机动态输入电路所用的 12 V 动态方波。

6）总线匹配板

每个联锁机柜的最后一个机箱 I/O 母板上必须插一块总线匹配板，用于实现本机柜的电路板与外部控制总线的匹配。

7）32 路输入采集电路板

采集板用来采集组合架继电器接点状态。一个采集机箱可插 16 块采集电路板，每块输入板有 32 路采集。为了提高采集信息的安全性，每个采集信息都通过两个采集单元进行采集，两路采集结果进行比较，只有结果一致才认为继电器接点状态为 1（接点闭合）。因此，相邻的两块输入板位置相同的两个采集单元用于采集相同的继电器接点，也就是第一块输入板的第一路和第二块输入板的第一路采集的是同一接点，以此类推。一个采集机箱最多可采集（32×8）256 个状态信息。

根据接口信息表可确定采集单元与所采集条件的对应关系，采集条件（继电器接点）接通，采集板前面指示灯闪烁。采集电路的工作原理如图 6-19 所示。

本系统采用安全输入电路，联锁机控制多功能匹配板产生方波脉冲，再经由继电器接点、32 路输入电路，由联锁机读回。联锁机只有收到方波脉冲，才判定继电器接点闭合。采集电路具有故障-安全性，电路中任何器件发生故障，均可导致动态脉冲中断，从而使设备导向安全。

为了提高输入电路的可靠性，缩短硬件故障维修时间，设计了输入电路自诊断功能，如果发生故障，可精确定位到某块电路板的某一路，并通过电务维修机记录下来。

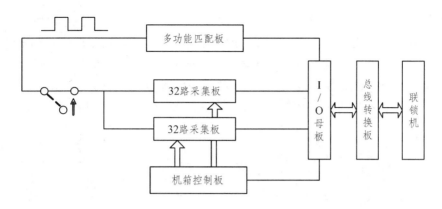

图 6-19　采集电路工作原理图

每一状态信息均采集两组接点，通过 32 芯电缆经由防雷接口柜分别与联锁机 A 和联锁机 B 相连。状态信息采集接口框图如图 6-20 所示。

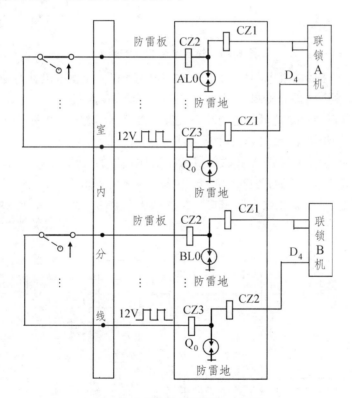

图 6-20　状态信息采集接口框图

8）16 路输出驱动电路板和 32 路驱动回读检测电路板

输出驱动板用来输出对组合架继电器的驱动信息，驱动回读检测电路板用来检测动态驱动电路是否工作正常。输出驱动板和回读检测板合用同一机箱。输出驱动板每板 16 路，回读检测板每板 32 路，两块输出驱动板加上一块检测板形成一个印制板单元组，检测板置于中间，并与输出驱动一一对应。一个输出检测机箱可插 6 组这样的印制板，共可驱动（32×6）192 个继电器。根据车站站场的大小，可配置不同数量的输出检测机箱，形成不同的机箱组成结构。

输出驱动板的各路输出与驱动对象的对应关系由接口信息表约定。输出驱动板前面对应每一个输出单元有两个并排的指示灯，左边的指示灯点亮表明该路驱动单元有输出，右边的指示灯点亮表示该输出的驱动有效。因此某一路有输出时，主机对应的两个指示灯均点亮，而备机对应该路输出左边的指示灯微亮，右边的指示灯不亮，即备机假输出，驱动无效。回读检测板上该路输出对应的回读检测指示灯也同步点亮。输出电路工作原理如图 6-21 所示。

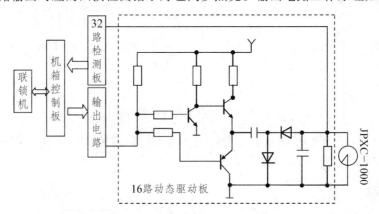

图 6-21 输出电路工作原理图

计算机联锁系统驱动的继电器均采用 JPXC-1000 偏极安全型继电器。动态驱动电路的输出又可通过回读检测电路进行检测。

16 路输出电路板接收联锁机发送的动态方波，再控制动态驱动电路，驱动电路接收动态脉冲，进而产生驱动组合架继电器动作的直流电平。

如图 6-22 所示，由于联锁机 A 和联锁机 B 动态驱动板的两同名端子要控制同一台执行继电器，因此，连接驱动控制线的防雷接口柜的电缆插接端子板相当于一个"三通"，联锁机 A、B 的输出驱动板的每一位输出线在防雷接口柜的端子板上的一侧一一对应封连，另一侧与继电器接口架端子板相连，这样将联锁机 A、B 的输出并接在一起控制偏极继电器的线圈端子 4。

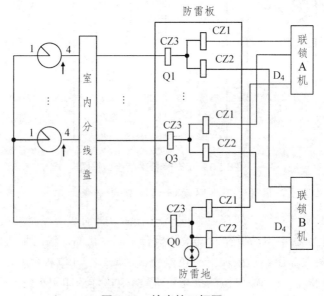

图 6-22 输出接口框图

如图 6-23 所示，由于各继电器线圈 1 所接的联锁机 A 供出的负电源（A+32 V 条件地）是检查了 ADJ 前接点的条件电源（B 机输出的 B+32 V 条件地检查了 BDJ 前接点），而 ADJ 与 BDJ 不可能同时吸起，因此只有主用机的驱动端才能输出有效的驱动电平，而备用机不可能产生有效的输出。

如果动态驱动电路故障，则该路指示灯不亮，此时电务维修机会自动记录。如果当前联锁机为主用机，则会自动切换至备用联锁机。

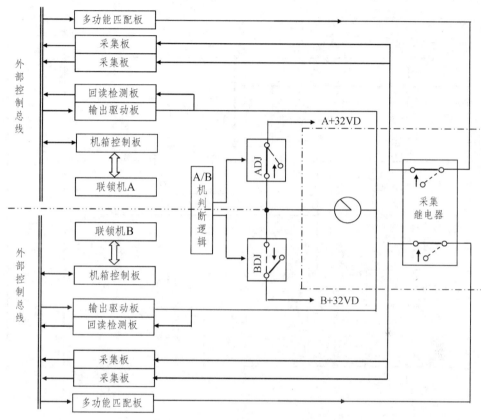

图 6-23　输出接口继电器控制原理图

2. 防雷管短路监督

图 6-24 是防雷管短路监督原理电路，图 6-25 是防雷管的连接图，从图中可以看出，进入联锁机柜的每一状态信息采集条件线均接有一个防雷管，这样当任一条件线因雷电感应电压超过防雷管的击穿电压时，该条件线将立即接地。这样即可防止高压进入联锁机柜烧坏电路板。

如果某一防雷管被击穿短路不能恢复，5 V 电源将使防雷监督继电器 J1 吸起，同时蜂鸣器报警。而后，防雷监督继电器 J2 吸起，向联锁机柜输入报警信息。通过测试插空可测出击穿的防雷管。

A（B）采集防雷管短路监督电路是对所有 A（B）采集防雷管短路进行监督，当 A（B）采集防雷管有一个短路并且所采集的继电器状态为励磁状态时，A（B）采集防雷管监督电路延时 2 s 报警，并把报警信息送到 A（B）联锁机，A（B）联锁机接到报警信息后停机，信号值班人员查找具体哪个防雷管短路时，必须把防雷柜与组合架之间的连接端子断开，报警才能停止。电路恢复正常后，把联锁机柜的 12 V 电源正端接到测试孔（－）端，看联锁机柜采集表示灯哪一个亮，则亮灯单元对应的防雷管短路。或断开防雷板与邻板防雷地环线，将测试孔（－）连到被测试板的防雷地端子，测试笔的一端接到测试孔（＋），另一端逐个点防雷管，当被测得的防雷板上有防雷管短路时，若测试笔上的测试灯亮，则说明此板上有防雷管短路。断开此板与室内分线盘的连接插头再逐一测试，若测试笔再次亮灯，则可以确认测试笔所点的防雷管短路。用防雷插件最下面的备用防雷管换下短路的防雷管即可。

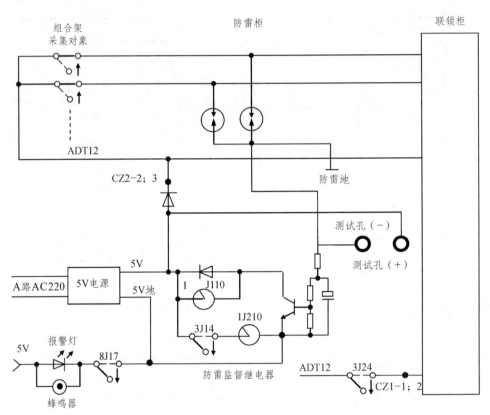

图 6-24　防雷管短路监督原理图

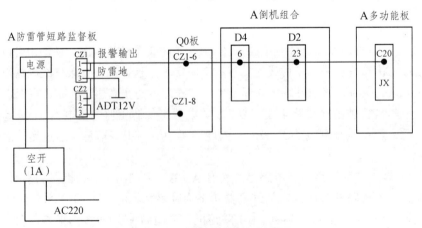

图 6-25　A 联锁柜防雷管连接框图

（四）联锁机的同步与切换

　　系统的联锁机采用双机热备的动态冗余结构，两套联锁机互为主备，没有主次之分。系统运行期间，两套联锁机同时接收操作表示机发送来的控制命令，通过各自的输入电路采集站场状态，并进行联锁运算。两套联锁机都根据联锁机运算结果控制本机的动态驱动电路产生输出，但只有主机的输出才与组合架继电器相连，控制继电器动作。切换控制电路如图 6-26所示。

　　联锁系统通过联锁机柜内的倒机电路实现动态切换。倒机电路包括监督继电器 JJ、切换继电器 QJ 和倒机继电器 DJ。当联锁机上电启动后，先工作的联锁机的 JJ、QJ、DJ 均吸起，作为主用机运行。后工作的联锁机的 JJ 吸起，QJ 和 DJ 落下，作为备机运行。通过机柜面板上的"主用""热备"指示灯也可以看出联锁机的工作状态。

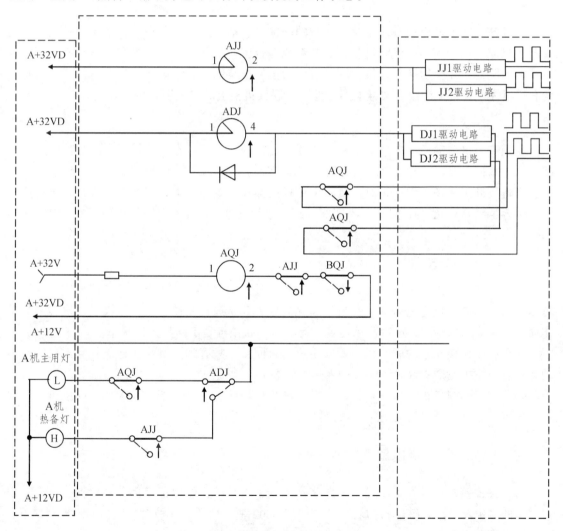

图 6-26　联锁机双机切换控制电路

　　两套联锁机在运行期间，不但通过自诊断系统验证本机是否工作正常，还实时交换动态信息，相互比较、验证，判断本机以及邻机是否正常工作。如果主机判断出自身发生故障，则通过倒机电路自动切换到备机。假设先打开的是 A 机，在 A 机主用期间发生故障使 AJJ 落下，则 AQJ 和 ADJ 将顺序落下，在 BJJ 吸起的条件下，BQJ 迅速吸起，从而使 BDJ 立即吸起，这样使 B 机转为主机。原备机作为主机运行后，故障机器重新启动。如果备机发生故障，则备机重新启动。在双机切换和联锁机重新启动时，不影响整个系统的运行，即实现动态无缝切换。

本系统的联锁机有四种工作状态：

1. 停机状态

联锁机关机掉电或正在重启、联锁程序未运行，此时联锁机处于停机状态。当联锁机处于停机状态时，不执行联锁运算，采集、输出电路不工作。

2. 主用状态

当联锁系统上电启动时，先投入运行的联锁机自动进入主机状态，在系统运行期间，两套联锁机通过自诊断和互诊断机制，判断系统是否工作正常。只有主机有故障且备机处于热备状态的同时，才会切换到备机，原备机作为主机维持系统继续运行。只有运行于主机状态的联锁机才能最终驱动组合架继电器。此时，联锁机柜上的"主用"指示灯点亮。

3. 热备状态

联锁机上电启动后，在采集到另一套联锁机已处于主用状态的前提下，经自诊断、互诊断，认为本机无故障且与主机的动态信息同步后，才能进入热备工作状态。

当备机处于热备工作状态时，接收上位机的操作命令、采集站场状态、进行联锁运算，但联锁运算结果只能"假输出"，不能驱动组合架的继电器。此时，联锁机柜上的"热备"指示灯点亮。

4. 同步校核状态

同步校核状态是备机由停机状态向热备状态过渡的中间状态。当一套联锁机作为主机运行后，另一套联锁机上电启动，经自诊断无误后，开始运行联锁程序，接收上位机传来的操作命令，采集站场状态，进行联锁运算，此时这套联锁机处于同步校核状态。

处于同步校核状态的联锁机还要向主机请求同步，只有和主机建立通信并且本机的联锁动态信息与主机完全一致时，才可进入热备状态。

必须注意，当备机停机或备机仅处于"同步校核状态"时，不能人为地切换主机，否则将会导致已开放信号突然关闭、站场道岔全部锁闭等严重后果。

（三）继电器结合电路

为了保证室外信号设备的控制电路基本不变，本系统仍然保留了部分继电器，组成了相对定型的继电器组合，继电器的名称和作用与 6502 基本相同，各种组合所用的继电器如下：

（1）道岔组合：DCJ、FCJ、DBJ、FBJ、SJ、1DQJ、2DQJ；
（2）进站组合：LXJ、TXJ、LUXJ、ZXJ、YXJ、1DJ、2DJ；
（3）一方向出站组合：LXJ、DXJ、DJ；

（4）多方向出站组合：LXJ、DXJ、ZXJ、DJ；

（5）调车组合：DXJ、DJ；

（6）轨道区段：GJ（50 Hz 或 25 Hz）。

此外还有监督联锁机工作和控制上位机、联锁机双机热备系统切换的有关继电器。

有关继电器的结合电路结构很简单，计算机联锁车站道岔控制、信号电灯等执行环节的电路与 6502 电气集中车站相似，在此就不作介绍了。

三、EI32-JD 型计算机联锁系统维护

（一）EI32-JD 型计算机联锁系统技术特点

EI32-JD 型计算机联锁是采用日本信号株式会社研制的 EI-32 型计算机联锁主机，搭载北京交大微联科技有限公司编制的联锁软件开发研制而成的符合故障-安全原则的高可靠性、高安全性计算机联锁系统。

系统的硬件设计上，联锁机/驱动采集机安全采用日信公司成熟技术——EI-32 型安全型计算机联锁主机；操作表示机采用 JD-1A 型计算机联锁的成熟技术，使两者有机的结合。

系统在软件设计上，采用故障-安全实时操作系统 FS-OS 的安全通信软件；安全输入-输出程序采用日信公司在各计算机联锁车站使用的既有软件；操作表示机软件（不含通信软件）采用 JD-1A 型计算机联锁现用软件；联锁软件（不含输入-输出和通信部分）采用 JD-1A 型计算机联锁现用软件。

与 JD-1A 型计算机联锁系统相比，EI32-JD 型计算机联锁系统主要有以下特点：

（1）联锁机/驱动采集机硬件及驱动采集电路为日本信号株式会社产品，联锁机及驱采机均为二乘二取二结构，分为 I、II 系，各系内部为二取二结构。联锁机采用双系热备，双系中每一单系均包括双套计算机实时校核工作，每一单系中必须双机工作一致才能对外输出，实现全系统的高安全性；联锁机采用双系热备，任一单系检出故障均可立即倒向备系工作，驱动机采用双系并用，实现全系统的高可靠性；操作表示机（上位机）采用工控机，与 JD-1A 型计算机联锁系统相同，实现双机热备。

（2）联锁系统中联锁功能和驱动采集功能分离，联锁系统由联锁层和执行层（驱动采集电路）组成。根据车站规模，每一冗余系可能包括一套驱动采集机或 2 套驱动采集机。每套驱动采集机均为二乘二取二冗余结构。

（3）各联锁机和驱动采集机直接采用双环光纤构成专用局域网，物理通道为双倍冗余。

（4）每一继电器输出驱动的末级采用独立电源隔离技术，驱动无极继电器，防止因线路混线使继电器误动。

（5）联锁软件由北京交大微联科技有限公司编制，系统整体符合《计算机联锁技术条件》要求。

（6）考虑了与调度集中自律机结合方案，支持设备集中和设备分散两种制式。

（7）联锁系统可与微机监测系统一并设计。

（8）适用于区域联锁。联锁机和驱动采集机分离，使冗余结构更为灵活、合理，易于通

过远程连接实现分散控制、区域集中。

（二）EI32-JD 型计算机联锁系统的体系结构

EI32-JD 型计算机联锁系统属于分布式计算机控制系统，体系结构如图 6-27 所示。

系统包括人-机对话层、联锁运算层、执行层。计算机联锁系统硬件包括：联锁机柜、综合机柜、分线柜、维修终端、运转室设备等。

在运转室，有前台监视器（控制台）、输入设备（鼠标）、音箱等为行车人员提供操作表示界面。

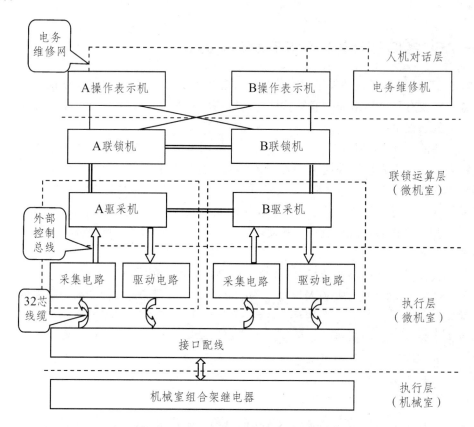

图 6-27　EI32-JD 型计算机联锁系统的体系结构

在计算机室，有联锁机柜、综合机柜、分线柜、电务维修终端。

在机械室，有继电器组合架，执行设备动作和表示设备状态的继电器安装在组合架上。

（三）EI32-JD 型计算机联锁系统的硬件组成与功能

图 6-28 是 EI32-JD 型计算机联锁系统的设备配置图。图 6-29 是一个联锁机柜内的机箱的印制电路板配置图。

EI32-JD 系统包括的主要子系统有：操作表示机（即上位机）、联锁计算机、驱动采集机及驱动、采集接口、控制台相关设备，运转室的站场屏幕显示器、鼠标器、语音提示报警音箱，机械室的继电器组合架、电务维修机及微机监测系统。

各子系统部件的组成功能及作用如下。

1. 操作表示计算机

操作表示机（俗称上位机）和联锁计算机（包括驱动采集机）构成上下位控制的分层结构。操作表示机采用 PC 系列工业控制计算机，根据系统具体配置和要求的不同，可插入不同的电路板。

操作表示机的主要作用是为车站值班员提供操作显示界面。操作表示机从联锁计算机取得站场当前状态，在显示器上显示；采集操作信息传输给联锁计算机；将当前联锁状态信息传送至电务维修机和监测机。

操作表示机为双机热备，设备的倒接无须人工干预，也不对正常行车造成干扰。

2. 联锁计算机

联锁计算机简称联锁机，两套共 4 个 CPU 构成二乘二取二容错系统。联锁机采用日本信号公司 EI32 型计算机联锁专用计算机。

联锁机接收操作表示机传来的操作命令，接收驱动采集机传来的室外信号设备状态信息，进行联锁运算，向驱动采集机传送室外信号设备动作命令，同时向操作表示机传送表示信息。联锁计算机为安全型系统。

3. 驱动采集计算机

驱动采集计算机也称输入-输出计算机，采用日本信号公司 EI32 型计算机联锁安全型系统系列产品，同为二乘二取二容错结构。其作用为采集室外信号设备的状态，驱动室外信号设备动作。

4. 驱动采集环节

驱动采集环节包括驱动采集接口和执行继电器，均为安全型系统。

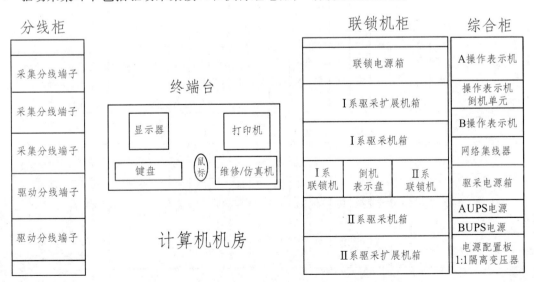

图 6-28　EI32-JD 型计算机联锁系统设备配置图

A 接口机箱

总线控制板	采集接口板	采集接口板	采集接口板	采集接口板	采集接口板	驱动接口板	驱动接口板	驱动接口板	驱动接口板	驱动接口板	驱动接口板	系统控制板	LAN接口板	LAN通信板	CPU板	空	电源

A 接口机箱

总线控制板	采集接口板	采集接口板	采集接口板	采集接口板	采集接口板	采集接口板	采集接口板	采集接口板	采集接口板	采集接口板	采集接口板	空	空	空	空	空	电源

A/B 联锁机

系统控制板	LAN接口板	LAN通信板	CPU板	串口通信	空	电源	表示盘及连锁机倒机板	系统控制板	LAN接口板	LAN通信板	CPU板	串口通信	空	电源

B 接口机箱

总线控制板	采集接口板	采集接口板	采集接口板	采集接口板	采集接口板	驱动接口板	驱动接口板	驱动接口板	驱动接口板	驱动接口板	驱动接口板	系统控制板	LAN接口板	LAN通信	CPU板	空	电源

B 接口机箱

	采集接口板	采集接口板	采集接口板	采集接口板	采集接口板	采集接口板	采集接口板	采集接口板	采集接口板	采集接口板	采集接口板	空	空	空	空	空	电源

图 6-29　联锁机柜配置图

驱动采集电路为驱动采集计算机的组成部分。为了实现故障导向安全，驱动采集电路采用小型化的动态采集、动态输出电路。

驱动采集计算机执行对象为组合架上的继电器，通过安全型继电器完成现场状态信息的输入和控制命令的输出。组合架上安装有信号点灯电路、道岔控制及表示电路、轨道继电器及其他结合电路所用的继电器组合。各种信号设备所需的执行继电器与 JD-IA 型计算机联锁系统使用方法相同，只是计算机动态输出驱动的继电器不是偏极继电器而是直流无极继电器。

5. 电务维修机

EI32-JD 型计算机联锁系统配置有电务维修计算机。该计算机对联锁机正常和故障情况下的动作予以记录、储存，包括对值班员的操作过程、现场设备运转情况、列车/车列走行过程进行实时监督和记录。记录内容实时存盘，可以通过列表、回放、跟踪等方式检索、显示这些信息，供维护人员随时参考。

记录内容以实时记入磁盘的方式保存，系统复位、关机或掉电后记录的数据不会丢失。记录容量达到 1 个月。

电务维修计算机以 WINDOWS-NT 为编程平台，并采取措施使系统因停电等原因非正常关闭、重新启动后自行进入应用程序。

（四）EI32-JD 联锁系统的控制原理

EI32-JD 型计算机联锁系统联锁处理机采用二乘二取二冗余结构。所谓"二取二"即为在一套系统上集成双套 CPU 系统，双套系统严格同步，实时比较，只有双机运行一致时才对外输出运算结果。"二乘"的作用为上述双机组合取用 2 组，采用双机热备或并用方式。EI32-JD 型计算机输入-输出接口、驱动单元电路、电源均为双套。在保证安全的基础上，为了提高系统的可靠性，操作表示机、通信网络也采用双套。操作表示机实现双机热备。

1. 二取二 CPU 电路（FS-32 单元）

图 6-30 是日信公司提供的二乘二取二计算机联锁核心部件——二取二安全型 CPU 板的电路结构。在电路印制板上集成了完全相同的两套计算机系统，包括时钟、RAM、ROM 和必要的接口电路，还集成了实现双机校核的总线比较电路。CPU-A 和 CPU-B 硬件完全相同，所装软件——包括系统软件和应用软件完全相同。正常情况下，A、B 两套 CPU 电路应当工作完全相同，此时，由该板驱动一个继电器，称为正常继电器，证明该印制板双套 CPU 电路工作正常并且同步，可以运用。只有正常继电器接点闭合，才能给该板输出部供电，形成真实的输出，从硬件上保证设备的安全。

2. 双系热备

EI-32 型计算机联锁支持双系热备型冗余结构，如图 6-31 所示。每一处理部的单系——联锁机 I 系、II 系、输入-输出处理机 I 系、II 系即为前述双机校核的 CPU 系统，因此每一处理部总体上是一个 4 机系统。

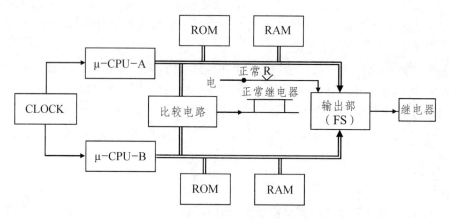

图 6-30 二取二安全型 CPU 板的电路结构

双系热备方式中：输入-输出处理机的Ⅰ系和Ⅱ系均仅接收同一联锁机发来的输出信息，如联锁机Ⅰ系的输出或联锁机Ⅱ系的输出，而另一系联锁机的输出不予采纳。也就是说，联锁机的双系中存在主用系和备用系的区别。只有主用系对外的输出才被输入-输出处理机采纳，备用系的输出虽然也被送到局域网上，但不被输入-输出处理机取用，而仅用于联锁机双系之间的校验。当联锁机的主用系故障时，才自动地倒向备用系。从这个意义上说，联锁机双系之间采用的是双系热备的方式。在双系热备方式中，联锁两系之间采用单线程操作系统实现应用软件的数据同步。

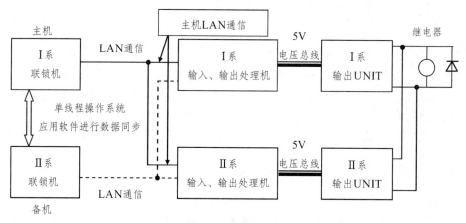

图 6-31　双系热备型冗余结构

由上述介绍可以看到：联锁机采图双系热备，两个输入-输出处理机均同时工作，同时产生输出，并且以线圈并联的方式连接到被驱动的继电器上。因此，双系热备工作方式仅对联锁机而言，对于输入-输出处理机，双系均以二重系并同方式运行。

3. EI32-JD 系统的接口电路及其安全保障

EI32-JD 型计算机联锁 I/O 的安全性保障要点如下：

（1）处理部采用总线同步二重系的 μ-CPU。

（2）采用 FS-OS 故障安全操作系统。

（3）采用照查脉冲式的采集方式。

（4）采用二重系比较输出驱动方式。

EI32-JD 系统安全性输入-输出电路的核心是闭环的工作原理，即要求各硬件模块以及依赖各硬件模块的控制命令和状态采集信息传递均实现闭环，通过软件使整个闭环系统运转起来。输入电路由计算机提供一个脉冲源，经现场继电器接点读回该脉冲信号即认为继电器吸起；输出电路在总线 I/O 环节和动态驱动环节设两级回读，避免地址寻址出错并检出故障。闭环环节中的任何一处发生故障，系统都能立即诊断出来，并采取措施予以防护、记录、报警，直至停机以保证安全。

系统安全性输入-输出电路的设计遵循动态工作原理，即所采用的安全性信息采集和安全性控制命令输出电路均采用动态的输入-输出电路。电路中的任何一个器件发生故障，均可导致信息脉冲的中断，从而使设备导向安全。本系统的动态电路均为内部电路，外部继电器使用安全型无极继电器。

为了提高系统的可维护性，缩短系统的故障维修时间，联锁机本身设计有专用的硬件诊断的部件和程序，提供尽量全面的软硬件自检测、互检测。检测出的故障实时送往电务维修计算机显示、记录，并给出详细、清晰的故障报告。

1）状态信息采集电路原理

联锁机通过采集机箱的接口电路采集组合架上的继电器接点状态，图 6-32 是 EI32-JD 采集电路的原理框图。图 6-33 是 EI32-JD 采集电路的配线图，该电路从组合架引入接点闭合时的直流电压，计算机软件产生内部动态信号，由 A 系锁存器输出控制下方光电耦合管交替导通截止。当外部采集的继电器接点条件接通时，上部光电耦合管随之交替导通截止，通过锁存器经两缓冲区分别送给 A、B 两条总线，即采用双套采集，分别通过 LAN 通信被 CPU 板的两个 CPU 读取，纳入联锁运算。这样就形成对外部采集条件的闭环动态采集，如果采集电路有任一环节发生断线或几处故障，均不能保证 A、B 两条总线同时收到动态信号，从而保证实现故障导向安全。

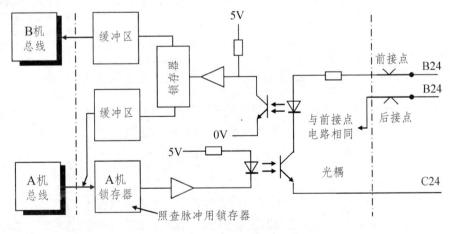

图 6-32　安全性采集电路原理框图

一个采集机箱可插 11 块采集电路板，每块采集板有 64 路采集单元。

某块采集板某路采集哪个继电器接点由接口信息表约定。采集板上端指示灯表明采集板是否工作正常，绿灯亮表示正常，红灯亮表示有故障。

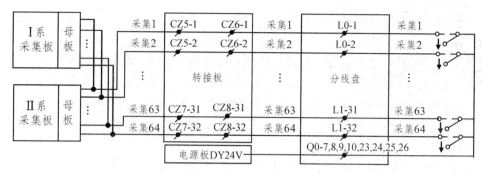

图 6-33　组合架采集电路配线图

2）驱动电路原理

图 6-34 是 EI32-JD 系统的安全性输出电路原理框图。该板同时挂在双 CPU 板上的两条总线上，为双套驱动。只有在两条总线上对其进行的 I/O 操作完全一致时，才能对外产生真实的输出。动态驱动元件均在驱动机箱内，通过接口架驱动 JWXC-1700 型继电器。

继电器输出的基本原理仍为动态原理。在电路内部设一个频率发生器，通过动态转换将频率信号转变为 24 V 的直流电平，转换电路即驱动电路是故障安全的。频率发生器受 CPU 板正常继电器的控制，如果正常继电器接点断开，则频率发生器不工作，使故障导向安全。

输出电路每路提供两条引出线（+24 V、24 V 地）用以驱动继电器。输出电路和它所驱动的继电器相互并联，Ⅰ系输出的一对线和Ⅱ系输出的一对线在物理上并联。电路设计使得如果出现外界短路故障，不会烧毁输出电路。

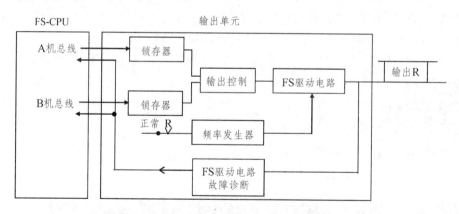

图 6-34　EI32-JD 系统的安全性输出电路原理框图

采用高频动态驱动采集技术，可使驱动电平提高并更加稳定，同时减少了输出延时，也使得驱动采集单元电路小型化。

图 6-31 反映了 EI32-JD 型计算机联锁的驱采结构。从图中可以看出，EI32-JD 型 2×2 取 2 系统最终的继电器输出实现了继电器双断驱动。EI32-JD 系统的驱动继电器电路为独立的双线方式，没有共用回线，具有较高的防止混线误动的能力，提高了系统的安全性。

一个驱动机箱可插 11 块驱动电路板，每块驱动板有 16 路输出。

某块驱动板某路驱动哪个继电器接点由接口信息表约定。驱动板上端指示灯表明驱动板是否工作正常，绿灯亮表示正常，红灯亮表示有故障。面板中间的指示灯（16 个绿灯）用以表明驱动电路是否有输出，当某路有输出时，对应位的指示灯点亮。

4. 联锁机倒机控制

EI32-JD 计算机联锁系统的联锁机采用二乘二取二冗余结构，二取二系统构成互校的安全性系统。两套安全性系统共 4 机构成互备的双套冗余系统，称为Ⅰ、Ⅱ系。平时两系同时接收操作机发来的按钮控制信息和驱动采集机采集到的设备状态，并据此进行联锁运算。平时只有Ⅰ、Ⅱ系中的某一系联锁机作为主控机，只有主控机可向驱动采集机发出实际控制命令，可以对外输出。另一系用作备机，备机只有联机后才能实现热备。如果主控机故障，则备机在主控机脱机后可自动升为主控机，即自动导向备系运行。只有当主用系故障且备系完好时才能自动切换到备系，由备系接续工作。备系导向主控时，可保证现场联锁作业完全不受影响，无须电务人员介入。

1）基本倒机逻辑

本系统基本倒机逻辑遵从无主的原理，即两套联锁系统地位相等，无主从之分。第一次开机时，先启动的一系优先进入工作状态，成为主控系，例如Ⅰ系先启动，则后启动的Ⅱ系自动成为备系。如果工作中主控Ⅰ系故障，则自动由热备Ⅱ系接替工作，此时Ⅱ系成为主控机。只要Ⅱ系不发生故障，无论Ⅰ系是否修复，是否投入运转，重新联机，Ⅱ系都将一直工作下去，充当主控系的角色，并不急于倒回Ⅰ系。只有当Ⅱ系也发生了故障不宜继续作为主控系工作时，才再次倒回Ⅰ系。这样做可避免Ⅰ系修复后，在两台机器都正常工作时发生无谓的倒机，增加不可靠度，以实现无需系统发生倒机时即令其不倒机的原则。

在计算机联锁系统运行的过程中，两联锁系之间实时交换关键联锁信息和现场信号设备状态信息，以保证两联锁系之间的同步。在两联锁系均联机的情况下，由备系校核主控系发来的主控系关键联锁信息和现场信号设备状态信息。这些信息包括信号机、道岔、区段的状态信息，锁闭信息，按钮操作信息等。一旦发现两机信息不一致，则意味着两系失去同步，此时暂停继电器的对外输出，直至重新恢复同步。

2）上电及倒机过程

为了保证安全，计算机联锁系统施工完毕，先启动的一联锁系上电后优先进入主控。为保证安全，此时令全场区段处于锁闭状态，要求值班员采用区段故障解锁的方法逐段解锁区段。为避免值班员操作过于繁琐，本系统简化了上电解锁手续，值班员只需按压"区段故障解锁"按钮，输入口令，即可进入上电解锁状态，此后值班员只需连续按压"区段故障解锁"按钮和各个轨道区段按钮（用处于该区段的道岔名称代替）即可逐段解锁各个区段，不必重复输入口令。在此期间如果值班员办理了其他的操作，则系统退出上电解锁过程。如需恢复此过程，则需再次按压"区段故障解锁"按钮，重新输入口令，才可再次进入上电解锁过程，直至所有区段都解锁完毕。这种操作方式，既保证了上电后全场所有区段均处于锁闭状态以利安全，又避免了值班员操作过于繁琐，使值班员在紧急状态下可迅速恢复系统的正常功能。

第二套联锁系上电时，由于同时有另一系作为主控系在正常运转，备系的联锁机上电、自检通过后，则可自动地在 10 s 时间内从主控系取得站场联锁数据，自动地跟踪主控系，与主控系取得同步，自动地投入运行，实现热备。这一过程同样不需要人工干预，也不必提出全场无作业的要求。在备系与主控系取得同步的过程中，不影响主控系的任何功能和性能，如果值班员不察看屏幕上的提示，则可能完全察觉不到此过程。

第二套联锁系从主控系取得站场当前全部的联锁数据后，必须经过试联锁过程，校核所取得数据的正确性。只有判定两系的这些数据完全一致并与操作机取得通信联系之后，才认为两系的确取得了同步，可以开始联机工作。只有这时，第二套联锁系才可联机，成为备系。也就是说，只有在这之后，如果主控系发生停机，备系才能够真正地接替工作，实现倒机。

在主、备系同时运行的过程中，两系通过自检和互检，实时监测本系的完好性，一旦发生故障，则将发生倒机，发生故障的一系自动停机。如果故障系为备系，则停机后由主控系单机工作；如果故障发生在主控系，则由备系充任主系接替工作，实现倒机。

EI32-JD 型计算机联锁采用了双系热备的工作方式，虽然倒机电路驱动硬件及倒机电路与JD-1A 不同，但其倒机原理与 JD-1A 型计算机联锁系统是完全一样的。

输入-输出电路具有回读监测能力。当电路发生故障时，输入-输出处理部具有自诊断功能，EI32-JD 型系统的底层软件给出故障报告，应用软件予以判断，决定是否切除本系或倒机。例如判断输出和回读是否一致（和 JD-1A 型一样）；输入电路也同 JD-1A 一样，在采集的间隙进行部分电路的自诊断。

EI32-JD 型系统有支持双系切换的硬件电路（VSYS 电路板）。该板上安装有数个小型的安全型继电器，对各系的主 CPU 板及其软件运转正确性的判断，最终驱动一组倒机继电器，其状态决定主系和备系。

采用二重系时，两系的切换时间为 300 ~ 500 ms。实际上，EI32-JD 型系统的双系切换，本质上是输入-输出计算机对联锁机通过 LAN 传来的主用信息的校核，从而输入-输出处理部的输出缓冲区从"根据原主机设置内容"切换到"根据当前主机设置内容"。

联锁机、输入-输出处理机的每一系均提供一个倒机切换板（VSYS 板），安装有复位开关，允许通过对本机系统复位实现人工倒机。VSYS 板上安装的各种继电器均在设备面板上有指示灯，便于维护人员监督设备运行，辅助判断故障。

四、DS6-K5B 型计算机联锁系统

（一）DS6-K5B 型计算机联锁系统的主要特点

DS6-K5B 型计算机联锁系统是由北京全路通信信号研究设计院与日本京三公司联合开发的二乘二取二计算机联锁系统。

（1）DS6-K5B 型计算机联锁系统的联锁机和输入-输出电路均采用日本京三公司的 K5B 型产品。该产品所有涉及安全信息处理和传输的部件均按照"故障-安全"原则，采取了 2 重系结构设计。

（2）联锁处理部件采取双 CPU 共用时钟，对数据母线信号执行同步比较，发生错误时使输出导向安全，具备了"故障-安全"性能。

（3）联锁 2 重系为主从式热备冗余，通过高速通道进行数据交换，实现周期同步运行。当一系因故障停止输出时，另一系自动接替工作，保证现场信号设备控制不发生间断。

（4）输入-输出电路采用日本京三公司生产的电子终端，电路为 2 重系并行工作，即电子终端的每一系都接收联锁机两重系的输出，每一系的输入都发送给联锁机的两重系。这种冗

余的连接方式保证任何一部分的单系故障都能保障系统正常运行。这样系统不仅具有高的"故障-安全"性能，而且具有高的可靠性。

（5）输入-输出均采取静态方式，省去了"静态-动态"变换电路，简化了继电器接口电路设计。

（6）DS6-K5B 系统内各微机之间的通信全部通过光纤连接，做到相互之间的电气隔离，提高了系统抗干扰能力和防雷性能，保证系统具有高的运行稳定性。

（7）DS6-K5B 系统的联锁软件是在 DS6 系统联锁软件基础上移植生成的，保留了通过中国铁路总公司计算机联锁检验站测试的联锁软件的核心程序和数据结构，从而保证新系统的联锁功能满足我国车站计算机联锁技术条件的要求。控显机和监测机的应用软件在 Windows2000 操作平台上重新进行了开发，操作界面得到进一步改善，功能得到进一步提高。

DS6 应用软件的开发成果与日本京三公司生产的具有高可靠性和安全性的专用计算机结合在一起，使系统的安全性、可靠性和适用性达到了新的水平。

（二）DS6-K5B 型计算机联锁系统的体系结构

DS6-K5B 型计算机联锁系统的体系结构如图 6-35 所示。系统由人-机界面层、联锁运算层和执行控制层三个层次构成。

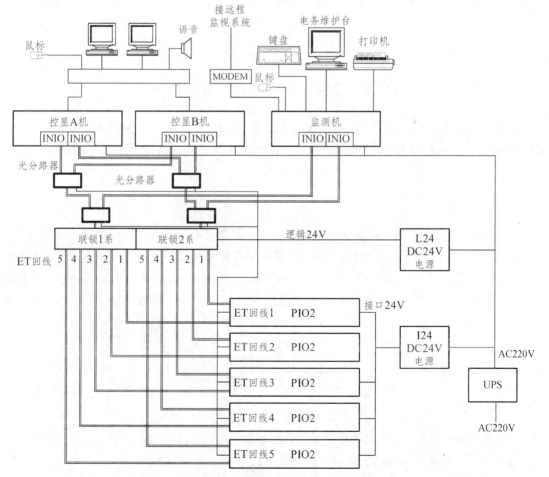

图 6-35　DS6-K5B 型计算机联锁系统结构框图

人-机界面层包括控制台和电务维护台，实现车站控制台操作、站场图形显示、系统设备故障监视等功能。

联锁运算层为联锁机，联锁机由 2 重系组成，以主从方式并行运行。实现联锁逻辑运算、输入-输出控制、诊断信息处理及 2 重系管理等功能。

执行层为输入-输出接口，采用日本京三公司生产的电子终端机（简称 ET）。电子终端电路具有 2 重系，2 重系的输入电路从继电器的同一组接点取得输入信号，分别发给联锁 2 重系。联锁 2 重系的输出分别送给电子终端的 2 重系。执行层实现驱动现场设备动作、采集现场设备状态的功能。

DS6-K5B 型计算机联锁系统设备分别安装在联锁柜、电子终端柜、监控柜、电源柜内，如图 6-36 所示。机柜柜高 2 350 mm，根据站场规模不同，系统电子终端架的个数不等。联锁主机柜最多可安装 4 个联锁机架（联锁机架内可安装联锁逻辑部或者电子终端）。电子终端柜最多可安装 4 个联锁机架。

① 电源机柜内包括 2 ~ 3 台逻辑 24 V 电源、2 台接口 24 V 电源。

② 联锁机柜内包括联锁机笼、ET 机笼 1 和 2、光分路器、前置通信机笼（C3 模式下包含）。

③ 电子终端柜包括 ET 机笼 3-7（视站场需求情况）。

④ 监控柜内包括控显 A 机、控显 B 机、电务维护机、显示器、键盘鼠标、通信监测机、KVM 切换器（C3 模式下包含）。

（三）DS6-K5B 型计算机联锁系统的硬件组成与功能

K5B 系统由控制台、电务维护台、联锁机、输入-输出接口（在 K5B 系统中，输入-输出电路称作"电子终端"，用字符"ET"表示）和电源 5 个部分组成。使用客专标准 2 350 mm 高度机柜的车站，根据实际情况，电务维护台可移入监控机柜。

1. 联锁机

联锁机由 2 重系组成，以主从方式并行运行。两系之间通过并行接口建立的高速通道交换信息，实现 2 重系的同步和切换。联锁机每一系各用一对光纤经过光分路器与控显双机相连，使联锁的每一系都能够分别与两台控显机通信。联锁机每一系用一对光纤分别与监测机的两个光通信接口相连，使联锁机每一系的维护信息分别送到监测机。联锁机每一系有 5 个连接电子终端的通信接口，称 ET 回线 1 ~ 5。每个通信接口可连接一个电子终端机架（当系统采用一或二级扩展时，每个通信接口可连接二或三个电子终端机架）。

K5B 系统联锁双机（1 系和 2 系）安装在一个 800×330 mm 的机架内。两系组成完全相同。每一系由 IPU6 电源板、F486-4I 联锁 CPU 板、电子终端及上位机接口板 FSIO（1）、电子终端通信扩展接口板 FSIO（2）（可选）、Z2ETH 以太网通信板（可选）、CANIF 通信板（可选）、VHSC26 通信板（可选）7 种电路板组成，如图 6-37 所示。在联锁机笼的背面，除 Z2ETH 以太网通信板外，其他电路板还分别对应其后插电路板，如图 6-38 所示。

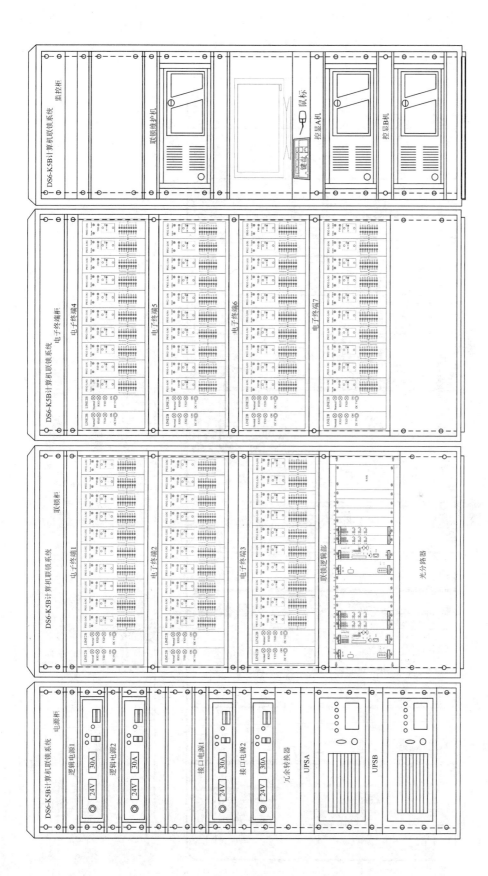

图 6-36 设备安装示意图

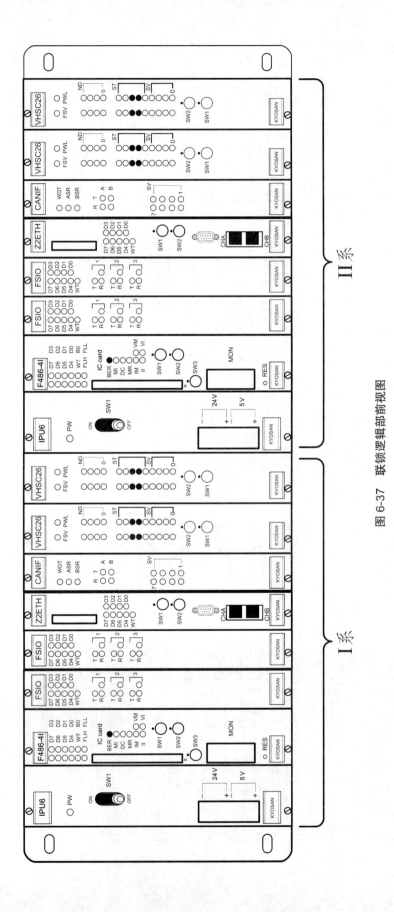

图 6-37 联锁逻辑部前视图

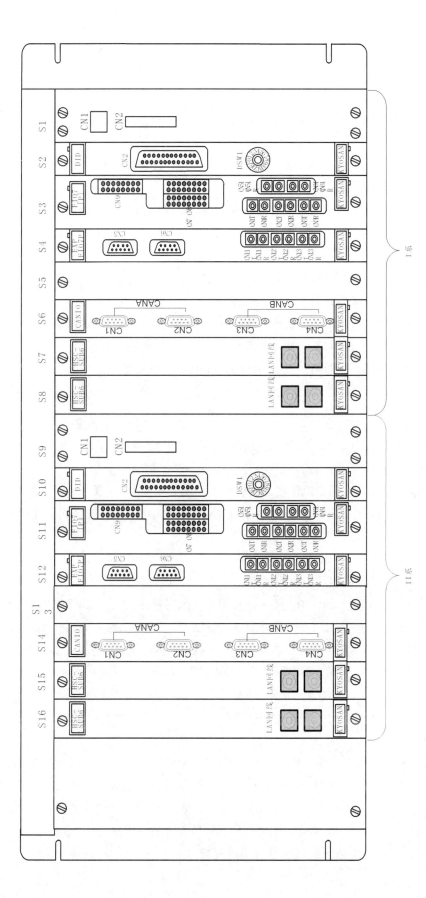

图 6-38　联锁逻辑部后视图

其中电子终端通信扩展接口板为可选电路板，当站场规模较大需要连接超过 3 个回线时使用。以太网通信板、CAN 通信板和 125M LAN 通信板为可选电路板，用于通过联锁逻辑部与外围设备（如列控中心、无线闭塞中心、相邻车站联锁等）通信，对于客专车站，可根据实际需要，选用其中的一种或者多种电路板。各板之间通过机架底板的 VME 总线互联。

联锁 1 系电源和联锁 2 系电源是两个输入直流 24 V、输出直流 5 V 的 DC/DC 电源。分别向联锁 1 系和联锁 2 系的逻辑电路提供 5 V 电源。

在联锁机架背面，每系各有五种电路板与前面板对应，分别是 DID、FIO7[P]、EXT FIO7P（可选）、CANIO（可选）和 HSC-SUB6（可选）。

DID 板对应 IPU6。

FIO7[P]板是 FSIO（1）板的光电转换板，用于联锁机与电子终端之间的光纤连接以及联锁机与控显机和监测机之间的光缆连接。

EXTFIO7P 板是 FSIO（2）的光电转换板，用于联锁机与电子终端之间的光缆连接。

CANIO 是对应 CANIF 的后置面板，用于与外围设备 CAN 总线接口连接。

HSC-SUB6 是 VHSC26 的后置面板，用于与外围设备 LAN 网连接。

1）F486-4I 板

F486-4I 板是联锁机的主 CPU 板。两重系每一系各有一块 F486-4I 板，安装在联锁机架每一系左边第二个槽位（正面）。F486-4I 完成联锁逻辑运算；两重系间通信及切换控制；两重系一致性检查；系统的故障检测及报警，异常时停止动作，输出倒向安全。

系统管理程序存储在 ROM 中。联锁程序和站场数据存储在 RAM 中。联锁机每次停电后，需将存储有联锁程序和站场数据的 IC 卡插入 IC 卡插槽。系统自 IC 卡重新读入联锁程序和数据后，才能投入运行。

F486-4I 板面板指示灯及开关如图 6-39 所示。

F486-4I 板面板指示灯及开关的功能说明如下。

D7：灭灯表示系统正常运行。D0 ~ D6 显示含义如下：D0 亮灯表示 1 系，灭灯表示 2 系；D1 亮灯表示主系，灭灯表示从系；D2 亮灯表示两系不同步，灭灯表示两系同步；D3 亮灯表示执行控制功能，灭灯表示控制功能停止；D4 亮灯表示 APL 开始执行，灭表示 APL 停止执行（APL：应用程序逻辑）；D5 预留；D6 亮灯表示数据连接成功，灭灯表示数据连接失败。

D7 亮灯表示系统故障停机。当 D7 亮灯时，D7 ~ D0 的显示组合代表系统故障状态码，系统故障状态码共有 33 种，详细定义了系统故障的停机原因，维护人员可根据故障状态码的定义及时查找故障原因。

WT：闪绿灯表示看门狗状态正常。B0：闪绿灯表示 VME 总线正常，灭灯表示 VME 总线出错。FLH、FLL：表示总线时钟状态，正常运行时亮稳定绿灯。BER：外部 RAM 访问状态，灭灯表示良好，亮灯表示出错。MI、DC、WR、IM、VM、II、VI：硬件工作状态指示灯，详细说明见表 6-1。SW1、SW2：运行方式设置开关，两开关必须都设置为 1。SW3：总输入开关，必须设置成 0。MON：调试用接口，不对用户开放。

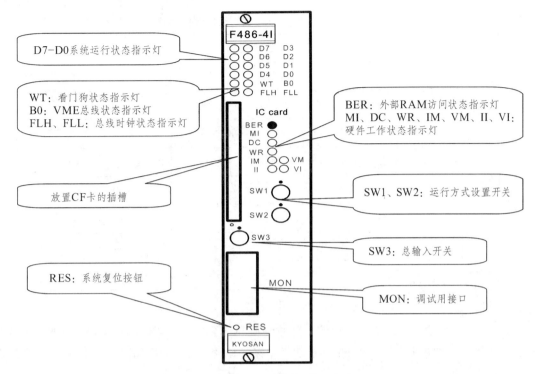

图 6-39　F486-4I 板面板示意图

表 6-1　F486-4I 硬件工作状态指示灯说明

序号	功　能	MI	DC	WR	IM	VM	II	VI
1	ROM Pe-fetch	X	O	O	O	X	—	—
2	ROM/IC 读	X	X	O	O	X	—	—
3	IC 卡写	X	X	X	O	X	—	—
4	内部 IO 读	O	X	O	—	—	O	X
5	内部 IO 写	O	X	X	—	—	O	X
6	中断响应（ACK）	O	O	O	—	—	—	—
7	VME（A24）读	X	X	O	O	O	—	—
8	VME（A24）写	X	X	X	O	O	—	—
9	VME（A16）读	O	X	O	—	—	X	O
10	VME（A16）写	O	X	X	—	—	X	O

注：O 表示亮灯；X 表示灭灯；—表示无关。

2）FSIO 板

FSIO 板用于联锁主机与输入-输出机笼（ET-PIO2）及上位机之间的通信，如图 6-40 所示。每块 FSIO 板有 3 路与 ET 机笼的通信接口。如果需要连接的输入-输出回线超过 3 个，则需插入 2 块 FSIO 板。FSIO 板同时实现联锁主机与控显机、监测机之间的数据通信，以及对 ET_NET、MM_NET 的动作监视。

D7-D0：软件状态指示灯，状态含义如表 6-2 所示；WT：运行状态指示灯；T 和 R：ET 回线通信状态表示灯。

表 6-2　FSIO 板软件状态指示灯含义

灯序号	表示含义	正确表示	故障表示
D0	LED 输出	亮	灭（在向 LED 输出之前停止）
D1	初始化完成	亮	灭（初始化完成前停止）
D2	中断（Interrupt）ASK OK	亮	灭（F486 中断不正确）
D3	发送停止命令	灭	亮（接收到来自 F486 的停止命令）
D4	DPRAM 初始化	灭	亮（DPRAM 初始化未完成）
D5	运行停止命令	灭	亮（收到来自 F486 的停止命令）
D6	DPRAM 写故障	闪	亮或灭（DPRAM 写故障）
D7	DPRAM 读故障	闪	亮或灭（DPRAM 读故障）

图 6-40　FSIO 面板示意图

3）FIO7[P]板及 EXP FIO7P 板（可选板卡）

　　FIO7[P]板是 FSIO 与 ET 之间通信及与监测机和控显机之间通信的光电信号变换接口，如图 6-41 所示。FIO7[P]板上有 3 个 ET 回线的光缆接口和两个与监测机和控显机连接的光纤接口。

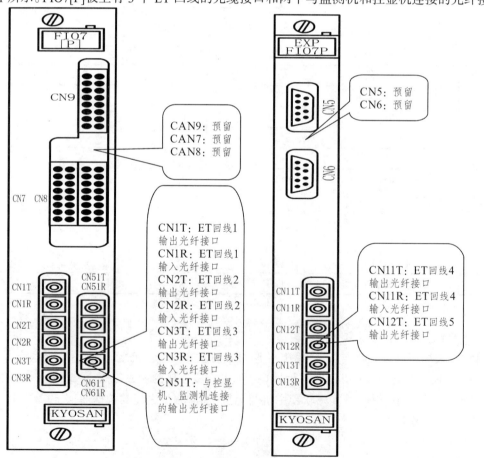

图 6-41　FIO7[P]板及 EXP FIO7P 板示意图

4）可选板卡

以下介绍的三种通信板均为可选板卡，如图 6-42 所示。

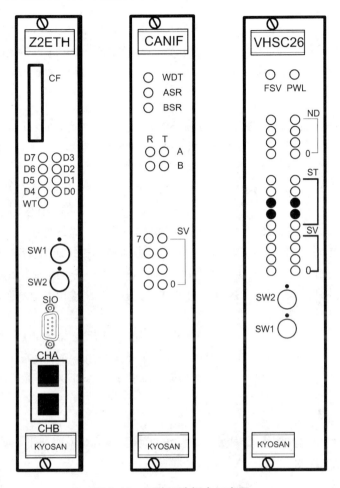

图 6-42　三种可选板卡示意图

（1）Z2ETH 板以太网通信板。

D7 ~ D0 为工作状态指示灯；SW1 和 SW2 为开关，固定设置为 0。SIO 为测试端口，不对用户开放；CHA 和 CHB 为以太网通信端口 A、B。以太网板的关与开之间要求间隔时间大于 30 s，否则可能会因以太网卡不能正常初始化而导致系统不能正常启动。

（2）CANIF 板通信板。

WDT：闪光表示本板 CPU 处于周期循环工作状态，其工作周期与 F486 板 CPU 工作周期相同。

ASR：F486 与 CAN A 总线连接状态，亮灯表示连接正常，灭灯表示连接断开。

BSR：F486 与 CAN B 总线连接状态，亮灯表示连接正常，灭灯表示连接断开。

CAN A、CAN B 通道通信状态。其中 T 闪光表示数据发送正常，常亮或常灭表示数据发送故障；R 闪光表示数据接收正常，常亮或常灭表示数据接收故障。

D0 ~ D7：表示 CANIF 应用软件运行状态。

（3）VHSC26 板通信板。

FSV：正常时点灯。PWL：LAN 电源开状态，正常时点灯。ND0～ND7：节点地址设定值指示灯，点亮的灯位表示本节点的地址。ST：通信状态指示灯。SV：D0～D7 为软件运行状态。SW2：基本地址设置开关，左环（即每个系的左面的 VHSC26 板）设置 4，右环（即每个系的右面的 VHSC26 板）设置 5。SW1：电源开关，开启联锁逻辑部 F486-4I 的电源开关时，需首先确认本开关处于开启状态。

2. 电子终端

K5B 系统的表示信息输入和控制输出接口电路称为电子终端（Electronic Terminal, ET）。电子终端是采用故障-安全型双 CPU（FSCPU）构成的智能控制器。ET 电路安装在 ET 机架内，一个 ET 机架内有 12 个插槽，机架正面左边的两个插槽用于安装两个 ET-LINE2B 板，其余的 10 个插槽用于安装 PIO2 板。ET-LINE2B 板上有 ET 与联锁机的通信接口和 DC24V-DC5V 电源。ET 为两重系并列结构。在一个 ET 机架内必须安装两个 ET-LINE2B 板，一个与联锁机 1 系连接，另一个与联锁机 2 系相连。ET 与联锁机的通信采用光纤连接。

ET 机架内的 PIO2 板必须从机架正面左起第三个插槽起相邻成对安装。在每对 PIO2 板中，位置在左边的为 1 系 PIO2 板，右边为 2 系 PIO2 板。一个 ET 机架内最多可安装 5 对 PIO2 板。每对 PIO2 板组成并列的输入/输出接口，对外共同连接 32 路输出和 32 路输入。各站实际安装的 PIO2 板数量根据系统配置需要确定。

一般情况下，同一个车站配置的 PIO2 板是通用的（芯片版本相同）。每个 PIO2 板可插在机架的任意插槽上。系统对 PIO2 板的识别（寻址）是通过 ET 机架底板上每个插槽的地址设置来实现的。每一对 PIO2 板的两个插槽有两个地址开关，必须设为相同的地址。各机架内五对 PIO2 板的地址均设定为 01H、02H、03H、04H、05H（采用扩展连接方式时扩展机架 PIO2 板的地址应向后顺延）。

ET-PIO2 面板前视图如图 6-43 所示，ET-PIO2 面板指示灯说明如下。

NORMAL、SYSTEM：亮表示运行，灭灯表示停止；

RXD：闪表示接收，灭表示无接收；

TXD：闪表示发送，灭表示无发送；

DC5V ON：5 V 电源开关，向上表示电源开，向下表示电源关。

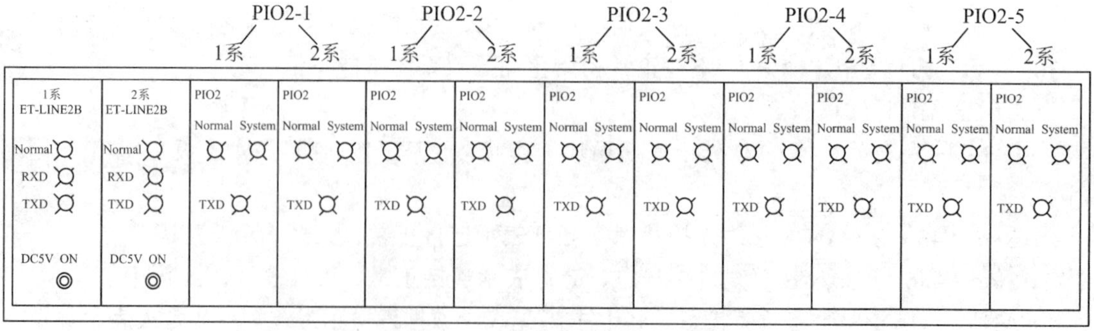

图 6-43　ET-PIO2 面板前视图

ET-PIO2 机箱后视图如图 6-44 所示，ET-PIO2 联机插座说明如下。

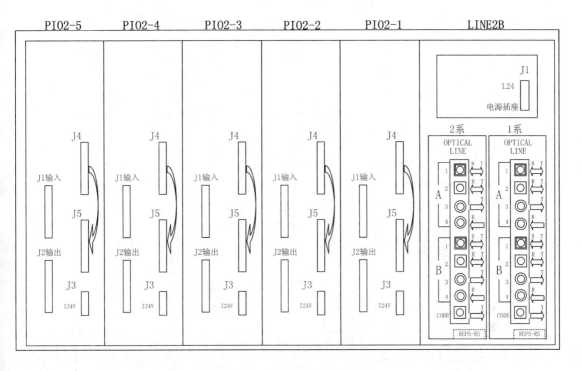

图图 6-44　ET-PIO2 机箱后视图

LINE2B：J1 为电源插座。A3/A4，B3/B4 为 ET 的光纤接口。

非扩展模式（PIO2 V1.1.0）下 A3/A4：分别用于连接联锁本回线的 R 和 T，其余接口不用，用遮光帽盖好。

一级扩展模式（PIO2 V1.1.1）：第一个机笼 A3/A4 连接联锁回线的 R 和 T；第一个机笼 B3/B4 连接第二个机笼的 A4 和 A3；第二个机笼 B3/B4 不用，用遮光帽盖好。

二级扩展模式（PIO2 V1.1.2）：第一个机笼 A3/A4 连接联锁回线的 R 和 T；第一个机笼 B3/B4 连接第二个机笼的 A4 和 A3；第二个机笼 B3/B4 连接第三个机笼的 A4 和 A3；第三个机笼 B3/B4 不用，用遮光帽盖好。

PIO2 板 1～5：J1 为输入信号插座。J2 为输出信号插座。J3 为 24V 电源插座。J4，J5 用短电缆连接不对外引出。

K5B 系统联锁机和电子终端均采用了二重系设计。联锁每一系都要接收电子终端二重系的输入信息，经过"或"处理后，作为联锁运算的输入。联锁二重系的输出通过电子终端的二重系并联输出。

联锁机与电子终端之间的物理连接通过 ET NET 光纤实现。联锁机的 FSIO 模块是联锁机与电子终端及监测机、控显机的通信接口，一个 FSIO 模块上有 3 个 ET NET 通道。通过 FIO7[P] 光电转换板引出 3 对光纤，可连接 3 个 ET 机架，再通过 EXTFIO7P 可以另外连接两个 ET 机架。图 6-45 为联锁机与电子终端之间光纤连接示意图。

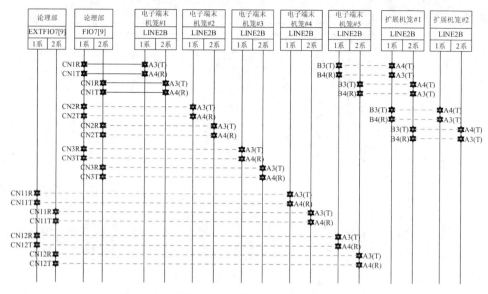

图 6-45　联锁机与电子终端之间光纤连接示意图

3. 控制台显示和操作设备

K5B 系统的控制台采用 DS6 系列的传统结构。操作显示设备设在运转室。一般车站采用的显示设备为液晶显示器，操作设备为鼠标。

控显机采用 PC 总线工控机。机箱内除安装连接操作显示设备的接口板外，还安装 2 块带有光电转换的串行通信接口卡 INIO，用于同联锁机通信。控显机采用双机互为备用，每台控显机分别设一套操作显示设备，均可独立进行操作。

控显双机与联锁机的两重系通过光分路器构成交叉互联的冗余关系。控显机和联锁机的连接如图 6-46 所示。

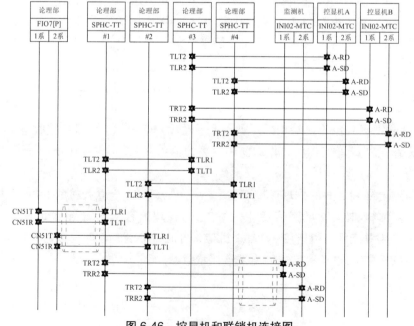

图 6-46　控显机和联锁机连接图

控显双机每一台内安装两块 INIO 通信卡——INIO1 和 INIO2,分别用于同联锁机 1 系和 2 系通信。联锁机的每一系有两个与控显机通信的接口。为了实现联锁的每一系都能够与控显双机同时或与其中的任意一台单独通信,在联锁机与控显机之间的通信线路上增设了光分路器(Optical Branch Unit)。光分路器的作用是将一侧的输入信号分成两路输出,同时将另一侧两路输入的信号合并成一路输出。

图 6-47 为光分路器端口位置图(顶视图),K5B 系统使用四个光分路器(型号:SPHC),用于联锁双系与监测机及控显双机的光纤连接。

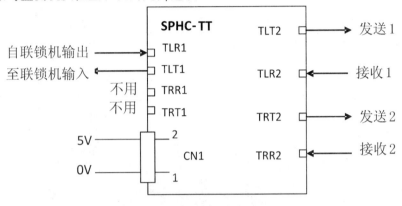

图 6-47　光分路器端口位置图(顶视图)

4.电务维护台

电务维护台由监测机、显示器、键盘、打印机等组成。监测机采用 PC 总线工控机。机箱内安装两块带有光电转换的串行通信接口卡 INIO,用于同联锁机 2 重系通信。

监测机接收来自联锁 2 重系的设备动作状态信息和监测报警信息。

监测机通过串行通信接口与集中监测设备的上位机通信,将开关量监测信息发送给集中监测设备。

5.电　源

K5B 电源系统图如图 6-48 所示。

K5B 系统要求信号电源屏经隔离变压器单独提供一路单相交流 220 V 电源。电源屏 220 V 电源送到 K5B 系统电源柜,经过 UPS 后向计算机设备供电。客专车站电源屏本身含有 UPS 装置时,K5B 联锁不再提供 UPS,由电源屏提供一路 UPS 电源直接给 K5B 设备供电。

控显机、监测机及控制台显示器等设备使用 UPS 输出的 220 V 电源。

K5B 系统的联锁机和 ET 采用两路直流 24 V 电源供电。第一路称为逻辑 24 V 电源(L24 V),此电源经 K5B 内部的 DC-DC 变换,产生逻辑电路工作所需的 5 V 电源。第二路称为接口 24 V 电源(I24 V),供输出接口驱动继电器和输入接口采集继电器状态。

在组合架上,所有受计算机控制的继电器 24 V 电源,均由计算机系统的 I 24 V 电源供电。在组合架上,不受计算机控制的继电器的电源仍使用信号电源屏电源。

计算机输出电路送出 I 24 V(+),经过继电器线圈,环成公共回线,回到 I 24 V(-)。

计算机采集的继电器接点组的中间接点连接到 I24V(+)。经过采集接点组的前接点或后接点回到计算机输入电路(见电子终端输出、输入电路连接图)。

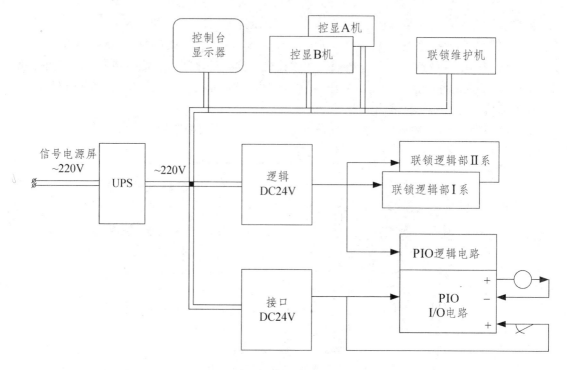

图 6-48　电源系统图

K5B 系统的两路 24 V 电源，安装在计算机系统的电源柜内。每一路 24 V 电源均由 2 个 AC-DC 开关稳压电源模块组成。其中两个模块在线工作互为热备，可自动切换。

K5B 系统 AC220 V 电源配线图如图 6-49 所示。

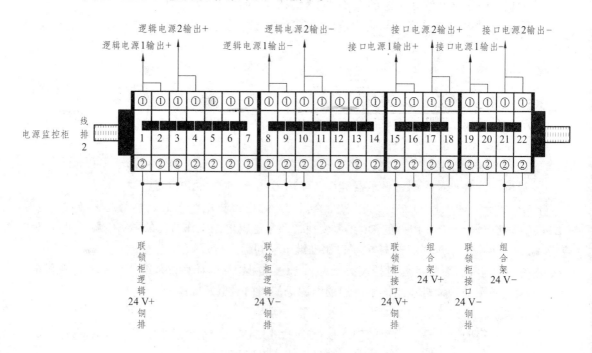

图 6-49　K5B 系统 AC220 V 电源配线图

AC220 V 电源配线：在电源柜内安装有一个电源控制装板，用于接入电源屏提供的一路 AC220 V 微机电源，并通过分线端子为整个系统供电。接线端子应确保长期使用不出现松动现象。

（四）DS6-K5B 系统的控制原理

1. 联锁机的工作原理

故障-安全处理器的结构如图 6-50 所示，两个 CPU 在同一个时钟控制下实现总线级同步工作，总线比较器以时钟为单位，对双重 CPU 的处理经过、处理结果进行对照检查，经总线比较器比较，两个 CPU 运行完全一致时，正常继电器吸起，输出"电/光转换电路"接通电源，输出有效。当发生故障时，总线比较器可以在最短的时间内（即一个 CPU 时钟周期内）发现 CPU 及周边器件故障，屏蔽对外输出或停止 CPU 动作，从而有效地保证安全。

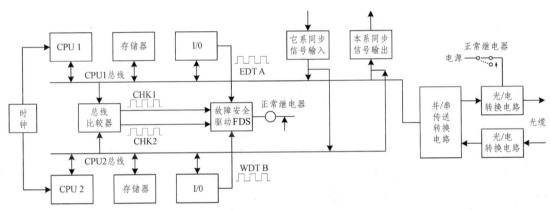

图 6-50　F486-4I 结构框图

2. 电子终端的工作原理

电子终端是采用故障-安全型双 CPU（FSCPU）构成的智能控制器。电子终端的输出电路按故障倒向安全的原则设计，输入采集电路通过有效的自检测功能，能够检测出输入电路的故障，保证输入信息的安全性。输出驱动采用双 CPU 动态和静态信号比较校核，保证输出的安全性。电子终端采用并列二重系结构，单板的故障不影响系统的输入和输出。输出驱动和输入采集均采用静态方式。输出直接驱动安全型继电器。输入采集直流 24 V 信号。

每个 ET-PIO 电路板都是具有双 CPU 故障-安全处理器的智能控制板，每块板通过串行通信接口与联锁机交换信息，并完成对本板的输入和输出数据的安全处理和对本板电路的故障检测，控制是分散独立的。

1）电子终端的信号输入

图 6-51 是电子终端的输入电路原理图。ET-PIO 的输入电路是典型的"静态-动态"变换的"故障-安全"输入电路。从继电器的采集接点输入直流 24 V 的电压，在 ET-PIO 板内 CPU 产生的脉冲信号的控制下，输入回路工作在接通和断开交替变换的状态，使输入的静态（直流）信号转换成动态（脉冲）信号，实现故障-安全要求。

输入信号经过板内双 CPU 的同步处理后，通过光纤连接的串行通信将输入信息发送给联锁机。

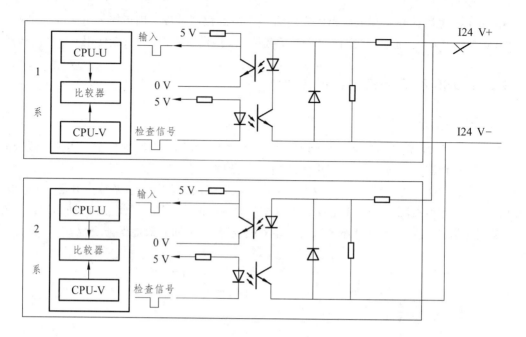

图 6-51　电子终端输入电路原理图

电子终端的输入信号连接如图 6-52 所示。PIO2 输入信号电源从微机电源柜的接口 24 V（IB24）的"+"引出（计算机采集的继电器接点组的中间接点连接到 I24 V+），通过采集继电器的接点到接口架的 CS-TX19-36T/Z 型插头/插座，经过信号电缆连到 PIO2 的 J1，进入 PIO2 模块内部的输入电路，经 J4、J5 回到接口 24 V 电源的"－"。

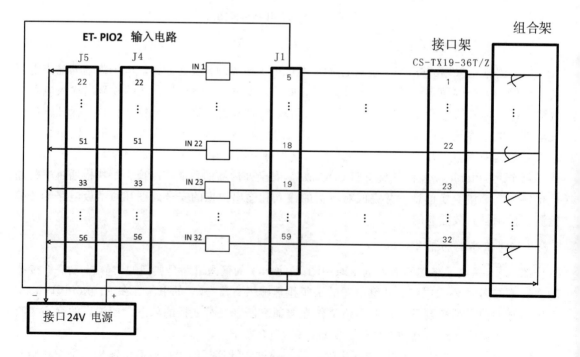

图 6-52　ET-PIO 输入信号连接图

2）电子终端的信号输出

图 6-53 是电子终端的输出电路原理图。ET-PIO2 两重系的输出电路采取并联输出。每一系的输出电路均采取故障-安全设计，输出电压为直流 24 V，直接驱动安全型继电器。电源为计算机系统的"接口 24 V"。

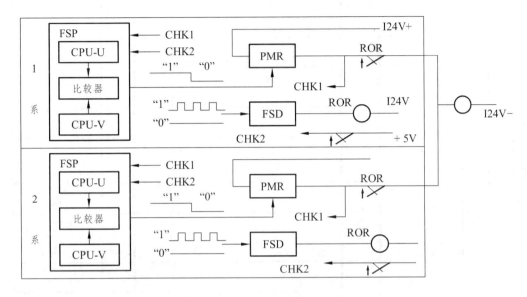

图 6-53　电子终端输出电路原理图

ET-PIO2 板内的双 CPU 通过光纤连接的串行通信接口接收联锁机发来的输出信息，经过双 CPU 的同步运算处理，对有输出的端口同时生成两路输出信号。一路为静态（直流）信号，另一路为动态（脉冲）信号。静态输出信号经过光耦器件（PMR）转换成 24 V 的直流输出电压。动态输出信号经过故障-安全驱动电路（FSD）驱动一个微型继电器（ROR）。ROR 的一组接点串联接入 PMR 的输出回路。因此，只有在静态和动态两路输出电路均无故障的情况下才能对外输出电压，使继电器动作。

ET-PIO2 板内的双 CPU 从 PMR 的输出回路取得 CHK1 回读信号，从 ROR 的另一组接点取得 CHK2 回读信号，对输出回路的状态实现实时在线监视，一旦发现错误，立即进行导向安全处理。

电子终端的输出信号连接如图 6-54 所示。电子终端 PIO2 板的输出驱动信号电压为 24 V，输出信号极性为"+"。电子终端输出驱动信号从 PIO2 板的 J2 引出，经过信号电缆连到接口架的 CS-TX19-36T/Z 型插头/插座，通过组合架间配线连接到被控继电器。继电器线圈的负极通过公共回线返回到接口 24 V 电源的"-"（I24）。

3）联锁机与电子终端之间的连接

电子终端与联锁机的连接如图 6-55 所示。联锁机与电子终端间安全信息传送具有正/反码两次传送、CRC 校验、标志码检查等故障-安全保证机制，发现任何一项错误，即丢弃本周期的信息。若 2 个周期没有接收正确信息，则给出警告信息。4 个周期没有接收正确信息，则全部信息按安全侧处理。

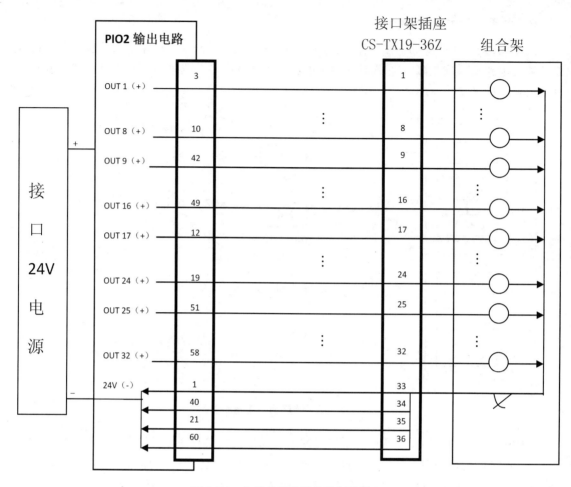

图 6-54 电子终端的输出信号连接图

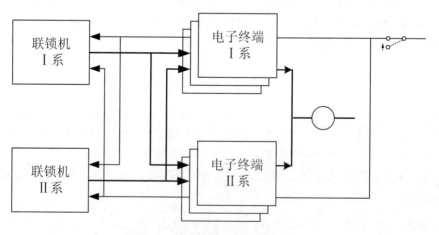

图 6-55 电子终端与联锁机连接图

DS6-K5B 系统联锁机和电子终端均采用了 2 重系设计。联锁每一系都要接收电子终端 2 重系的输入信息，经过"或"处理后，作为联锁运算的输入。联锁 2 重系的输出通过电子终端的 2 重系并联输出。

3. DS6-K5B 型计算机联锁系统结合电路

1）继电器结合电路

现在应用的 K5B 型计算机联锁系统执行部件仍采用安全型继电器，保证室外信号设备的控制电路（信号点灯电路、道岔控制电路、轨道电路）与 6502 电气集中基本相同，继电器的设置与其他的计算机联锁系统大多相同。

信号电路保留的继电器有 LXJ、DXJ、YXJ、TXJ、ZXJ、LUXJ、FXJ、DJ、2DJ 等；道岔控制电路保留的继电器有 DCJ，FCJ，YCJ，1DQJ，2DQJ，DBJ，FBJ；轨道电路保留 GJ。

以上继电器中，XJ、DCJ、FCJ、YCJ 由微机输出的控制命令驱动。

本系统每组道岔设一个道岔允许操纵继电器 YCJ（双动道岔按一组道岔处理，设一个 YCJ），YCJ 的一组前接点接在道岔启动电路的 KZ 回路中。YCJ 平时处于落下状态。转换道岔时，若该道岔区段在解锁状态，则微机在输出道岔操纵命令的同时输出 YCJ 吸起命令。道岔转换到位后，微机停止输出，YCJ 落下。道岔因故在规定转换时间内不能转换到位时，微机在取消定操或反操命令输出的同时，取消 YCJ 的输出命令，YCJ 落下。

2）输出/输入接口的配线

在计算机联锁设备与继电器组合架之间设一"接口架"，作为计算机设备与继电器电路之间的连接界面。如图 6-56 所示，在接口架上设 CS-TX19-5.08-36Z 型 36 线插座。每个插座配 32 根信号线。继电器电路一侧的连线焊接在插座上，计算机一侧的连线用插头连接。

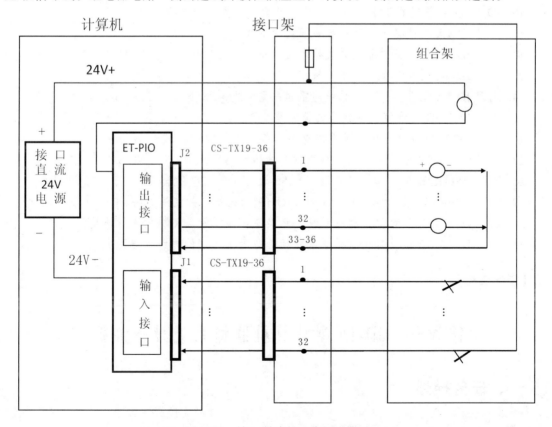

图 6-56　输入/输出接口电源连接图

在 ET 机架的背面，每一对 ET-PIO2 板有二个矩形插座。其中 J1 用于连接输入信号。J1 插座有 60 芯，用其中的 32 芯引入 32 路输入信号。在接口架上，对应每一个 ET-PIO2 板的 32 路输入，设一个 CS-TX19-36Z 型插座。采用 36 芯信号电缆。电缆的一端用压接方式连接于 J1 对应的插头。电缆的另一端焊接 CS-TX19-36T 型插头。

在 ET-PIO2 板背面的 J2 插座与 J1 型号相同，用于引入 32 路输出信号。连接电缆及两端的插头形式与输入电缆相同。输出电缆中有 4 根芯线用于连接输出信号的负极公共端。

复习思考题

1. 计算机联锁系统的基本功能有哪些？
2. 计算机联锁系统硬件基本组成是什么？
3. 简述计算机联锁系统中各主机的作用？
4. 什么是可靠性冗余和安全性冗余？
5. 双机储备系统有几种工作方式，哪种工作方式可实现"无缝切换"？
6. 画图说明 2×2 取 2 系统。
7. 计算机联锁系统的接口电路分几种？为什么要采用闭环接口电路？
8. 画出 JD-1A 型计算机联锁系统体系结构图。
9. 说出 JD-1A 型计算机联锁系统组成部分及功能。
10. JD-1A 型计算机联锁系统接口电路分几级，是如何连接的？
11. 说明 JD-1A 型计算机联锁系统多功能板的作用。
12. 画出 JD-1A 型计算机联锁系统输入接口框图。
13. 画出 JD-1A 型计算机联锁系统输出接口框图。
14. 说明 JD-1A 型计算机联锁系统防雷短路监督电路原理。
15. 画出 EI32-JD 型计算机联锁系统体系结构图。
16. 画出 EI32-JD 型计算机联锁系统双系热备冗余结构图。
17. 画出 DS6-K5B 型计算机联锁系统体系结构图。
18. 说明 DS6-K5B 型计算机联锁系统 F486-4I 中 D0～D7 的含义。
19. 说明 DS6-K5B 型计算机联锁系统 FIO7[P] 光纤接口的使用方法。
20. 画出 DS6-K5B 型计算机联锁系统联锁机与控显机及监测机的光纤连接图。
21. 画出 DS6-K5B 型计算机联锁系统联锁机与电子终端的光纤连接图。

【操作实践】

任务一　JD-1A 型计算机联锁系统设备维护

一、任务描述

通过对 JD-1A 型计算机联锁系统的维护练习，掌握 JD-1A 型计算机联锁系统日常维护常识和故障分析处理方法。

二、所需设备

JD-ⅠA型计算机联锁系统一套。

三、操作步骤

（一）系统开启、关闭步骤

1. 系统开启步骤

（1）开启 A、B UPS 电源。按压 UPS 电源按钮 1~2 s，UPS 正常启动。

（2）开启各联锁机柜后面 AC200 V 空气开关。

（3）顺序打开 A、B 机柜电源箱的 5 V、12 V、32 V 电源开关。

（4）打开运转室设备电源。

（5）打开 A、B 各计算机电源。

（6）打开电务维修机电源。

（7）打开操作表示切换单元 24 V 电源。

2. 关闭系统步骤

（1）关闭电务维修机电源。

（2）关闭 A、B 各计算机电源。

（3）关闭 A、B 机柜电源箱的 5 V、12 V、32 V 电源开关。

（4）关闭各联锁机柜内 AC200 V 空气开关。

（5）关闭操作表示切换单元 24 V 电源。

（6）关闭运转室设备电源。

（7）关闭 A、B UPS 电源。

（二）系统日常维护

1. UPS 电源电池的维护

UPS 电源电池需要每三个月进行一次充放电。充放电方法如下：

（1）确认 A、B 联锁机哪台为热备。

（2）把作为热备联锁机的 UPS 电源输入插头拔下，UPS 从在线运行模式转为电池供电，UPS 电源发出报警声。此时 UPS 电源靠电池供电，电池开始放电。

（3）观察 UPS 电源前面板右边的电池充电条形图，当 5 个发光管只亮 2 个格时（仅需要几分钟），表明电池放电到 30% 以下。

（4）插上 UPS 电源输入插头，UPS 恢复到在线运行模式，电池开始充电。

按照上述方式维护 UPS 电池可以延长其使用寿命，并且维护过程中不影响计算机联锁系统设备的使用。

UPS 电源本身免维护。

电池需要更换时，UPS 电源前面板上的更换电池指示灯亮，同时发出短促的"嘟"声，持续 1 min。此时应通知厂家更换电池。

2．防雷管和防雷管监督板的维护

1）防雷管监督板的测试

为了保证防雷管监督板正常工作，需每年度进行一次测试。测试方法如下：

（1）"要点"停备机，测备机对应的防雷管短路监督电路。

（2）将备系防雷管监督板上 AJOUT 引线从线排上拆下，保护好，不要短路。

（3）将防雷管插座上的一个防雷管用短线短接。经过 2～3 s 的延时后，蜂鸣器长鸣报警灯亮。若不要延时，可将 YSDLK 短路块拔下。

（4）用发光二极管测试笔，测试拆下 AJOUT 线的输出，若发光二极管闪亮，则正常。（测试笔插头插入 CSK（-），笔尖接 AJOUT 线。）

（5）按压复原按钮消不掉报警。

（6）将防雷管短路线拿掉，报警依然存在。

（7）按压复原按钮，报警消除，说明防雷管监督板工作正常。

（8）将 AJOUT 线装回原来位置。

（9）测另一套防雷管短路监督电路，方法同上。

2）防雷管的测试

一般每年雨季前应测试防雷管的特性（短路故障由防雷管监督板保证）。将防雷管依次拿下，按给定指标进行测试，更换指标超标或开路的防雷管。

3．电源防雷模块的维护

在防雷柜内有两路电源防雷模块，电源防雷模块正面有一个方形绿色色标，当绿色色标变为红色时，应及时更换电源防雷模块。

4．操作表示机的倒机

本系统的上位机采用双机热备系统，由图 6-57 可以看出，在 B 联锁机柜中间设有操作表示机的倒机单元，其面板上有各种指示灯，用来监督两操作表示机的工作状态，其含义如下。

B 机主用指示灯：亮灯，表明 B 上位机为主用机。

A 机主用指示灯：亮灯，表明 A 上位机为主用机。

切换检查指示灯：灭灯，表明 A 上位机主用，B 上位机备用；亮灯，表明 B 上位机主用，A 上位机备用。

B 机运行指示灯：亮灯，表明 B 上位机驱动的监督继电器吸起，B 上位机运行正常。

A 机运行指示灯：亮灯，表明 A 上位机驱动的监督继电器吸起，A 上位机运行正常。

电源 24V-2 指示灯：亮灯，表明利用第 2 路 24 V 直流电源供电。

电源 24V-1 指示灯：亮灯，表明利用第 1 路 24 V 直流电源供电。

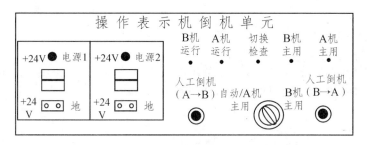

图 6-57 操作表示机倒机单元面板

在表示灯的下方设有个电源开关和三个用来实现对上位机手工切换的开关，功能如下：

开关 1（A→B）：自复开关，当 A 上位机主用时，按下开关，强制 B 上位机主用。

开关 2（B→A）：自复开关，当 B 上位机主用时，按下开关，强制 A 上位机主用。

开关 3：两位式手柄，当 A、B 上位机正常工作时，置于左边自动位置时，使 A 机主用，A 机故障可实现自动切换 B 机主用。此开关置于右边 B 机主用，但 B 机故障不能实现上位机的自动切换。

5. 系统恢复

当现场运用的操作系统由于开关机不当或其他原因造成系统停机（即死机）或不能正启动等故障时，可利用系统恢复软盘快速恢复操作系统，方法如下：

（1）按压计算机前面板的电源按钮关闭计算机，将系统恢复软盘插入计算机软盘驱动器中。打开电源开关重新启动计算机，当计算机屏幕出现两条中文提示信息时，按第一条提示信息操作。即按下键盘上的任何一个按键，如：ENTER（回车）。

（2）屏幕出现系统恢复软件的选择界面（一个带"！"号的提示界面）时，直接按键盘上的"回车"键。

注：提示不能支持大于 8G 的大硬盘。

（3）屏幕出现系统恢复软件的选择界面（一个带问号"？"的提示界面）时（此时 NO 为白色，YES 为黑色），按方向键，使屏幕上 YES 按钮变为白色，再按一下键盘上的"回车"键。

（4）屏幕界面显示恢复进度（移动的蓝色光带），计算机自动重新启动后按屏幕提示操作。

（5）现场恢复过程中如出现其他警告、提示信息，请示相关人员与生产商联系。

6. 联锁机柜内电源测试

1）电源正常工作电压指标

① CPU 工作电源电压：5.1 ~ 5.4 V；

② IOBC 板入口电源电压：4.85 V；

③ 输入采集接口电源电压：11 ~ l3 V；

④ 输入驱动电源电压：30 ~ 34 V。

2）测试注意事项

① 正确选择测试仪表挡位；

② 柜内电源电压应在本柜内测试，避免跨柜测试。测量电源电压时，避免不同电源之间

交叉测试。

（三）JD-1A 型计算机联锁系统的故障分析与处理

JD-1A 型计算机联锁系统设备复杂，故障的类型很多，下面从供电、显示、操作、通信、联锁机和接口设备等几个方面对设备的故障进行分析。

1．供电故障

1）UPS 面板指示说明

为了监督系统的供电，保证在主副电源切换等短时间掉电时给系统提供稳定的 220 V 电源，使系统正常工作，系统设置了两套 UPS 电源。在 UPS 的面板上设置了指示灯，如图 6-58 所示。

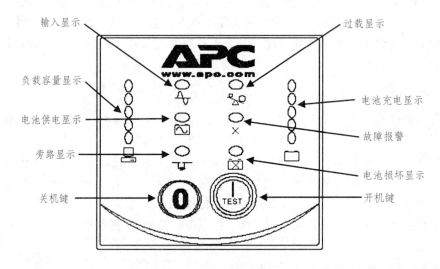

图 6-58　UPS 电源面板图

其亮灯的意义如下。

①输入显示灯：亮灯，表示系统由电源屏正常供电。

②负载容量显示灯：共 5 个灯，显示负载从 UPS 获取的电力达到 UPS 完全容量的百分比。每一个灯代表完全容量的 20%。

③电池充电量指示灯：共 5 个指示灯显示 UPS 电池当前已充电水平达到电池容量的百分比。若 5 个灯都亮时，说明电池充分充电。当电池不足 100%充电时，最上面的一个指示灯熄灭。当指示灯闪动时，说明电池所能提供的电力不足。

电源屏正常供电，UPS 正常工作时，就只有上面三种指示灯点亮。

④电池供电显示：此灯亮，表明 UPS 是由电池供电，室内电源屏提供的交流 220 V 断电。此时 UPS 发出"哔-嘟"的报警声（每间隔 30 s 连续 4 次）。当 UPS 恢复电源屏供电时，报警声停止，电池供电指示灯灭，恢复正常。

⑤过负载显示：当负载超过 UPS 容量时（系统用的 UPS 是 1 400 V·A），超负荷指示灯亮，UPS 发出一个持续的长音。联锁系统正常运转时，不会超负荷。若发现超负荷指示灯亮，

要迅速检查负载，排除故障，以消除超负荷。

⑥ 电池损坏显示：UPS 在使用过程中，每两周进行自检一次（无需人工操作）。在自检过程中，UPS 在短时间内以电池运行负载设备。如果自检通过了，它就完全恢复到电源屏供电运行。如果自检失败（即电池不能供电），则更换电池指示灯亮，同时发出短促的"哗-嘀"声。UPS 仍恢复到电源屏供电，并给电池充电一段时间后，如果更换电池指示灯仍然亮着，则需更换电池。

⑦ 旁路显示：表示系统不经 UPS 电源，由输入电源直接供电。

⑧ 报警显示：表示输入电源故障。

⑨ 电压灵敏度：通过设在机箱后面板小孔内的一个按钮以及指示灯的明亮程度表示电压灵敏度。当 UPS 为正常灵敏度时，指示灯为明亮状态；当调为稍低灵敏度时，指示灯转暗；当调为低灵敏度时，指示灯关闭。一般应调整到低灵敏度。

UPS 面板上还有两个电源按钮，操作如下：

① 开机按钮：当 UPS 接通 220 V 电源后，按下该按钮并保持 2～3 s 后松开，电池供电指示灯亮，此时 UPS 可向负载供电，同时进行自检。自检通过后，电池供电指示灯灭，电源正常供电指示灯亮。此时 UPS 同时给电池充电，电池充电量指示灯就会亮。

② 关机按钮：按下断电按钮然后松开，UPS 停止向负载供电。

2）通过 UPS 面板指示可以分析电源故障

UPS 可测到各种电压失常，如电压跳动、突降和突升。UPS 通过自动转为电池运行状态而对各种失常作出反映，以保护负载的设备。当电源屏主副屏切换时，需 150 ms 的时间，电源正常供电指示灯瞬间灭灯，电池供电指示灯瞬间点亮，靠电池供电保证了系统正常工作。

若 UPS 电源都发出"哗-嘀"的报警声（约每隔 30 s 4 次），UPS 电源正常供电指示灯灭，UPS 电池供电指示灯亮，联锁系统运行正常，则可能是交流 220 V 电压未送到 UPS 电源输入端。此时应参看电源供电的框图，检查计算机联锁系统的送电路径的空气开关、电源线的接线插头、电池及 220 V 供电线路。

若 UPS 频繁发出"咔-咔"声响，电源正常指示灯和电池供电指示灯频繁互相切换，UPS 供电正常，则可能是外电网供电不稳，电源屏频频互切，供电忽高忽低或时有时无。此时应检查电源屏供电，调低 UPS 的灵敏度。

必须注意：当电源屏供电故障，转由电池供电时，要及时排除供电故障，APC UPS 在外电网停电 5 min 后将自动关机，以保护电池留有一定电量。此时 UPS 面板上的电源正常供电指示、报警指示和电池供电指示、过负载指示、损坏电池指示，分别循环闪亮。当供电恢复正常后，UPS 自行启动，不用人工干预。人为关机则不能自动恢复供电，必须人为开机才能正常供电。

2. 显示故障

系统正常运行时，显示器的电源指示灯亮灯，显示器应给出正常的显示。若显示器黑屏，电源指示灯不亮，则可能是显示器电源未接通或显示器损坏。

如果电源灯闪亮，显示器仍不能正常显示（黑屏或缺色），则可能是视频信号未送到显示器的输入端或显示器坏。具体原因有以下几种：

（1）显示器的视频电缆线插头松动或断线。

（2）上位主用机到上位机倒机单元视频电缆线未接通。

（3）上位机倒机单元到显示分屏器视频电缆线未接通。

（4）上位主用机显卡坏或死机。

（5）上位机倒机单元故障。

（6）显示器分屏器或显示器故障。

此时，应仔细检查上述各环节，必要时更换电路板或连接线进行试验。

注意：在换视频电缆或电路板时一定要先将显示器关闭，接好视频线后再将电源打开。否则极易损坏设备。

3. 操纵设备故障

当显示屏右下端计时正常，鼠标箭头在控制台显示屏上拖不动，命令发不下去时，说明鼠标故障。可能原因有：

（1）鼠标坏或长期使用太脏。

（2）上位机倒机组合到控制台鼠标线未接好或断线。

（3）上位机倒机组合主用侧继电器接触不良。

（4）主用机 COM1 接口坏。

（5）主用机 COM1 接口到上位机倒机组合连线未接好或断线。

处理时应首先检查鼠标接线各插头插座，将其插紧。若正常了，则说明是线头松动，若不正常则向下检查。

① 人为干预，将原上位主用机切向备用机，切换后若鼠标工作正常，说明原主用机 COM1 接口坏、主用机 COM1 口到上位机倒机组合连线断线、上位机倒机组合后主用侧继电器故障。转到第 2 步。

② 再将上位主用机切回原来的主用机，交换主、备机之间 COM1 到上位机倒机组合之间的连线。若变换后鼠标工作正常，则说明是原主用机连线断线。若还不正常，则说明是原上位机主用机 COM1 口坏或上位机倒机组合继电器故障。检查更换继电器，若继电器无故障，则为主用机 COM1 口坏。

③ 若切换后鼠标工作还不正常，则故障在上位机倒机组合后，即鼠标坏、上位机倒机组合到运转室之间鼠标连线断，应更换新鼠标。若正常，则说明是鼠标坏（原鼠标太脏，清洗后再试）。若不正常，则是上位机倒机组合到运转室的鼠标连线断线，用备用鼠标线替换断线即可。

4. 通信故障

系统的通信故障在显示器屏幕上的运行状态框中有显示，计算机运行状态显示块和网络运行状态显示方块均表示两层意义：一是表示系统中各计算机的状态，主用时显示绿色，热备时显示黄色，故障或关闭时显示红色。二是表示系统中各网络的工作状态，网络工作正常显示绿色，网络故障或断时显示红色。

网络状态是以上位机主用机为中心进行判断，上位主用机 A 网或 B 网收不到哪台计算机 A 网或 B 网的信息，表示相应计算机方块的上半部或下半部将变成红色。发生通信故障时，可根据方块和网络的颜色判断查找故障点。

例如：上位机 A 主用时 A 网收不到下位机 A 的信息，但能收到其余两台计算机的信息，将下位机 A 方块的上半部点红（若下位机 A 为主用，方块的下半部为绿色；为热备时是黄色）。B 网收不到下位机 A 的信息，但能收到其余两台计算机的信息，将下位机 A 方块的下半部点红（若下位机 A 为热备时，方块的上半部为黄色；为主用时是绿色）。

在电务维修机中网络菜单下也可以显示网络状态，网络断线用红线条表示。

5. 联锁机故障

联锁机采用双机热备的冗余结构，本身有很强的自检和互检功能，并能将检测出的故障实时送往电务维修机显示、记录。电务维修人员可以很方便地得到详细、清晰的故障报告。因此，在联锁机发生故障后，应该立即从电务维修机取得故障报告，根据故障报告提供的数据，参看故障信息表（附表 1），找出故障原因和故障点。

（1）故障现象 1：控制台显示屏运行状态显示方块中，联锁热备机方块由黄变红。联锁热备机热备灯灭，重新启动，再联机却联不上。

① 电务维修机故障信息：1050908。

故障信息表明：采集通道第 5 号机箱第 9 块板第 8 位测试错误。

可能原因：输入电路板第 9 块板第 8 位故障。

处理方法：换第 9 块输入板。

② 电务维修机故障信息：3050908。

故障信息表明：采集通道第 5 号机箱第 9 块板第 8 路 A 通道数据错误。采集接点为闭合。但第一路结果为接点断开（没采到信息），第 2 路结果为闭合。即同一机器两块板采集不一致，称单口断。

此时在联锁机输入板的面板指示灯可看到三种情况：

a. 第 9 块板第 8 位指示灯熄灭，说明采集光耦输入端断路。

b. 第 9 块板第 8 位指示灯还在闪亮，说明采集光耦输出端后面的电路损坏。

c. 第 9 块板第 8 位指示灯亮稳定灯光，说明采集线有直流电混入。

可能原因：第 9 块采集板第 8 位故障。

处理方法：第二种情况换第 9 块输入板。

（2）故障现象 2：控制台显示屏运行状态显示方块中，联锁热备机切换为主控机，由黄变为绿。原主控机由绿变为红。观察联锁机工作状态，原主控机工作灯灭，计算机重新启动，欲再联接却联不上。

电务维修机故障信息：9050908。

故障信息表明：采集通道第 5 号机箱第 9 块板第 8 路双口断故障。原热备联锁机采集到的接点为闭合接点，但主控机没有采集到。两台机器比较不一致，称之为双口断。

可能原因：本联锁机的两路采集电路同时故障、室内分线盘至联锁机的采集配线断线或混入正电压。

处理方法：观察第 9 块板、第 10 块板第 8 位信息指示灯。有三种：

① 两个指示灯都熄灭，则是室内分线盘到本联锁机的采集配线断。

② 两个指示灯都亮稳定灯光，则是室内分线盘到本联锁机的采集配线或外配线混入正电。查混电来源。

③ 两个指示灯一个闪亮一个熄灭，可能是两路采集电路同时故障。闪亮一路是光耦光敏

三极管后面的电路故障，不亮的一路是光耦前面的发光二极管回路断。更换第 9 块、第 10 块采集板。

（3）故障现象3：排除故障后，启动微机，但不联机或联机后即重启，或不断重复与另一机器前过程。

可能原因：

① 32 V 电源未接通。

② 另一机正在频繁进行联锁操作，或频繁有列车通过。（站场作业繁忙）

处理方法：

① 检查联锁机柜后 32 V 电源空开是否闭合，32 V 电源开关是否打开。

② 等待行车作业完毕或向值班员要点暂停作业后重启联锁机。由于联锁机故障诊断能力很强，故根据故障信息表的故障信息可以很容易的找到故障点，将其排除。

另需注意，防雷柜中的防雷器件若有 2 个以上被击穿，系统检查时将报室外混线。在查找这类故障时，要注意检查防雷柜中的防雷器件。只有一个防雷元件被击穿不影响系统工作。因此需要每半年检查一次防雷元件有无被击穿的。在排除联锁机故障时，建议使用电务维修机中的回放功能。该功能对查找、分析故障非常有用，特别对一些受干扰发生的瞬间故障，通过回放能查出原因。遇到特殊困难时，可以使用系统的远程诊断功能。

任务二　EI32-JD 型计算机联锁系统设备维护

一、任务描述

通过对 EI32-JD 型计算机联锁系统的维护练习，掌握 EI32-JD 型计算机联锁系统日常维护常识和故障分析处理方法。

二、所需设备

EI32-JD 型计算机联锁系统一套。

三、操作步骤

（一）系统开启关闭步骤

1．系统开启步骤

（1）开启检查分线柜底部电源板上的所有空开是否都在开启状态（关在上位置）；

（2）开启检查机柜后面所有空开是否都在开启状态（开关在上位置）；

（3）开启 AUPS 电源和 BUPS 电源；

（4）开启操作表示机倒机单元的 24 V 电源 1 和 24 V 电源 2 的开关；

（5）开启 A、B 操作表示机电源开关；

（6）开启两个联锁机电源开关；

（7）开启所有联锁机柜最上部两台驱采电源开关；

（8）开启两个接口电源开关；

（9）开启维修机电源；

（10）开启运转室显示器开关。

2. 系统关闭步骤

（1）退出维修机程序，在"开始"菜单下的"关闭系统"关闭维修机；

（2）关闭两个接口电源开关；

（3）关闭所有联锁机柜最上部两台驱采电源开关；

（4）关闭两个联锁机电源开关；

（5）关闭 A、B 操作表示机；

（6）关闭操作表示机倒机单元的 24 V 电源 1 和 24 V 电源 2 的开关；

（7）关闭 A UPS 电源和 B UPS 电源。

注意：（1）电源屏提供给联锁设备的电源为两路 AC220 V，当只提供一路时，运转室的显示器可能会没有显示，此时把分线柜下电源板上的双向开关拨上（或下）即可。

（2）电源屏停电超过 10 min 后，一定要按上述步骤关闭设备电源。待电源屏恢复供电后，再按开启步骤开启设备电源。

（二）系统日常维护

1. UPS 电源电池的维护

UPS 电源电池需要每三个月进行一次充放电。充放电方法如下：

（1）确认 A、B 操作表示机哪台为主用。

（2）把作为热备操作表示机供电的 UPS 电源输入插头拔下，UPS 电源发出报警声。此时 UPS 电源靠电池供电，电池开始放电。

（3）观察 UPS 电源前面板右边的电池充电条形图，当 5 个发光管只亮 3 个格时（仅需要几分钟），表明电池放电到 60% 以下。

（4）插上 UPS 电源输入插头，UPS 电池开始充电。

按照上述方式维护 UPS 电池可以延长其使用寿命，并且维护过程中不影响计算机联锁系统设备使用。

UPS 电源本身免维护。

电池需要更换时，UPS 电源前面板上的更换电池指示灯亮，此时应通知厂家更换电池。

3. 电源防雷模块的维护

在防雷柜内有两路电源防雷模块，电源防雷模块正面有一个方形绿色色标，当绿色色标变为红色时，应及时更换电源防雷模块。

（三）EI32-JD 型计算机联锁系统的故障分析与处理

EI32-JD 型计算机联锁系统采用双机（系）热备的动态冗余结构，并设计有专用的硬件诊断部件和诊断程序，提供全面的软硬件自检测、互检测功能。I/O 故障可精确定位到端口和数据位。故障信息实时送往维修机显示、记录，并给出详细、清晰的故障报告，维修人员可以根据故障数据迅速排除故障。

下面从供电故障、显示故障、操纵设备故障等几个方面介绍。

在查找故障时必须注意：（1）拔插设备的连线特别是视频线时，一定要关闭设备电源，否则极易损坏设备，导致旧故障未排除又增新故障，增加故障排除难度。（2）必要时要点进行检修。

1．供电故障

1）APC UPS 面板指示说明

启动按钮：当 UPS 供上 220 V 电源后，按下按钮，当 UPS 表示面板上交流灯稳定亮绿灯后，UPS 向负载供电。

断电按钮：用于停止 UPS 向负载供电。

电源正常供电指示：按压启动按钮后，电池供电指示灯亮，此时 UPS 可向负载供电，同时进行自检。自检通过后，电池供电指示灯灭，电源正常供电指示灯亮。此时 UPS 同时给电池充电，电池充电量指示灯就会亮。

负载量指示：负载量指示的 5 个灯，显示负载从 UPS 获取的电力达到 UPS 完全容量的百分比。例如：亮 2 个灯，则负载正在获取 UPS 容量的 33% ~ 50%。

电池充电量指示：电池充电量指示的 5 个指示灯显示 UPS 电池当前已充电水平达到电池容量的百分比。每一个灯代表电池容量的 20%。若 5 个灯都亮，说明电池充分充电。当电池不足 100%充电时，最上面的一个指示灯熄灭。当指示灯闪动时，说明电池所能提供的电力不足。

电源屏正常供电，UPS 正常工作时，就只有三种指示灯亮，分别是：电源正常供电指示灯、负载量指示灯、电池充电量指示灯。

当电源的主、副屏切换时，UPS 也会有所反应。此时，电源正常供电指示灯灭，电池供电指示灯亮；紧跟着电池供电指示灯灭，电源正常指示灯亮，恢复正常供电。这是因为主、副电源切换需要 150 ms 时间。UPS 的主要作用就是在主、副电源切换这 150 ms 时间内给系统提供稳定的 220 V 电源，保证系统正常工作。

补偿超高电压指示：这个指示灯亮，表明 UPS 正在补偿超高电压。

补偿过低电压指示：这个指示灯亮，表明 UPS 正在补偿过低电压。

电池供电指示：这个指示灯亮，表明 UPS 是由电池供电，室内电源屏供的交流 220 V 断电。此时 UPS 发出"哔-吡"的报警声（每间隔 30 s 连续 4 次）。当 UPS 恢复电源屏供电时，报警声停止，电池供电指示灯灭，恢复正常。

当电源屏发生供电故障而转由电池供电时，要及时排除供电故障。APCUPS 在外电网停电 5 ~ 30 min 后会自动关机（由内部软件设定），以保护电池留有一定电量。此时 UPS 面板上的电源正常供电指示、补偿超低压指示、电池供电指示、超负荷指示、更换电池指示会循环闪亮。当供电恢复正常后，UPS 会自行启动，不用人工干预。UPS 被人为关机后则不能自动恢复供电，必须人为开机才能正常供电。

超负荷指示：当负载超过了 UPS 容量时（系统用的 UPS 是 1 400 V·A），超负荷指示灯亮，UPS 发出一个持续的长音。联锁系统正常运转时，不会超负荷。若发现超负荷指示灯亮，要迅速检查负载，排除故障，以消除超负荷。

更换电池指示：UPS 在使用过程中，每两周会进行自检一次（无需人工操作）。在自检过程中，UPS 在短时间内以电池运行负载设备。如果自检通过了，UPS 会完全恢复到电源屏供电运行。如果自检失败（即电池不能供电），则更换电池指示灯亮，同时发出短促的"哔-嘣"声。自检失败后，UPS 仍恢复到电源屏供电，并给电池充电一段时间，如果此时更换电池指示灯仍然亮着，则需更换电池。

电压灵敏度：通过设在机箱后面板小孔内的一个按钮及指示灯的明亮程度表示电压灵敏度。当 UPS 为正常灵敏度时，指示灯为明亮状态；当调为稍低灵敏度时，指示灯转暗；当调为低灵敏度时，指示灯关闭。一般应调整到低灵敏度。

UPS 可测到各种电压失常，如电压跳动、突降和突升。UPS 通过自动转为电池运行状态而对各种失常做出反应，以保护负载的设备。在电能质量差时，UPS 可能频繁转为电池运行状态。如果负载设备在上述条件下可正常运行，则可以通过降低 UPS 灵敏度的方式保存电池能力和使用寿命。方法：用尖物按下按钮，按一次为 UPS 的稍低灵敏度，再按一次为低灵敏度，按第三次则重新回到正常灵敏度状态。

2）电源故障及分析方法。

（1）故障现象：A、B UPS 电源都发出"哔-吡"的报警声（约每隔 30 s 4 次）；UPS 电源正常供电指示灯灭，UPS 电池供电指示灯亮；联锁系统运行正常。

可能原因：交流 220 V 电压未送到 UPS 电源输入端。

◇ 电源屏供电不正常，空开跳闸；

◇ UPS 电源输入插头与插座连接不良；

◇ 电源供电线断线或接头松动；

◇ 防雷柜输入端空开跳闸。

处理：查电源屏给联锁系统送电的空开状态，分线柜电源输入空开状态及 220 V 供电线路。

（2）故障现象：A UPS 电源发出"哔-嘣"的报警声（约每隔 30 s 4 次）；A UPS 电源正常供电指示灯灭，电池供电指示灯亮。B UPS 电源工作正常，联锁系统运行正常。

可能原因：A UPS 电源输入端未接通 220 V 电压。

◇ A UPS 电源 220 V 输入插头接触不良或断线。

◇ 分线柜中 A 隔离变压器接线松动。

处理：检查 A UPS 电源后的插头，分线柜中 A 隔离变压器的接线。

（3）故障现象：A UPS 面板指示灯熄灭，A 操作表示机不工作；B 系统正常工作。

可能原因：A UPS 没有 220 V 输出。

◇ A UPS 被关闭。

◇ A UPS 故障。

◇ A UPS 电池放电放光。

处理：检查 A UPS 供电，试图重启 A UPS，更换 UPS 电源。

（4）故障现象：A、B UPS 频繁发出"咔-咔"声响，电源正常指示灯和电池供电指示灯频繁互相切换；UPS 供电正常，联锁系统正常工作。

可能原因：外电网供电不稳，电源屏频频互切，供电忽高忽低或时有时无。

处理：检查电源屏供电，降低 UPS 的灵敏度。

2. 显示故障

（1）故障现象：前台显示器无显示，电源灯闪亮，后台显示器正常（前后台各有一台显示器）。

可能原因：视频信号未送到显示器插座，显示器坏。

◇ 前台显示器视频电缆插头没接上，视频电缆断线。

◇ 显示分屏器驱动前台显示器的一路坏。

◇ 显示器坏。

处理方法：

◇ 检查显示器和显示分屏器上视频电缆插头。

◇ 在显示分屏器的输出端交换前后台显示器视频电缆。若前台显示器工作正常，后台无显示、电源指示灯闪亮，则说明显示分屏器驱动前台一路坏。若前台显示器仍无显示，电源灯闪亮，则用后台的显示电缆接到前台显示器上，此时若显示正常，则说明原视频电缆坏；若仍没有显示，则说明显示器坏，更换显示器。

注意：在换视频电缆时一定要先将显示器关闭，待接好视频线后再将电源打开，否则极易损坏设备。

（2）故障现象：前台显示器无显示，电源灯不亮，后台显示器正常（前后台各有一台显示器）。

可能原因：交流 220 V 电源未送到显示器电源插座、显示器坏。

处理：查电源开关、电源插头、电源线。用万用表量电压，若无 220 V 电压，则应检查供电线路。若有 220 V 电压但仍无显示，则为显示器坏。

（3）故障现象：前后台显示器均无显示，且电源指示灯闪亮。

可能原因：视频信号未送到显示器的输入端或显示器坏。

处理：两条视频电缆都接触不好、都断线或两台显示器都坏的概率较小，判断故障时先不考虑（先将显示器视频电缆插头插紧）。

a. 先将操作表示机倒机单元人为干预切到备机，此时若前后台显示器显示正常，则说明原主用机显示卡坏，或显示卡到操作表示机倒机单元线断，或操作表示机倒机单元原主用侧继电器坏。此时需再做进一步检查，进行第 d 项。若不正常则向下进行。

b. 查看显示分屏器。若显示分屏器电源指示灯不亮，则故障在显示分屏器部分。若显示分屏器电源指示灯亮，，则用备用视频电缆替换操作表示机倒机单元输出到显示分屏器输入的视频电缆。此时，若前后台显示器显示正常，则说明替换下的视频电缆线断线；若前后台显示器显示均不正常，则说明显示分屏器故障或两台显示器都坏。

c. 用好显示器替换旧的显示器。若显示正常，则说明旧显示器坏。若仍无显示，则为显示分屏器坏。

d. 将操作表示机倒机单元的视频输入（主用和备用）及输出端拔下，将输出端分别与主用和备用机视频输入线相接（跳过操作表示机倒机单元），若显示正常，则说明操作表示机倒机单元故障。若还无显示，则说明操作表示机倒机单元到显示卡之间的视频电缆坏。

紧急情况处理：当操作表示机倒机单元坏或显示分屏器坏时，为保证生产运输，可按下面情况处理，然后再更换设备：若操作表示机倒机单元坏，按第 d 步做，鼠标线、音箱线也要同样处理，然后检修倒机单元。若显示分屏器坏，将显示分屏器上的输入视频线和往前台去的输出视频线从显示分屏器上拔下。对接，保证前台显示器正常使用。

（4）故障现象：前台显示器显示屏显示不正常（缺色），后台显示屏工作正常。

可能原因：显示分屏器到前台显示器的视频电缆插接不牢或某条芯线断线。

处理方法：将显示分屏器上的输入视频线和往前台去的输出视频线从显示分屏器上拔下，对接，保证前台显示器正常使用。

3. 操纵设备故障

若显示屏右下端计时正常，但鼠标箭头在控制台显示屏上拖不动，命令也发不下去，则说明鼠标故障。可能原因有：

（1）鼠标坏或长期使用太脏。

（2）上位机倒机组合到控制台鼠标线未接好或断线。

（3）上位机倒机组合主用侧继电器接触不良。

（4）主用机 COM1 接口坏。

（5）主用机 COM1 接口到上位机倒机组合连线未接好或断线。

处理时应首先检查鼠标接线各插头插座并将其插紧。若正常了，则说明是线头松动，若不正常则向下检查。

① 人为干预，将原上位主用机切向备用机，切换后若鼠标工作正常，则说明可能是原主用机 COM1 接口坏、主用机 COM1 口到上位机倒机组合连线断线、上位机倒机组合后主用侧继电器故障。转到第 2 步。

② 再将上位主用机切回原来的主用机，交换主、备机之间 COM1 到上位机倒机组合之间的连线。若变换后鼠标工作正常，则说明是原主用机连线断线。若还不正常，则说明可能原上位机主用机 COM1 口坏或上位机倒机组合继电器故障。检查更换继电器，若继电器无故障，则为主用机 COM1 口坏。

③ 若切换后鼠标工作还不正常，则表明故障在上位机倒机组合后，即鼠标坏或上位机倒机组合到运转室之间的鼠标连线断，此时更换新鼠标或应用备用鼠标线替换断线即可。若正常，则说明鼠标坏（原鼠标太脏，清洗后再试）。

任务三 DS6-K5B 型计算机联锁系统设备维护

一、任务描述

通过对 DS6-K5B 型计算机联锁系统的维护练习，掌握 JDS6-K5B 型计算机联锁系统日常维护常识和故障分析处理方法。

二、所需设备

DS6-K5B 型计算机联锁系统一套。

三、操作步骤

（一）系统开启关闭步骤

1. 系统冷机启动的加电顺序

系统从冷机（未加电）状态启动，应首先确认所有设备连接正确，接插件连接牢靠，然后给设备加电。给设备加电应按照先外围后联锁的顺序进行，具体步骤如下：

（1）接通 UPS220 V 电源，确认 UPS 输出 220 V 电压正确。

（2）接通控制台设备电源。控制台设备包括：控显机、显示器、控显转换箱。

（3）接通监测机（含显示器）电源。

（4）接通微机电源柜电源，确认两路 24 V 电源输出正常。

（5）接通联锁 1 系和联锁 2 系的电源开关。在联锁机 F486 模块的 IC 卡插槽内插入 IC 卡。如果有两个 IC 卡，可同时插在两系联锁机上。如果只有一个 IC 卡，可先插入一系联锁机，待其进入运行状态后，取出 IC 卡再插入另一系联锁机。联锁机从 IC 卡读入程序和数据需 30 s 左右。首先加电并插有 IC 卡的联锁机将进入"主系"状态运行，另一机进入"从系"状态运行。

（6）接通各 ET 机架上每个 ET-LINE 和 ET-PIO 模块的电源开关。确认每个模块进入正常工作状态："Normal"指示灯亮；"Txd"指示灯闪光。

2. 系统停机下电

系统停机下电原则上应按上述的逆向顺序依次切断各设备的电源。关机步骤如下：

（1）拉出拔下各 ET 机架上每个 ET-LINE 和 ET-PIO 模块的电源开关，断电。

（2）扳下联锁双系电源开关，断电。

（3）断开电源柜接口 24 V 电源。

（4）断开电源柜逻辑 24 V 电源。

（5）通过菜单关闭电务维修机，断开电源。

（6）关闭控显机，断电。

（7）关闭 UPS。

（8）扳下电源控制箱空气开关，断电。

（二）系统日常维护

（1）联锁机从冷机启动需从 IC 卡上读入程序和数据才能进入正常运行，因此 IC 卡平时应插在 IC 卡插槽内，这样系统在停电恢复后可自动投入运行。

注意：IC 卡易受静电冲击损坏，须妥善保管。

（2）系统各设备间采用了光缆连接。光缆较为脆弱，应注意以下事项：

① 不要用手触摸光缆接头的光端口。光缆接头不用时，一定要带上防尘帽。

② 光缆的弯曲半径一定要在 5 cm 以上，否则将造成光缆断裂。

③ 不可使光缆受到强烈的撞击、震动和重力挤压、拉扯。

④ 拆卸光缆连接须握住光缆接头的外壳拔插，不可拉拽光缆线。

⑤ 连接光缆接头要注意插头与插座的吻合，同时要拧紧固定螺丝。

（3）联锁机的三块电路板（F486、IF486、FSD486）、两个光电转换板（TLIO、RSIO）、电子终端的 ET-LINE 和 ET-PIO 模块必须插在机架的指定槽位上。若插错位置，系统不能运行，并有可能造成设备故障。

（4）系统中所有的电路板和模块严禁在带电的情况下拔插，否则将造成设备损坏。

（5）扳动 ET-LINE 和 ET-PIO 模块上的电源开关时，必须用手握住开关柄轻轻向外拉出，然后再扳动，切不可直接用力扳。

（三）常见故障处理

（1）故障现象：系统采集信息错误。

原因分析：① 采集回路断线或混线；② ET-PIO 故障。

处理办法：① 查对应的采集回路配线；② 更换 ET-PIO。

（2）故障现象：有输出命令时，驱动的继电器不动作。

原因分析：① 输出回路断线；② 继电器故障。

处理办法：① 查输出回路配线；② 更换继电器。

（3）故障现象：系统自动倒系。

原因分析：系统自动倒系的原因主要是主系故障，包括与主系接口电路故障、信号非法开放。

处理办法：① 从监测机记录中查找原因；② 查主系各板卡是否正常；③ 查电源是否有断线或混线。

（4）故障现象：鼠标不能操作；显示器不能正常显示；无语音。

原因分析：① 鼠标、显示器、音箱故障；② 控显转换箱故障。

处理办法：① 更换故障设备；② 控显转换箱实现主备控显的切换功能，在其故障后，应急情况下，可采用跨过直连方式。

（5）故障现象：信号无法开放或道岔无法转换。

原因分析：

① 判断室内还是室外故障，以外分线盘为界。

② 对于室内故障，判断是计算机故障还是继电器接口故障，以接口架为界。

③ 对于计算机故障，判断是逻辑单元还是 ET-PIO，观察 ET-PIO 的面板表示灯。

④ 对于计算机故障，判断是软件还是硬件，判断方法是看联锁条件是否满足，操作命令是否得到执行。

处理办法：

① 查室外电缆或相关设备。

② 查继电器接口的配线及器材（包括继电器）；

③ 观察逻辑单元是否正常运行，ET-PIO 指示灯是否正常，可更换对应板卡确认判断。

④ 对于确认的软件故障，联系厂家解决。

（6）故障现象：监测机不能启动。

原因分析：① 机器掉电或电源故障；② 软驱中插有软盘；③ 主板故障；④ 电子盘或硬盘故障；⑤ 操作系统故障；⑥ 其他板卡故障。

处理办法：① 检查电源；② 取出软驱中插有的软盘；③ 更换主板；④ 更换电子盘或硬盘；⑤ 重新安装操作系统；⑥ 检查其他板卡。

参考文献

[1] 何文卿. 6502 电气集中电路[M]. 北京：中国铁道出版社，1997.

[2] 中华人民共和国铁道部. 铁路技术管理规程. 北京：中国铁道出版社，2006.

[3] 王永信. 车站信号自动控制. 北京：中国铁道出版社，2007.

[4] 中华人民共和国铁道部. 铁路信号维护规则——技术标准. 北京：中国铁道出版社，2008.

[5] 翟红兵. 铁路信号实训教学指导. 北京：中国铁道出版社，2008.

[6] 翟红兵. 铁路信号培训教程. 成都：西南交通大学出版社，2010.